A SAIDEIRA

Os direitos autorais desta obra são integralmente cedidos pela autora para comunidades de apoio a dependentes de álcool.

BARBARA GANCIA

A SAIDEIRA

Uma dose de esperança depois de anos lutando contra a dependência

© 2025 - Barbara Gancia
Direitos em língua portuguesa para o Brasil:
Matrix Editora
www.matrixeditora.com.br
🅕/MatrixEditora | ❌/@matrixeditora | 🅞/matrixeditora | 🅓/matrixeditora

Diretor editorial
Paulo Tadeu

Fotos da autora
Bob Wolfenson

Capa, projeto gráfico e diagramação
Marcelo Córreia

Revisão
Adriana Wrege
Silvia Parollo

CIP-BRASIL - CATALOGAÇÃO NA PUBLICAÇÃO
SINDICATO NACIONAL DOS EDITORES DE LIVROS, RJ

Gancia, Barbara
A saideira / Barbara Gancia. - 1. ed. - São Paulo: Matrix, 2025.
272 p.; 23 cm.

ISBN 978-65-5616-528-8

1. Gancia, Barbara. 2. Alcoólatras - Brasil - Biografia. 3. Alcoolismo - Superação. I. Título.

24-95315 CDD: 920.9362292
CDU: 929:178.1(81)

Gabriela Faray Ferreira Lopes - Bibliotecária - CRB-7/6643

SUMÁRIO

PREFÁCIO 9

APRESENTAÇÃO DA NOVA EDIÇÃO 11

CAPÍTULO 1 - É DOSE 21

CAPÍTULO 2 - BYE-BYE, HAPPY HOUR 25

CAPÍTULO 3 - BEBO PORQUE É LÍQUIDO 31

CAPÍTULO 4 - OPIÁCEOS NATURAIS 37

CAPÍTULO 5 - PRECISAMOS FALAR SOBRE DEPENDÊNCIA ... 43

CAPÍTULO 6 - BEBER PARA ENTRAR EM ÓRBITA 47

CAPÍTULO 7 - NÃO É NÃO 53

CAPÍTULO 8 - VOU TER DE MUDAR MINHA VIDA INTEIRA ... 61

CAPÍTULO 9 - CORRA QUE O PREFEITO COVAS VEM AÍ 65

CAPÍTULO 10 - CELEBRIDADES NÃO SE DROGAM 69

CAPÍTULO 11 - POÇA DE SANGUE 75

CAPÍTULO 12 - O HUMOR NA MINHA VIDA 77

CAPÍTULO 13 - MONSTRO DO PÂNTANO 79

CAPÍTULO 14 - JUNTANDO OS CACOS 81

CAPÍTULO 15 - VIRA-LATA 89

CAPÍTULO 16 - UM, DOIS, TRÊS, QUATRO, *PLOFT!* 95

CAPÍTULO 17 - SE BEBER, NÃO TOSE 99

CAPÍTULO 18 - TAKE YOUR SHOES OFF, GEORGE 103

CAPÍTULO 19 - CRIME E CASTIGO 115

CAPÍTULO 20 - VALE TUDO 125

CAPÍTULO 21 - HOMÚNCULO 133

CAPÍTULO 22 - "TB" 141

CAPÍTULO 23 - "MR. MAY" 145

CAPÍTULO 24 - "QUERO RIR DE ME VER TÃO BELA NESTE ESPELHO..." 153

CAPÍTULO 25 - MINHA VIDA DE CACHORRO VIP 155

CAPÍTULO 26 - ODALISCAS 163

CAPÍTULO 27 - SUSTENTABILIDADE UMA OVA! 169

CAPÍTULO 28 - TRATAMENTO E ACONSELHAMENTO 181

CAPÍTULO 29 - O 7 x 1 DE CONTARDO 189

CAPÍTULO 30 - BOM DIA, TRISTEZA 197

CAPÍTULO 31 - COLUNISTA DA FOLHA 203

CAPÍTULO 32 - EU GANHEI A COPA DO MUNDO 211

CAPÍTULO 33 - CAIXÃO LACRADO 217

CAPÍTULO 34 - A DÁDIVA DA PERSISTÊNCIA 221

CAPÍTULO 35 - FLASHBACK 225

CAPÍTULO 36 - ÚLTIMA INTERNAÇÃO 227

CAPÍTULO 37 - KANREKI 233

ANEXOS

OS ÚLTIMOS TEXTOS, UM APERITIVO 239

AGRADECIMENTOS 251

PLAYLIST A SAIDEIRA 253

ÁLBUM DE FOTOS 255

*Concedei-me, Senhor, a serenidade necessária
para aceitar as coisas que eu não posso modificar,
coragem para modificar aquelas que posso e
sabedoria para reconhecer a diferença.*

Oração da serenidade

PREFÁCIO

Há pessoas cujas vidas imploram pra ser escritas. O problema é que, para que isso aconteça, essa pessoa precisa estar viva. E Barbara Gancia preferia flertar com a morte, a bordo de copos e mais copos e ao volante de carros suicidas.

Em sua fase esbórnia, Barbara viveu vários filmes de ação, cheios de alçapões invisíveis, quedas no abismo e ataques de ratos. Mas nenhum tão emocionante quanto a luta pela sobriedade.

Um dia, finalmente, depois de muitas recaídas, Barbara conseguiu parar a história. O resultado é *A Saideira*, um livro que só ela poderia ter escrito. E cuja leitura encerra lições para todos nós que, tantas vezes, achamos que os prazeres que a vida nos oferecia estavam sendo dados de graça.

Ruy Castro, escritor

APRESENTAÇÃO DA NOVA EDIÇÃO

O alcoolismo segue sendo o principal problema de saúde do país. Pouco mudou desde o lançamento da primeira edição deste livro, em novembro de 2018.

Para se ter uma ideia, levantamento de 2024 da Fundação Oswaldo Cruz (Fiocruz) a pedido da ACT Promoção da Saúde, organização não governamental que promove a conscientização sobre a dependência de álcool e tabaco (entre outras atividades), em parceria com a Vital Strategies, entidade global de saúde que atua em 80 países concebendo e implementando políticas públicas, verificou que o consumo de bebidas alcoólicas no Brasil responde por 12 mortes por hora e custa, por ano, R$ 18,8 bilhões ao país.

Somos recordistas mundiais, ou assustadoramente perto disso, em acidentes de trabalho, acidentes de trânsito, doenças sexualmente transmissíveis, gravidez indesejada, mortes por motivo fútil e violência doméstica. Tudo isso está intimamente relacionado ao álcool. No entanto, o pessoal continua fazendo questão de evitar o assunto.

A Saideira pode ser considerado um sucesso retumbante, levando em conta que somos um país que não lê, que prima pela hipocrisia e em que a maioria das pessoas ainda acha que o alcoolismo é um defeito de caráter – e não um problema de saúde pública.

Ao contrário do que acredita a grande maioria dos brasileiros, o alcoólatra está muito longe de ser aquele camarada que começa a beber de manhã, ao meio-dia já está caindo pelas tabelas e que irá terminar a noite com a testa pregada na calçada e com um cão lambendo sua boca.

A realidade é que ele está muito mais próximo de você do que você imagina. Pode ser seu professor, o piloto do avião no qual você vai embarcar logo mais ou a enfermeira que está cuidando da sua mãe no hospital. Por uma década, às vezes duas, o problema da bebida que o acomete poderá passar despercebido daqueles que convivem com esse dependente, até que você e todos os outros ao seu redor se deem conta de que existe um problema, um baita problema com essa pessoa.

Não ajuda o fato de o nosso Congresso ter uma bancada poderosa que trabalha na surdina para que todos continuem convivendo com leis facilitadoras que inibem a prevenção, fiscalização, distribuição, promoção e comercialização desse produto que deveria ser tratado como prejudicial à saúde, por ser potencialmente causador de uma doença progressiva, incurável e mortal.

Até a parcela mais politizada da população não sabe do que se trata. Pois nós estamos acostumados a pensar na Câmara dos Deputados como tendo apenas três bancadas do "BBB": Boi, Bíblia e Bala.

Só que existe um "B" a mais que nunca é levado em conta: o da Bebida. Se não é feito um esforço maior pelos nossos legisladores para regulamentar a bebida, para enquadrar cerveja como um alcoólico que cria dependência e é capaz de matar 12 pessoas por hora, tal e qual um destilado; se não nos dispusermos a criar programas de prevenção sustentáveis ou para que a população seja atendida no que tange à informação, ao encaminhamento, ao tratamento e/ou atendimento ambulatorial, pode ter certeza de que essa falta de empenho tem a ver com o *lobby* da indústria produtora de álcool.

Seria razoável que houvesse a obrigatoriedade de investir X por cento da receita publicitária dessa indústria em prevenção e educação sobre os danos que a bebida pode causar? Como alcoólatra em recuperação desde 2006 (ou seja, como uma cidadã que tem problemas com a bebida, mas não toca em álcool há mais de 6.500 dias, quando entreguei esta nova apresentação), eu diria que sim.

Fica aí um tema a ser pensado por quem se pergunta até hoje por que, quando ocorreu a crise da Lava Jato e a Petrobras deixou de ser a maior empresa do país cotada em Bolsa, não foi uma mineradora ou outra gigante petroquímica que tomou o seu lugar, mas sim uma empresa produtora de bebidas alcoólicas.

* * *

A atriz Marisa Orth entrou na minha vida – glória a Deus! – de forma retumbante depois do lançamento desta obra.

E um dos motivos que me fizeram querer mudar de editora e relançar este livro foram as emoções causadas por esse novo capítulo. Se isso não tivesse ocorrido, *A Saideira* não teria tido o êxito que teve e eu não teria atingido tanta gente que estava precisando de ajuda para parar de beber.

Afinal de contas, não escrevi um livro tão estupidamente honesto nem fui tão cruel comigo mesma apenas para expiar minhas culpas. Que não paire nenhuma ilusão a esse respeito na mente dos leitores. Posso ter sido pouco cautelosa a respeito da minha intimidade. Mas essa minha exposição aparentemente sensacionalista teve propósito tão específico quanto proposital.

O relato que você vai ler a seguir, como qualquer dependente em recuperação que conhece os 12 Passos irá reconhecer, foi escrito por alguém que, ao ajudar o próximo, está ajudando a si mesmo.

Eu o escrevi para transmitir aos alcoólicos, como eu, um despertar espiritual igual ao que tive. Escrevi para mostrar de forma palpável que é possível renovar a alegria diariamente, tendo uma vida plena e cheia de esperança.

Se eu não parava de beber, era porque achava que a vida seria um tédio insuportável.

Escrevi *A Saideira* porque vivo da escrita, tenho facilidade de falar ao leitor e meu nome é reconhecido pelo público. E penso que se tivesse encontrado um livro que me contasse casos com os quais eu tivesse me identificado, que me transmitissem com honestidade um papo reto sobre o meu problema, sem hipocrisia, com conteúdo e com histórias capazes de me comover e me fazer ter aquele "clique", aquela dita "epifania" necessária para conseguir entender de uma vez por todas que sempre que eu me metia com o álcool era ele que me dominava e não eu a ele, que eu havia perdido o controle, que não conseguia nunca ter limites quando bebia, quem sabe eu tivesse parado antes e poupado danos irreversíveis a mim, à minha saúde e a todos ao meu redor. E eu não teria perdido a visão do olho direito.

Mas, olha só, não foi em nada disso que pensei quando recebi a seguinte mensagem via DM do X (ex-Twitter):

"Oi, Barbara, meu nome é Bruno Guida, sou diretor de teatro e tenho interesse em fazer uma peça sobre seu livro. Topa?".

Eu, hein? Topo nada. Não sei quem é Bruno Guida. HAHAHA!

Ou será que falo pra esse cara vir aqui em casa?

"Quiqui" eu tenho a perder?

O diretor de teatro Bruno Guida é cheio dos planos, uma pilha Duracell para um King Kong de brinquedo em tamanho natural.

Assim que entrou pela porta, percebi que deve ter sido daqueles meninos que os professores suplicaram para a mãe medicar com Ritalina.

Achei divertida a sua pressa atabalhoada e, talvez pelos oito pés atrás que finquei no chão, não me dei conta do talento incrível que só viria a enxergar meses depois, nem coloquei fé no que ele dizia.

Lembro que pensei comigo: "Ai, que graça, é megalomaníaco!".

Entre as promessas que me fez logo de cara, listei várias bobagens completamente infactíveis:

1. Atriz global de primeira linha que nós vamos ter que esperar terminar a novela que está fazendo.
2. Lei Rouanet.
3. Patrocínio de alguma grande seguradora de saúde (fazia sentido, mas quem iria dar isso a ele, de quem eu nunca tinha ouvido falar?).
4. Estreia num grande teatro.
5. Patati, patatá.

Aprovei tudinho com um sorriso, dizendo a mim mesma: "Tadinho, deixa ele" e o escoltei até a porta o mais rápido possível.

Àquela altura, só não sabia que Bruno era filho da Traudi Guida, uma mulher ponta firmíssima, que construiu um império chamado Le Lis Blanc, de moda feminina, com a ajuda do outro filho.

Três meses depois, Bruno tornou a me ligar.

"Então, os produtores são os melhores da praça, os irmãos Marco e Daniella Griesi, mais a Renata Alvim, eles já conseguiram aprovar a Lei Rouanet. A Unimed vai patrocinar, o roteiro já está encaminhado, quem está fazendo é a Michelle Ferreira, ela é ótima, você vai adorar, vamos estrear no teatro da Faap, quem vai fazer a direção de arte é o Gringo Cardia, o figurino é do Fause Haten, a trilha sonora é do André Abujamra, quanto às fotos, o Bob Wolfenson já tirou. Legal, né?".

Eu, muda.

"Ia esquecendo", continuou, engolindo as palavras: "Quem vai fazer o seu papel é a Marisa Orth. Ela leu o livro, ficou empolgadíssima, falou que te conhece e te adora. Bom, tenho que ir, bye!".

Continuei muda por mais um mês. Em choque. O que eu ia dizer diante de tamanha empáfia? Nem questionar eu consegui. Vai que era verdade, como é que eu ia ficar?

E a Marisa Orth? Bem, eu também a adorava. Conhecia socialmente, de festa, da turma do jornalismo, da cultura, do show biz, há muitos anos. A minha experiência é que era muito simpática, gentil e que eu a conhecia pelo seu imenso talento e versatilidade.

E é claro que vibrei. Era das poucas atrizes que poderiam se igualar a mim em termos de tipo de inteligência – veja bem, eu disse tipo enquanto estilo, o mesmo estilo de humor. Somos da mesma praia, temos muitos amigos em comum, rimos do mesmo tipo de coisa, gostamos do mesmo tipo de música, compartilhamos mais ou menos os mesmos ídolos, descontada a diferença de idade (sou mais velha).

Além do que, Marisa fez parte da formação inicial do programa *Saia Justa*, de longe a mais memorável, com Rita Lee, Fernanda Young e Mônica Waldvogel.

E eu fiz parte da segunda formação mais interessante, com Maria Ribeiro (se eu não colocar a Maria na frente de todo mundo sempre, e ela a mim, nós duas estrangulamos uma à outra), Astrid Fontenelle e Monica Martelli. Bom, eu acho que era a segunda formação mais interessante, mesmo porque eu só assistia ao programa da Marisa, Rita e Fernanda. Nem ao meu eu via direito, então, pronto.

Marisa Orth foi a melhor escolha possível para fazer o papel. Tanto é que ela ganhou o prêmio de melhor atriz daquele ano. E tanto é que continuou a fazer a peça até hoje.

Porque o espetáculo é ótimo e porque ela se envolveu com a causa.

Conto como a coisa se deu.

Passa um mês do telefonema inicial do Bruno para me contar que a peça ia mesmo rolar, e ele me liga de novo.

– Olha só, já estamos ensaiando – ele me informa antes mesmo do "alô, como vai?".

– Hein? Como assim?

Fiquei muito puta. Alcoolismo é um tema complexo, não é coisa para ser tratada por "gente de teatro", sem antes ter me consultado ou feito uma pesquisa profunda, demorada, séria.

Não estou nem aí se eles adaptaram a minha história para caber num roteiro de uma hora e meia. Mas não se pode brincar com a dependência e colocar leviandades na boca de uma atriz de peso, em falas a serem declamadas às sextas, sábados e domingos, na frente de centenas de pessoas durante uma temporada inteira, concorda?

Me pus a gritar.

– Calma, calma, vem assistir ao ensaio geral hoje à noite – sussurrou ele, com a maior tranquilidade do mundo.

Bruno tranquilo?

Marcamos numa sala lá em Perdizes que não tinha nada de teatro, parecia mais uma escola de dança.

Sentamos ao redor do tablado, Bruno, os produtores, minha ex, Ana Ribeiro, que me ajuda em tudo e que, além de estar citada no livro, é minha grande "incentivadora de texto" (ou seja, se ela não me chicoteia, eu não me animo nunca a escrever), mais uma meia dúzia de amigos do pessoal deles, que, àquela altura, eu estava encarando como inimigos. Só Marisa permaneceu ao centro. E ficaram acesas todas as luzes fluorescentes da sala.

Levei um caderno bem grosso de anotações e uma caneta para rabiscar o que imaginava seriam dezenas de observações de erros factuais a serem corrigidos no texto.

O que aconteceu, porém, foi uma belíssima surpresa, não só para mim, como para todos os envolvidos.

Assim que Marisa terminou seu monólogo, encharcada de suor, e fez o seu agradecimento ao público, pulei da cadeira emocionadíssima e nos abraçamos, chorando. Todos na sala estavam em prantos.

No fim das contas, fiz apenas duas anotações no meu caderninho: que dependentes não devem ser chamados de viciados, pois isso tem uma conotação pejorativa, e que eu não tive *delirium tremens*, porque para atingir esse nível de alteração, em que o dependente chega a sofrer delírios e a ter violentas alterações metabólicas, eu teria de ter alcançado um estado ainda mais grave de alcoolismo.

Bárbara, com acento, como no adjetivo, é hoje um espetáculo consagrado. O monólogo inspirado em *A Saideira* já rodou o país e foi visto por mais de 50 mil pessoas. Com ele, Marisa Orth ganhou o prêmio Bibi Ferreira de Melhor Atriz de 2021.

Marisa começou a fazer o papel de uma alcoólatra que consegue refazer a vida depois de se livrar da praga da dependência como desafio. Ela nunca havia tentado um monólogo e quis experimentar para comemorar os 40 anos de carreira.

Mas, assim que a peça entrou em cartaz, se deu conta da dimensão do problema do álcool no nosso país.

Ao final de cada espetáculo, sempre é abraçada por mães de dependentes que trazem seus filhos, ora sóbrios, depois de ter lido o livro (espero que assim permaneçam).

Emocionadas por gente que se identifica com o que acabou de ver no palco, ela e eu acabamos nos aproximando e ela foi ficando um pouco mais Barbara e eu fui abrindo uma porta que só meus amigos muito íntimos conhecem.

Minha analista diz que, ao contrário da grande maioria das pessoas, que mostra o melhor de si publicamente e guarda seu lado sombrio escondido, eu faço questão de escancarar meus podres e guardo meu lado mais precioso para as pessoas próximas. Só aqueles a quem quero bem conhecem o que tenho de melhor.

Marisa acabou se tornando uma dessas pessoas. E a reboque dela vieram o Bruno, o Marco, a Danny, a Renata, a Michelle e o Fabricio Licursi, um lindo que é diretor de movimento cênico e está no palco junto com a Marisa.

Algumas vezes fico para trás depois do espetáculo para falar com o pessoal que chega em caravana, vinda de um mesmo bairro ou comunidade – uma das exigências da Lei Rouanet é distribuir entradas de graça para quem não pode pagar. Nós escolhemos dar entradas a familiares de dependentes de comunidades carentes.

E ela acaba se juntando a mim para ouvir o que as pessoas têm a dizer sobre sua experiência com a dependência, com a superação ou com parentes recuperados.

Ao final dos primeiros três meses de exibição, Marisa Orth foi picada pela mesma mosca que picou Darlene Glória e a mim. A mosca da epifania. E, a partir dali, toda vez que está de licença das novelas ou não está em cartaz com *A Família Addams* ou outra peça importante, ela sai em turnê com *Bárbara*.

* * *

Nunca me importei em saber quantos livros foram vendidos da antiga edição. No Brasil, lucro advindo de livro é troco de pinga – e eu não bebo. Ademais, esse é um tema indigesto para o público leitor. Alcoolismo feminino. Embora seja um problema que está aumentando vertiginosamente no mundo todo, o público a quem ele se destina não tem interesse de saber do problema.

E, convenhamos, mulher bêbada é um bicho a ser evitado. Bêbada recuperada, lésbica e jornalista, então, cruz-credo! Tem pouca coisa que interesse menos ao brasileiro.

E, do alto da minha infinita modéstia, eu não estou atrás de dinheiro. Estou atrás do Reino dos Céus.

Perdi a conta de quantas foram as pessoas que já me escreveram via Instagram ou pelo "X" do Musk, ou que me abordam em público, para dizer que pararam de beber por causa de *A Saideira*.

Não saberia dizer quantas mães já chegaram com lágrimas nos olhos para dizer que passaram a entender que o filho não era um canalha, irmãs que revelaram ter compreendido que o irmão precisava de ajuda, e não ser expulso de casa, caso contrário iria morrer.

Toda vez que abro minhas caixas postais nas redes sociais, invariavelmente encontro alguma correspondência me agradecendo pelo livro.

Depois da pandemia, o número de gente bariátrica que se comunica comigo parece ter se multiplicado por dez.

É um povo que, depois de fazer a operação de redução do estômago, trocou uma compulsão por outra e o fez, imagino, por não ter tido acompanhamento minucioso antes e depois da cirurgia. Não adianta mudar o físico se a mente continua reagindo aos estímulos da mesma forma.

Antes, quando havia só o livro, eu experimentava sozinha esse gosto inacreditável de saber que estava atingindo as pessoas, que o livro estava funcionando. Contava para os amigos, vivo dizendo para a minha família, mas ninguém entende de fato o que isso significa.

Creio que só os médicos, psiquiatras e pessoas diretamente ligadas à recuperação, que leem o livro e passam a recomendá-lo aos seus pacientes e depois me dão o *feedback,* têm a devida perspectiva do tamanho do benefício que um pequeno naco de informação num mar de ignorância foi capaz de causar.

Com a peça, não estou mais só. Ganhei a ilustre companhia de Marisa Orth, do querido Bruno Guida e de toda a equipe.

Agora, veio a Matrix Editora se juntar à patota. E assim nós vamos somando.

Depois da publicação de *A Saideira,* Walter Casagrande Jr., Fábio Assunção, João Gordo, Felipe Camargo e a nossa eterna e adorada Rita Lee perderam o cabaço e começaram a falar sobre a sua dependência com naturalidade.

Alguém tinha de quebrar o molde. Só fui eu porque não tinha contrato com nenhuma gravadora, nem baile de debutante para apresentar, nem fazia novela na Globo, nem meus pais estavam mais vivos. Porque sempre fui debochada e porque sempre caguei e andei para convenções, pude me dar a esse luxo.

Poderia ser outra pessoa. Mas eu muito me orgulho de ter dado o pontapé inicial.

Agora cabe às livrarias vender o livro, ao boca a boca, a vocês que vão recomendar a peça da Marisa, aos patrocinadores, às estatais, aos pais, às escolas, às comunidades de bairro, aos grupos de autoajuda, que, aliás, são os que mais fazem na luta contra a dependência.

Agora cabe ao Congresso Nacional. Que não moverá uma palha sem pressão da população. E essa só se move se tiver informação sobre o que acontece.

Então, não custa lembrar que o alcoolismo é a doença que mais mata no país. E que, a cada hora, 12 pessoas morrem por complicações relacionadas ao álcool. Isso custa ao país R$ 18,8 bilhões ao ano. Aposto que você já tinha esquecido.

CAPÍTULO 1

É DOSE

Como é que eu fui parar em Cotia?
Fazia anos que eu andava colecionando suspeitas informais de que minha picada na trilha da vida me conduziria até aquela sala, em certo dia inespecífico do mês de maio de 1988, no período mais danado de um daqueles outonos que pegavam São Paulo de surpresa, quando o derretimento das calotas polares ainda não gerava manchetes.

Sabia identificar que havia alguma coisa que me impelia, desde o primeiro dia em que me reconheci por Barbara, a viver perigosamente e a chegar às últimas consequências de todas as emoções, inclusive as mais baratas.

Até a presente temporada em Cotia, na Grande São Paulo, eu tinha sido uma mulher com uma missão, e a agitação, a minha bússola. Ainda que, àquela altura, não soubesse especificar quanto havia de delito intencional nas minhas práticas diárias, eu me via como uma mulher-bomba, circulando por tudo quanto é lado de colete explosivo e com o dedo sobre o detonador. Muito difícil, no meio de minha existência de fervura contínua, de noitada atrás de noitada, aferir quanto de autoria minha havia ali ou quanto eu era o produto do meio onde cresci.

Naquele domingo gelado, os internos da clínica Recanto Maria Tereza estavam agitados. A rotina da semana seria quebrada depois do café da manhã pela chegada dos parentes que viriam nos visitar e participar das terapias de grupo. Terminada a limpeza dos quartos (cada um tinha de dar conta do seu), íamos para a varanda, de onde se avistava o portão de entrada, para esperar nossos familiares enquanto fumávamos um cigarro atrás do outro tentando driblar a angústia e o frio.

Eu era recém-chegada à clínica e não conhecia o procedimento domingueiro ou as normas que regiam aquele tipo de convívio.

Nunca tinha ouvido falar em autoajuda ou sido apresentada ao tal Programa de 12 Passos.

Minha mãe veio cedo, trazida pelo Carlito, nosso motorista, a quem eu acertadamente já tinha denominado na época de "Conduzindo Miss Daisy", em razão de sua devoção à patroa. Em junho de 2016, depois de 41 anos trabalhando conosco, Carlito ajudou-me a dizer adeus à minha mãe. Arrisco-me a dizer que, na cerimônia de cremação, ele estava bem mais emocionado do que meus irmãos e eu.

Um dos médicos de plantão se apresentou para levar minha mãe a outro local, em que, segundo ele, se daria a reunião "exclusiva para familiares".

"Cuma"?

Eu tinha tido a impressão de que minha mãe viera de São Paulo para compartilhar a intensidade da experiência comigo, que iríamos juntas assistir ao que eu imaginava ser uma palestra.

Não seja por isso. Para compensar a ausência inesperada de dona Lulla Gancia naquele ritual tão aguardado pelo povo da clínica, e para não deixar o pobre do Carlito na mão no dia de folga que ele gentilmente havia cedido à minha mãe, eu chutei: "Vamos comigo lá pra reunião dos dependentes, Carlito? É logo ali, na capela da clínica, topa?".

Diga-me, quando foi que o Carlito me negou alguma parada?

A sala estava lotada, muita gente vinda sabe-se lá de onde, habitantes da região sem nenhuma conexão com a clínica se confundiam com meus colegas de internação: o Peter, descendente de poloneses, um Shrek em matéria de delicadeza, que trabalhava como motorista de caminhão na Petrobras; o Miguel, pleiba, herdeiro de papi industrial; o PeGê, funcionário padrão do metrô de São Paulo... Eu conseguia identificá-los espalhados pela plateia enquanto avançava entre as pessoas à procura de um lugar para me sentar.

Um sujeito, que eu nunca vira mais gordo, já estava falando lá de cima de uma espécie de palanque improvisado, ao lado do púlpito.

A SAIDEIRA

Era um cidadão negro, encolhido, trinta e tantos anos, aparentando cinquenta de trabalhos forçados em alguma ilha da Guiana Francesa. Seu rosto havia adquirido uma textura topográfica e fazia dele o clássico camarada que foi surrado pelas intempéries da vida e delas recolheu maneirismos que eu conseguiria identificar a milhas de distância, se milhas usássemos, como sendo farta rodagem em bares, botecos, panificadoras ou onde quer que haja quórum para uma rodada de birita.

– Hoje é dia 26 de maio de 1988 – proclamou ele. – No mesmo dia 26 de maio de outro ano, o de 1981, eu tomei um fogo fenomenal num churrasco e fui dirigindo levar minha família para casa...

Quem nunca? O pavio da minha impaciência começou a esquentar. "Quiqui" eu tô fazendo aqui ouvindo isso?

O "amizade" do palanque seguia firme no seu relato:

– Eu tinha uma Kombi... Velocidade... Capotou... Minha sobrinha morreu...

O quê?

A sobrinha dele fez o quê?

Gente!

Boca escancarada cheia de dentes, dirijo-me ao Carlito para comunicar que, tchau e bênção, vou indo, até mais, quando me dou conta de que ele está mais pasmo do que eu. Só que por motivos outros, bem distintos.

– Você ouviu o que ele disse?

– Hein?

– Você ouviu o que ele disse, Barbara?

O sujeito da Kombi continuava matraqueando suas lamúrias indigentes, e eu só querendo me mandar dali.

– Barbara, você ouviu? Ele contou que se acidentou no dia 26 de maio de 1981. Esse não foi o mesmo dia em que você perdeu a vista naquele acidente na Avenida Paulista?

Sempre soube que, mais cedo ou mais tarde, eu terminaria participando de uma reunião de Alcoólicos Anônimos (AA) igualzinha àquela, do jeito que a gente vê nos filmes. Mas nunca me ocorrera que, na minha primeira ida a uma sala de AA, logo de cara seria confrontada com os demônios que habitavam o fundo do âmago do meu ser.

Como bem lembrou o Carlito, no dia 26 de maio de 1981, eu cruzei o sinal vermelho na Avenida Paulista a toda velocidade, atingi um mirrado

Fusquinha bege em cheio, e meu Fiat 147 saiu rodando feito busca-pé. O impacto do meu rosto (naquele tempo o cinto de segurança não era obrigatório) arrancou o espelho retrovisor e eu mergulhei pelo vidro dianteiro de encontro ao asfalto. Quando comecei a ter noção do tamanho da encrenca, estava sentada descabelada na calçada da Rua Peixoto Gomide, em frente ao Parque Trianon, olhando para meu ex-carro, que imitava um cãozinho pedindo afago, com as quatro rodas no ar, e tinha a frente inteiramente destruída. Com a injeção de adrenalina, o porre homérico em que me encontrava um segundo antes de furar o sinal evaporou-se no ar.

Com o olho esquerdo, podia ver o sangue jorrando do meu supercílio direito. O sujeito do outro carro não parecia estar machucado nem demonstrava disposição em promover o meu linchamento. Ótimo. Mas o jeito assustado com o qual ele me esquadrinhava começou a me preocupar. Então eu me dei conta de que estava sentada numa poça de sangue.

Foram seis horas de operação para reconstruir meu rosto, mais três para tentar recuperar o olho direito, que, desafortunadamente, teve o mesmo destino da sobrinha do companheiro de clínica.

Aquele cara e eu, nós tínhamos causado um *strike* movidos pelo mesmo desatino, no mesmo dia, em locais diferentes da cidade. Não éramos tão estranhos um ao outro quanto eu tinha imaginado. Resolvi ficar para ouvir o resto.

CAPÍTULO 2

BYE-BYE, HAPPY HOUR

Deu-se um tempo na minha vida em que comecei a perceber uma estranha sincronicidade: toda vez que eu estava bêbada acontecia alguma grande cagada. Inversamente, toda vez que, porventura, eu cometia uma grande cagada, era porque tinha bebido.

Uma parcela bastante expressiva das pessoas do meu convívio também se dava conta de que essa coincidência intrigante insistia em me perseguir. De cabeça, fiz uma lista dos que estariam por dentro dos pungentes acontecimentos que se referiam a mim.

Perceba o drama: 1) toda a minha família, incluindo sobrinhos recém-nascidos; 2) meus empregadores; 3) minha funcionária; 4) todos os meus amigos e conhecidos, incluindo os vizinhos; 5) a quase totalidade dos comissários de bordo da ponte aérea; 6) garçons de inúmeros estabelecimentos dentro e fora do Brasil (inclusive aqueles que trabalham a bordo de navios de cruzeiro); e 7) também alguns colegas de trabalho.

Bem, talvez o círculo que conhecia a minha situação cruamente fosse um pouco maior do que eu me dava conta na época. Para ser um pouco mais precisa, melhor aumentar o âmbito desse espectro para os nomes nos holerites da *Folha de S.Paulo*, do Caderno 2 do *Estadão* e de todos os andares do prédio da Editora Abril, empresas por onde passei. Essa era a real quantidade de colegas que podiam perceber as minhas constantes alterações.

Foi por esse motivo que não fiquei lá muito abalada quando soube, formalmente, oficialmente e oficiosamente que eu tinha um problema que a

Organização Mundial da Saúde (OMS) define no protocolo da Classificação Internacional de Doenças (CID) como "fenômeno comportamental cognitivo e fisiológico após repetido consumo de álcool, associado ao forte desejo de beber, dificuldade de controlar o consumo e a utilização persistente, apesar das consequências nefastas, com prejuízo das atividades e obrigações, aumento da tolerância e, às vezes, abstinência física". Ora, eu bem que desconfiava que ambos os acontecimentos (beber e fazer cagada) não poderiam estar interligados com tamanha intimidade e por tanto tempo, em repetidas oportunidades das mais diversas, se não houvesse uma forte conexão entre eles.

Já tinha construído uma carreira de sucesso como alcoolista ruidosa quando o meu mentor e *brother*, o jornalista e biógrafo Ruy Castro, me ligou para pedir um favor num sábado qualquer, que eu situo, pelas minhas parcas contas, no mês de maio de 1988.

Ruy não dirige sequer patinete. Ele tinha retorno com um médico e queria que eu o transportasse no meu possante Fiat 147 até Cotia, onde havia sido internado recentemente por 28 dias para se tratar do alcoolismo que o estava matando. Em outras circunstâncias, eu teria chiado ou até recusado o serviço de motorista vip de Uber. Logo no meu sabadão, poxa! Ocorre que Ruy tinha saído da clínica tinindo de sóbrio e havia permanecido sem beber durante vários dias após receber alta. Tinha feito por merecer a deferência.

Ele nunca mais tomaria outro porre na vida depois daquela internação, mas, àquela altura, nem ele sabia disso.

Nós todos, que gostávamos muito dele, pessoal da redação da *Folha*, amigos do *Estadão* e do então semidefunto *Jornal do Brasil*, estávamos entusiasmados com sua recuperação. Ninguém nunca imaginou que Ruy conseguiria sair daquela situação pra lá de complicada em que a vodca o metera.

Urge que eu deixe registrado na pedra que Ruy Castro foi grande companheiro de prosa e de copo. Todo dia dávamos um perdido na redação da *Folha* (à época, eu escrevia para a Ilustrada, e ele atuava como repórter especial. Isso foi antes de a *Folha* nos dar, a ele e a mim, colunas assinadas para escrever as bobagens que nos conviessem, e antes que eu fosse passar quinze anos fazendo um suplemento dominical chamado "Revista da Folha").

Sem falta, fosse na hora do almoço ou no meio da tarde, pouco antes do fechamento do jornal ou logo depois dele, nós seguíamos para o "mosca frita", boteco nas imediações da Folha frequentado por jornalistas. Também fizemos história no Hotel Jandaia, esquina da Avenida Rio Branco com a Alameda Barão de Limeira, a poucos metros do prédio da Folha, onde era servida uma vodca-tônica com chorinho dos mais generosos do país.

Para efeito de glossário, "mosca frita" é o apelido dado aos estabelecimentos de parcas estrelas equipados com aquele aparelho luminoso que descarrega eletricidade matando muriçocas, percevejos, pernilongos e moscas que se atrevam a pousar na luz. E "chorinho" vem a ser aquele ato de generosidade cristã do garçom quando ele adiciona, a seu critério, um gole de bebida além da dose, a fim de compensar o líquido derramado no ato de servir.

O Jandaia era um hotel típico do Centro de São Paulo dos anos 1970. Graduado com uma solitária estrela, monumento à decadência e mesmo assim "funcionante", gente a granel circulando para cima e para baixo naquele carpete esgarçado, elevador sem manutenção e paredes com manchas muito suspeitas por todos os lados. No mezanino, garçons com pinta de funcionários de clube, terno branco desestruturadão, toalha no braço, gravata preta e muita expediência no *métier* comandavam a bagunça.

Para quem encara o beber com método, como eram os casos do Ruy e o meu, esse é o tipo de garçom nos braços de quem você deseja dar seu último suspiro. Salve, Borba, do São Paulo Golf Clube! Salve, Pandoro e seu triunfante esquadrão! Salve, churrascaria Rodeio, onde eu dava expediente diário e cuja conta pagava mensalmente só para imitar o publicitário sensação, Washington Olivetto, e o picante – *lato sensu* – colunista Tarso de Castro.

O Jandaia tinha cicatrizes bem visíveis, mas não deixava de ser bombado. Uma batelada de artistas da MPB se hospedava lá, por algum motivo que presumo estar vinculado à tirania consumada das gravadoras da época, que tratavam artista feito escravo e eram tão mãos de vaca quanto aquele cara que não penteia o cabelo para não ter de repartir.

Sempre havia algum famoso indo ou vindo no hall do Jandaia.

Uma vez entrevistei o Tim Maia por telefone: eu, nervosíssima, e ele simpático demais para ser verdade. A um dado momento, ele interrompeu a entrevista para me fazer uma pergunta bizarra: "Vem cá, por que você está perdendo tempo falando comigo? Por que não desce e vai até o número 423 da Barão de Limeira, pega um fumo, dá uma relaxada e depois vai ao Jandaia dar um rolê?".

Eu estava em um hiato de dois anos sem beber quando essa conversa ocorreu e creio que o Jandaia já tinha até mudado de nome, mas o Tim Maia era um safado condecorado com honrarias militares. Como o prédio da Folha de S.Paulo está localizado no número 425 da rua mencionada, assim que desligamos o telefone, obviamente, por dever de ofício ou pelo meu faro para a encrenca, fui correndo ver do que se tratava.

Encontrei uma lojinha em um corredor escuro, que abrigava uma lavanderia na parte da frente e um balcão ao fundo onde o freguês fazia apostas no jogo do bicho. Eu passara diante desse lugar todo santo dia, durante séculos e séculos, e nunca tinha me dado conta de que aquilo era uma "boca".

Olha só que danado esse Tim Maia! Na mesma entrevista, ainda mandou a secretária anotar meu nome, endereço e telefone, jurando que me enviaria todos os seus discos lançados em CD. Adivinha se eu recebi.

Retomando o assunto interrompido pelo parêntese feito ao glorioso Tim Maia, lá fomos nós, o hoje consagrado e 100% limpo biógrafo e eu, tomar o rumo da clínica Maria Tereza, onde Ruy iria para o tal retorno médico.

Chegamos ao lugar mais lôbrego e cheio de eucaliptos que pudesse haver em toda a extensão da BR-116 (eu sei, eu sei, usar "lôbrego" para descrever um entorno de eucaliptos parece pleonasmo).

Mal chegamos e o Ruy já foi encaminhado para sua consulta. Poxa, quanta eficiência. Médicos costumam dar cada chá de cadeira. Sobrei ali na recepção, uma espécie de jardim de inverno, e logo voltei meu radar para uma movimentação no jardim.

Devia ser hora do recreio ou de os internos ficarem vagando e falando sozinhos. O que eu poderia saber sobre esse assunto, não é mesmo? Grupos de pacientes se juntavam para fumar e conversar embaixo das árvores. Que oportunidade fascinante para ver, de perto, a cara de um maluco beleza. Inspecionei um a um, sem conseguir disfarçar. Pela minha mente, um *streaming* de preconceito corria solto. "Então é assim que eles se comportam em grupo? Não parecem muito diferentes de não dependentes", concluí, do alto do meu salto que estava prestes a quebrar.

Um sujeito veio puxar conversa comigo.

Não achei nada de mais, sou conversadeira nata, daquelas tão gregárias que me divirto genuinamente até nas idas eventuais à farmácia para comprar um antigripal.

O camarada se abriu, disse que tinha chegado à clínica como paciente, que depois trabalhou lá como médico, que agora era supervisor. "Ah, tá, sorte sua." E, do nada, perguntou: "Você quer fazer o teste padrão que nós temos aqui que ajuda a diagnosticar quem é ou não dependente de álcool?".

Claro que queria, como não? Quem não aproveitaria oportunidade tão perfeita? Quem não iria querer ter em mãos um documento que pudesse até ser plastificado e depois usado para esfregar na fuça de policiais civis, policiais rodoviários, agentes alfandegários, PMs, padres, rabinos, delegados, recepcionistas, seguranças, leões de chácara, juízes (de futebol e de outrem), enfermeiros, porteiros, entregadores de pizza e assim por diante? Achei que a ideia daquele homem vinha muito a calhar.

Imediatamente respondi que sim, que queria muito fazer o tal teste. Tinha certeza de que conseguiria dominar a situação. Não seria um teste de uma clínica cheia de eucalipto que iria me derrubar, não é mesmo?

Em paralelo, corria em mim outro pensamento contraditório.

O convite do médico me deu um alívio inesperado, como se alguém estivesse me convidando para participar de um jogo cujas regras eu já conhecesse de cor.

Ele me deixou ali sentada e, em menos tempo do que você levaria para soletrar "alcoólicos anônimos", voltou com um papel sulfite impresso e entregou na minha mão.

As perguntas eram bem objetivas, do tipo:

- Nos últimos doze meses você tentou parar de beber por uma semana ou mais sem conseguir atingir seu objetivo?

- Nos últimos doze meses você invejou as pessoas que podem beber sem criar problemas?

- Nos últimos doze meses você discutiu com algum amigo ou parente por causa de bebida?

- Nos últimos doze meses você tentou controlar sua tendência de beber demais trocando uma bebida por outra?

- Nos últimos doze meses você experimentou blecaute, ou seja, acordou sem se lembrar dos acontecimentos da noite anterior?

- Nos últimos doze meses você faltou ao trabalho por causa da bebida?

- Nos últimos doze meses você foi multado por embriaguez ou teve problemas com a polícia?

Naquele tempo, o questionário tinha vinte ou mais perguntas, hoje é mais sucinto. Se você respondesse "sim" a quatro ou mais, explicou-me o doutor supervisor quando terminei, é porque apresentava grandes chances de ser alcoólatra. Eu respondi "sim" a todas elas.

Tão logo devolvi o questionário ao sujeito, Ruy Castro surgiu em entrada triunfal *à la* Carmen Miranda (sua biografada, diga-se) e veio na minha direção com seu sorriso de Gato de Cheshire que lhe ocupa metade do rosto:

– Aposto que você respondeu "sim" a todas elas, eu fiz a mesma coisa!

Só me aparece piadista pela frente, fala sério.

CAPÍTULO 3

BEBO PORQUE É LÍQUIDO

O motivo de eu NÃO saber explicar o que me fez ir parar numa clínica de alcoolismo é bem prosaico: eu não me lembro. Se há uma coisa que a bebida fez por mim foi zerar o software da minha memória de boa parte do peso das lembranças que eu poderia carregar até hoje pelos danos causados a mim e ao resto da humanidade.

O outro lado dessa moeda é que eu também não me lembro de grande parte dos fatos positivos que possam ter ocorrido por ao menos trinta anos da minha vida.

A conta é alta mesmo, trinta anos. Disse-me minha mãe que a primeira vez que levei um copo de bebida alcoólica à boca eu tinha três, isso mesmo, três anos.

Numa das tantas festas em nossa casa da Avenida República do Líbano, no Jardim Paulista, que eu veria encenadas centenas de vezes no decorrer das décadas de 1960 e 1970, reza a arqueologia da vida alheia (aquela que é garimpada cada vez que você dá um passo em falso que chame a atenção de sua família) que eu teria surpreendido o Alberto, um copeiro divino que trabalhou lá em casa. Era um japonês com modos de mordomo inglês. Ficou conosco egresso da casa da Hélène Matarazzo, amiga da minha mãe, por quem havia sido estupendamente treinado.

Realmente não me lembro dessa história, pelo amor de Deus, eu mal sabia falar. Mas parece que o Alberto me pescou do chão da copa bebendo restos de bebida dos copos que ele havia empilhado num carrinho, desses que também fazem as vezes de bar, e trazido da sala.

Pelo que me relataram décadas mais tarde, minha mãe ficou assustadíssima com a ocorrência, mas não consta que alguém da família tenha se exaltado a ponto de chamar ambulância, bombeiros ou camburão. E, assim, a vida prosseguiu alegremente.

O Alberto acabou deixando nossa casa contra a vontade dos Gancia depois de contrair dívidas astronômicas no Jockey Club, que jamais conseguiria saldar. Retirou-se em desgraça para o interior do estado. Minha família tentou ajudar, mas ele tomou chá de sumiço.

Sei que talvez esteja me atendo ao Alberto e a seus problemas relativos a jogo, mulheres e álcool a fim de desviar a sua atenção, excelentíssimo leitor. Não que eu deva satisfações a quem quer que seja, mas me parece óbvio que o que me moveu a beber aos três anos de idade não foi a curiosidade pela sensação de euforia causada, tampouco a necessidade de afogar mágoas ou, quem sabe, o estresse da vida moderna.

Seja lá o que foi que aconteceu ali, a questão é que não estamos falando de fato isolado. Há registros de uma nova manifestação exótica dessa natureza quando eu tinha SEIS anos. E de novo com NOVE.

Em São Paulo, muita gente tão antiga quanto eu está familiarizada com a fábrica de chocolates Kopenhagen, cuja sede estava instalada na Rua Joaquim Floriano, no Itaim Bibi, por acaso bem pertinho da nossa casa. A Kopenhagen ainda confecciona um bombom contendo no seu interior uma cereja banhada por um daqueles vinhos dulcíssimos e licorosos. A embalagem, nunca esqueço, era uma caixa vermelha redonda com os bombons embrulhados em papel prateado, um treco apuradíssimo, definitivamente não se tratava de material para a primeira infância. Você (eu, no caso) comia o bombom segurando o talo da cereja que estava no interior do chocolate, era um negócio extraordinário. Experiência que eu consegui aprimorar. Minha mãe costumava comprar essa caixa de bombons e deixar no quarto de vestir dela, em cima de um pufe quadrado ao qual eu tinha acesso livre, afinal se tratava de um pufe, e não do Fort Knox.

O fato é que, para que ninguém mais tarde viesse me reprimir por gulodice ou percebesse que o monstro da compulsão já tinha virado inquilino da emoção daquela simpática menininha, eu desenvolvi um método original de desfrutar do bombom e, ao mesmo tempo, transmitir a impressão de que continuava intacto. Minha técnica consistia em abrir o papel laminado e fazer um furinho junto ao talo da cereja que saía de dentro do bombom. Efetuada a delicada operação, eu virava o bombom feito um *shot* de uísque e sugava o líquido. Depois, recolocava a fita de papel que embrulhava o chocolate sobre o furo e todos os bombons sugados de volta na caixa.

Ainda hoje tenho a impressão – você poderá dizer que se trata de excessiva generosidade minha para comigo, e eu o mandarei às favas – de que fazia aquilo para saciar meu gosto pelo doce, e não para tomar um porre, e acredito piamente nisso. Devia ser vazio existencial já àquela altura, concordo. Mas era um vazio que buscava ser preenchido pelo conforto do açúcar, e não do álcool.

Não foi pela via do chocolate misteriosamente desprovido de licor que eles me flagraram em franco e ernesto delito. Acontece que fui pega trançando as pernas no corredor de casa.

Houve mais um episódio, e desse me lembro muito bem. Aconteceu num domingo, e, no dia seguinte, pela primeira vez, eu senti a mais terrível das sensações, pior do que qualquer dor de cabeça, mais estridentemente humilhante do que qualquer vergonha que você possa passar na vida e fomentadora de uma impotência tão paralisante que você chega a contemplar o suicídio. Refiro-me à ressaca moral.

Depois da missa na igreja São Gabriel, meu pai levou minha irmã e eu a um churrasco nos arredores de São Paulo, algum lugar tipo Sorocaba. Ele ia jogar bola com os amigos do automobilismo e nós íamos ficar na piscina.

Mas eu encontrei um obstáculo que iria impedir que a programação se cumprisse. O empecilho surgiu na forma de um balde enorme de ponche, cheio de maçãs, laranjas, pêssegos, abacaxis e folhinhas de hortelã mergulhados em um líquido de cor atraente.

Não dei a mínima se era ou não alcoólico. Quando ninguém estava prestando atenção, ia lá e me servia de uma concha generosa.

Foram me encontrar já ao escurecer, deitada no meio de uma estrada de terra secundária, olhando para a lua cheia e cantando. Eu tinha nove, singelos nove anos. Antes que meu mundo viesse abaixo, cheguei a sentir aquele zumbido do qual depois passaria praticamente uma vida correndo atrás, aquela sensação de relaxamento e animação imediatos, uma euforia que marca todas as suas células de maneira tão indelével que elas nunca mais vão deixar você em paz.

Antes que você pergunte: "Onde andavam os responsáveis por essa criança, que não viam que ela estava ultrapassando todos os limites?", eu lhe respondo prontamente que aqueles eram outros tempos; que por ter farta ajuda em casa e por observar um código tácito de culpas herdadas, no qual a disciplina passa a ocupar o primeiro lugar e o prazer o último, tenho a impressão de que a elite, todas as elites, mantêm algum distanciamento em relação aos seus rebentos. Meus pais conheceram distância ainda maior dos seus. Há de se considerar também que sou temporã (seis e sete anos mais moça do que minha irmã e meu irmão, respectivamente) e que, por ter chegado à família quando meus pais já tinham se estabilizado no Brasil, nunca me senti cobrada a ocupar um papel com roteiro sacramentado. O meu sempre foi um *script* próprio, não sou livre de forma tão obscena porque cavei minha liberdade. Eu nasci para ser assim.

A vida inteira pude – mais ou menos – fazer o que me deu na telha. Sendo europeus, meus pais não eram do tipo de bancar viagem de criança para a Disney nem dar mesadas astronômicas. Na escola, eu mendigava mordida de chocolate ou de *hot dog* das outras crianças porque não tinha dinheiro para comprar minhas porcarias preferidas: salgadinho de milho da Kellogg's, pastilhas Garoto, picolé de limão e chocolate Prestígio.

Por outro lado, eu era aquela mimadinha a quem era dada a liberdade de ligar do telefone interno do meu quarto para a cozinha, no meio da tarde, para pedir a Brandina, nossa cozinheira de vida inteira, que preparasse almôndegas com batata-palha ou, quem sabe, pastéis. Serviço *à la carte* para a pirralha. Eu deveria morrer de vergonha, não? E teve uma época de ouro em que minha mãe cedeu aos meus caprichos e deixou que o motorista fosse até a escola, todo dia na hora do almoço, para me levar um *cheese* salada *bacon* quentinho, oriundo da lanchonete Joakin's, do bairro do Itaim. *Delivery* para a caçula, a quem minha mãe ironicamente se referia como "a filha única".

Piero e Lulla Gancia, meus pais, ambos nascidos em Turim, no Piemonte, na década de 1920, e já falecidos, chegaram de navio ao porto de Santos em 1954. Eu vim mais tarde, em outubro de 1957, parto normal realizado no Hospital Matarazzo, na Alameda Rio Claro, ao lado da Avenida Paulista. Era onde nasciam os filhos da italianada naquela época. Minha irmã Eleonora, dita Kika, não teve esse enorme privilégio (sqn) e nasceu em Montevidéu, em 1951. Foi lá que a família morou de junho de 1951 até aportar no Brasil.

Filho mais velho de uma família de produtores de vinho, Piero tinha 18 anos quando Hitler invadiu a Polônia e causou aquele estrago todo. Estava no segundo ano da faculdade de Economia.

Minha mãe, Lulla, filha de nobres de uma longa linhagem de gente que se desobrigou do trabalho ou de qualquer outra atividade que compreendesse o dispêndio vulgar de energia, tinha 16 anos em 1939, veja se isso lá é idade para se ter quando um maluco invade o mundo ao seu redor com soldados armados dispostos a dar um tiro na sua cabeça cada vez que você vai para a fila do racionamento de mantimentos! Assim que começou a guerra, as fábricas pararam de produzir e o comércio não funcionou pelos seis anos seguintes.

A empresa familiar do lado paterno continuou a manter algum semblante de normalidade por dois anos depois da Itália ter entrado na guerra. Durante esse tempo, sem produzir uma só garrafa, os salários dos funcionários continuaram a ser pagos em dia. No fim das contas, no entanto, a paralisação da indústria e do comércio levou a economia e a infraestrutura do país à ruína.

Observando a cronologia dos acontecimentos naqueles trágicos anos vividos na Europa, conseguimos deduzir que meus avós foram veteranos da Primeira Guerra Mundial, conhecida como a Grande Guerra em razão da carnificina promovida pelas invenções trazidas pela Revolução Industrial, notadamente o avião, a metralhadora e o gás mostarda.

Durante a Segunda Guerra, ou seja, a guerra que mudou a vida dos meus pais e que esteve presente à mesa do jantar e nas broncas durante todo o tempo em que convivemos, a Itália foi cúmplice da Alemanha até que Hitler e Mussolini desfizessem a parceria. A partir dali os italianos se juntaram aos aliados. Meu pai acabou capturado pelos alemães. Fugiu do campo de prisioneiros alguns meses depois, após um bombardeio. Minha mãe, que por ser mulher não precisava vestir o uniforme de soldado com a faixa (origem do nome fascismo), andava para lá e para cá levando bombas em cestos de piquenique para ajudar os *partigiani*, os então guerrilheiros que hoje consideramos heróis, que lutaram bravamente na clandestinidade.

Como ser criança ou adolescente de pais que passaram por isso?

Meu irmão Carlo, o primogênito, nasceu em 25 de junho de 1950, dia em que teve início a Guerra da Coreia. Ele comemorou seu primeiro aniversário a bordo do navio que trouxe a família para longe das guerras (meus pais achavam que aquela poderia se transformar numa Terceira Guerra Mundial) até a América do Sul. Feitas as contas, minha mãe já estava grávida da Kika quando o transatlântico cruzou a linha do Equador.

Não duvido que eu tenha sido negligenciada na infância e que os mimos a que fui submetida até deixar de viver com meus pais tenham contribuído para agravar toda sorte de compulsão advinda da angústia ou de um vazio existencial do tamanho do Grand Canyon.

Mas há de se dar um desconto aos meus velhos. Na nossa vida aqui no Brasil nós não tivemos a figura do avô, da avó, dos tios, primos; os dois chegaram aqui sem conhecer ninguém.

E, naquela época, ainda não era comum a discussão sobre dependência de drogas, bêbados ainda eram confinados em hospitais sob a pecha de insanidade. Na cabeça do Piero e da Lulla, eu bebia porque era louca, quando, a bem da verdade, a coisa se dava justamente ao contrário: eu queria mais era beber para ficar louca.

CAPÍTULO 4

OPIÁCEOS NATURAIS

Será que sou alcoólatra? O que é o alcoolismo? Como se dá a transição de bebedor frequente para alcoólatra? Existe predisposição ao alcoolismo? Se bebo demais de vez em quando, isso representa um problema? Será que corro o risco de me tornar um bebedor serial?

E meu marido/minha mulher, meu pai/minha mãe, meu colega/minha colega, meu tio ou minha tia ou qualquer outra pessoa que desperte a minha desconfiança, será que ele/ela está em apuros ou precisa de ajuda? Será que sabe que tem um problema?

São perguntas objetivas que devemos sem dúvida levantar se quisermos começar a entender o problema.

Mas lamento informar que respostas diretas não existem. E mais: mesmo que houvesse um modo de endereçar com simples "sim" ou "não" as questões que envolvem o alcoolismo, isso não serviria para saciar a curiosidade de quem pergunta, já que estamos lidando com um assunto complexo, que envolve ciência e psicologia, passa por moralidade e crença religiosa e, ainda, tem outros componentes que transformam cada caso num universo particular a ser avaliado.

Eu mesma, experiente em ambas as áreas – beber e parar de beber –, não saberia lhe dar respostas cabais para algumas das perguntas mais prementes sobre a dependência, por vários motivos: o principal é que não sou especialista, nem diplomada, nem estudiosa, tampouco possuo as credenciais necessárias para realizar diagnósticos. Só sei discutir o meu problema pessoal e intransferível, só posso descrever como consegui abandonar à minha maneira a fixação pelo produto que é ícone de exportação da Escócia.

Durante trinta anos, minha bebida de escolha foi o uísque escocês. De preferência, copo longo, muito gelo (daquele quadradão de fôrma de geladeira antiga, que derrete com relutância estoica e desconhecida por esses gelinhos insignificantes de máquina de hoje) e dois terços de água gasosa; se for club soda, melhor. Nunca gostei de uísque maltado ou envelhecido em tonéis disso e daquilo.

Como exímia compulsiva e ansiosa por natureza, sempre estive ligada mais na quantidade do que na qualidade do que virava para dentro. Dava preferência às marcas mais vendidas pelo *duty free* do aeroporto: J&B, Black & White, Dewar's, Cutty Sark ou Johnnie Walker.

Também não posso esclarecer suas dúvidas mais prementes sobre assunto tão controverso porque as respostas podem parecer diferentes conforme a doença vai progredindo. As coisas são relativas. E, ainda por cima, tudo depende da postura que o bebedor problemático tomará diante do seu problema – e, até mesmo, se ele irá tomar a decisão de tentar parar ou se, depois de recair, o que é normal, irá tentar de novo a recuperação.

Descobri ao longo desses trinta anos às voltas com meu drama que é o próprio bebedor quem deve decidir em que estágio do problema ele se encontra. Pode procurar ajuda na busca pela verdade, mas, no fim das contas, só ele poderá responder à interrogação primordial: "Será que tenho problemas com o álcool?"

A minha realidade, que custei a aprender com os tropeços e ao custo de mil hematomas, é que, quando o abuso de substância passa a ser qualificado como dependência, não há mais como escapar. Tive problemas recorrentes em razão do consumo excessivo em todas as áreas da minha vida. E sei que os abacaxis, no meu caso, nunca desapareceram por inércia. Se eu voltasse a beber agora (toc, toc, toc!), eles dariam as caras novamente, um por um, como se nunca tivessem ido embora. Pior: as aflições voltam mais agudas caso o consumo contínuo e desmesurado de sua droga de escolha (melhor o termo "falta de escolha"), seja ela qual for, cocaína, álcool, crack, ecstasy, cheirar cola, alpiste, sei lá, não seja definitivamente interrompido.

No início dos anos 1950, o alcoolismo deixou de ser visto como distúrbio mental e passou a ser considerado uma doença crônica.

Foi só em 1967 que a Organização Mundial da Saúde (OMS) incorporou o alcoolismo à classificação internacional das doenças. O álcool ficou no segundo grupo das substâncias mais perigosas de uso contínuo, junto com os barbitúricos e atrás do ópio e derivados, como a morfina e a heroína.

Nesse período, um parâmetro foi adotado para designar o alcoólatra. A descrição não mencionava limites ou falta deles. Dizia-se apenas, em linhas gerais, que beber em excesso e com frequência poderia levar o indivíduo a apresentar degeneração física, como lesões no fígado (cirrose hepática), no pâncreas (pancreatite), cheiro de amônia no suor devido ao mau funcionamento dos rins ou alucinações (*delirium tremens*) quando a ingestão alcoólica é interrompida.

De lá para cá, os conceitos foram aprimorados. Hoje, medimos em doses os limites que o indivíduo deve respeitar para não ter problemas. Uma dose representa 330 ml de cerveja, 140 ml de vinho ou 40 ml de destilado. Segundo o limite estabelecido pela Organização Mundial da Saúde, o consumo individual não pode superar o equivalente a três copos de chope, três taças de vinho ou dois copos de uísque ao dia, quatro vezes na semana.

A ênfase hoje está menos na frequência (beber diariamente) do que nos limites que cada um de nós consegue respeitar.

Existem níveis de tolerância, inclusive para quem vai progredindo na doença e precisando aumentar a quantidade ingerida para obter o mesmo efeito inebriante dos primórdios de sua estrada etílica.

Devo admitir que minhas estatísticas passam muito ao largo dessas cartilhas. Digamos que se beber fosse um esporte olímpico, eu seria o Usain Bolt. Quatro cervejas ou três doses de uísque era o que eu tomava antes de sair para a igreja. Imagine, então, para ir à balada.

Mas deixe-me terminar de expor aqui o panorama mais abrangente antes de revelar os sórdidos pormenores da minha vida de medalhista olímpica.

Por uma questão de massa corpórea, as mulheres metabolizam o álcool de maneira mais lenta que os homens.

Mulheres podem se tornar alcoólatras cerca de cinco a oito anos após começar a beber frequentemente, enquanto os homens, muitas vezes, levam mais de dez anos bebendo reiteradamente antes que seu metabolismo se altere a ponto de precisar usar a bebida para repor as endorfinas e dopaminas que a hipófise deixa de produzir quando se ingere álcool com regularidade.

Essa questão, sobre como o álcool destrói sua capacidade de produzir via hormônios os chamados opiáceos naturais, sempre me fascinou.

Em parte, ela explica por que é tão difícil parar de beber. E também desvenda os meandros da razão pela qual você corre sérios riscos de recair se beber só um gole, mesmo depois de anos e anos sem colocar uma gota de álcool na boca.

No grupo de AA que frequento para me ajudar a me manter sóbria, nós sempre recorremos à imagem de uma vela para explicar o que acontece com a progressão do hábito.

Quando você inicia sua carreira de bebedor contumaz, digamos que a vela comece a derreter. Ela vai queimando até o dia em que você decide parar – guarde essa imagem na sua cabeça. Nesse ponto, a chama se extingue e a vela fica de um certo tamanho, bem menor do que era quando você começou a beber compulsivamente. Digamos que você pare de beber por dois anos e depois retome o hábito. A vela não recomeça a queimar do zero, como se fosse nova. Não. É sempre a mesma vela que vai derreter de novo a partir de onde você parou. Você retoma a quantidade e o padrão de beber de onde parou, não de quando começou a beber. Não há renovação possível, suas células já foram carimbadas pela memória alcoólica, sua hipófise já foi irreversivelmente traumatizada. O registro permanecerá, mesmo depois de décadas sem consumir uma só gota.

Conheço um senhor, grande amigo da minha família e CEO de uma multinacional, fundador inclusive do grupo de AA do bairro de Santo Amaro, em São Paulo, que estava sem beber havia 25 anos.

Um dia, ele já vinha meio estressado fazia um tempo, tomou um avião para ir à Itália para uma reunião de trabalho. Sentado na primeira classe da Alitalia, ele se encontrou no assento adjacente ao de uma loiraça arrasa-quarteirão. Antes mesmo de o avião decolar, a aeromoça passou oferecendo champanhe. Ele aceitou uma taça. Tamanha foi a sua recaída que, cerca de um mês depois desse episódio, estava novamente internado em uma clínica de desintoxicação.

Como o corpo trabalha sempre em regime de dispêndio mínimo de energia, as células acostumadas ao bombardeio constante de álcool adquirem memória de elefante, elas nunca mais esquecem.

Basta seu organismo perceber que você enfiou álcool na goela para sua central nervosa soar o alarme. E as células imediatamente interrompem a produção dos opiáceos naturais.

Sem dopamina, serotonina etc., o que sobra é a angústia mais tenebrosa. Do tipo que você só cura rapidamente com um trago no boteco.

Daí a combinar a ingestão de bebida com mais bebida é um passo.

CAPÍTULO 5

PRECISAMOS FALAR SOBRE DEPENDÊNCIA

Interromper a odisseia de noitadas de estupor alcoólico intercaladas por manhãs de apagão de memória e arrependimento não é fácil.

Você pode fazer isso por alguns dias, semanas ou, quem sabe, até por semestres inteiros.

Conseguir domar a fera e voltar a ter controle da sua vida, não se sentir mais dominado por uma substância poderosa e traiçoeira que passou a escravizá-lo, é outra coisa. Totalmente diferente.

De vez em quando alguém lançava no ar a suspeita de que eu não demonstrava ter plenos poderes sobre meus hábitos etílicos.

Esse papinho não era comigo. Olha só: não venha me contar aquilo que não quero saber. No começo, imaginava que bebia quando queria e parava se precisasse. Quantas vezes eu já não tinha parado por alguns dias, até por dois ou três meses?

Não me dava conta sequer de que, apesar de gulosa, nunca comia sobremesa ou chocolate. O açúcar de escolha era aquele processado pelo álcool. Não é à toa que você nunca tenha visto um bar que ofereça porções de *petit-fours* ou pedaços de bolo para acompanhar o seu drinque, no lugar das batatas fritas e amendoins que sempre estão espalhados no balcão.

Comecei a notar que meu padrão de ingestão alcoólica tinha se alterado numa época em que tive de fazer um exame médico que exigia a interrupção do consumo de bebida durante 72 horas.

O que são 72 horas, não é mesmo? Quem não consegue ficar sem beber por três dias?

Me dei conta de que estava deixando o tal exame médico para o dia seguinte. Na primeira semana adiei para a outra, mais uns dias e deixei escapar novamente, depois tinha aquela festa seguida de um coquetel que eu não podia perder e daí, no dia seguinte, já era sexta-feira, dia de relaxar e se entregar à gandaia – lá vem o Brasil, descendo a ladeira, levando a Barbarica agarrada lá na rabeira!

Ficava sempre para a semana que vem. Esse episódio aconteceu lá pela metade dos anos 1990, quando eu já estava bem ciente das debilidades do meu calcanhar de aquiles. Já tinha alternado vários períodos de bebedeira e abstinência e, por algumas vezes, até conhecera a abençoada sensação de sobriedade, que é o termo usado por quem conhece esse riscado para designar a manutenção, no longo prazo, da convicção de que a bebida irá derrotá-lo se você resolver desafiar a máxima "Só por hoje, não vou beber".

Descobri que a abstinência está a léguas da sobriedade. A diferença é tão gritante quanto comparar a primeira classe da Emirates com a classe econômica da Siberian Airlines.

Sem exagero. Não beber quando sentia necessidade demandava uma energia além das minhas possibilidades, o que sempre acabava se traduzindo em frustração.

Hoje, sóbria já faz um tempo considerável, empenho zero esforço para me manter distante da bebida. A questão da "força de vontade" nem sequer entra no mérito da minha sobriedade.

Com a evolução no meu tratamento, passei a vivenciar uma condição que não tenho mais como refutar: eu não posso beber. Caso contrário, coloco em xeque a minha estabilidade, bem que eu não me disponho a comprometer por nada neste mundo.

Não consigo pensar em uma situação hipotética em que viesse a interromper minha sobriedade em troca de algum tipo de compensação ou de celebração que valesse a pena. Isso não faz mais sentido na minha vida.

Hoje, associo a bebida a coisas de que me arrependo, que me envergonham, a tempo jogado no lixo. Não guardo recordações que gostaria de repetir.

Não houve brinde do qual eu não participasse, não houve gole derramado, não houve champanhe ou vinho de safra especial que ficou faltando no meu currículo.

Houve um tempo em que eu bebia quando o Corinthians ganhava; bebia quando o Corinthians perdia e bebia quando o Corinthians empatava. E olha que eu nem sou corintiana. Torço pelo Santos desde sempre.

Em sua autobiografia, Eric Clapton, exímio guitarrista e blueseiro, que hoje é proprietário de uma clínica de reabilitação de sólida reputação de nome Crossroads, afirma o seguinte: "Minha sobriedade é a coisa mais importante que possuo na vida. Mais importante que meus filhos, minha esposa, minha carreira. Sem minha sobriedade eu não teria nenhuma das outras coisas".

Não se entristeça por mim porque meu padrão de bebida sem limite me levou a parar de beber completamente. Tenha certeza de que hoje meu organismo não é exposto a uma só gota de álcool por livre e espontânea vontade, de que esse desejo vem movido por sentimentos de augusta felicidade.

Depois de minha primeira internação em Cotia, resultado daquela emboscada perpetrada por Ruy Castro, devo ter ficado quase três anos sem beber.

Como já expliquei, só consigo refazer a cronologia por aproximação, sem dados precisos, porque minha memória me trai.

CAPÍTULO 6

BEBER PARA ENTRAR EM ÓRBITA

Segundo normas estabelecidas pela OMS, há cinco grupos específicos de pessoas que não devem ingerir bebidas alcoólicas:

1. menores de idade (porque ainda não têm as sinapses plenamente formadas e não desenvolveram espírito crítico);
2. grávidas;
3. pessoas que estão fazendo uso de remédios de tarja preta;
4. quem vai dirigir automóvel ou manejar equipamento pesado;
5. quem, como eu, tem histórico de dependência de álcool, drogas ou químicos.

Já se vão bem mais de trinta anos desde que dei início ao que viria a ser uma bem-sucedida carreira de bebedora, aquela que me levaria a desenvolver inequívoca dependência do álcool.

O que terá dado errado? Aliás, por que calhou a mim essa bênção? O que meu beber tinha de diferente do jeito de beber da maioria?

Perceba a ironia: carrego dois "bares" no primeiro nome, "Bar-Bar-a", e tenho sobrenome de bebida, uma vez que meu tataravô, Carlo Gancia, introduziu na Itália, em 1865, um vinho espumante chamado Asti, usando uvas brancas moscatel, mais doces, e o método *champenoise* de fermentação, aquele que produz as bolhas no champanhe.

Trata-se de um vinho de sobremesa que inaugurou a empresa familiar, Fratelli Gancia. Durante muitos anos, nós produzimos vermutes e vinhos na região do Piemonte e também em Mendoza, na Argentina.

Em 2011, o ramo italiano da Gancia foi vendido a um russo produtor de vodca e a empresa voltou a florescer. Em viagem recente à Rússia, dei com a garrafa estampada com meu sobrenome em tudo que era birosca. E eles lá ainda pronunciam corretamente: "Gántxia".

Minhas primas Monica, Anna e Vicky continuam a tocar o ramo argentino da empresa.

A convivência estreita com a produção de vinho não foi capaz de refinar meu paladar. Não entendo rigorosamente patavina de vinho. Sou tão ignorante nesse tema que seria capaz de confundir catraca de canhão com conhaque de alcatrão.

Admito que nunca bebi para sentir o gosto da bebida, as sutilezas do vinho ou o malte do uísque. Desgraçadamente, sempre me ative ao fator quantidade, era só isso que importava.

Muito antes de tomar conhecimento da expressão, eu já praticava o chamado *binge drinking*, tão popular hoje em dia. Trata-se do hábito de sorver grandes quantidades no menor espaço de tempo, com o objetivo específico de chegar às alturas rapidamente.

O *binge drinking* é muito relacionado a adolescentes do sexo feminino. Nos meus priscos tempos, não me lembro de outra bebedora voraz. Entre as meninas, só dava eu.

Hoje, com a interligação digital promovida pelas redes de informação, não se permite mais que pais, mestres, médicos e autoridades se mantenham no escuro.

Todos nós temos o dever de nos informar, conhecer os parâmetros utilizados pela OMS, colocar em prática as políticas de prevenção, informar a molecada e ficar de olho.

A indústria da bebida também não pode se omitir. Deveria inclusive ser motivada pela legislação a promover uma regularização maior de manejo de um produto que apresenta risco intrínseco ao ser consumido pela população.

O ritmo ainda é lento, oxalá não haja nenhum retrocesso brusco no caminho à frente, mas aos poucos a ficha parece estar caindo. O mundo caminha para a responsabilidade social.

A indústria não parece ter como escapar dos ditames da filosofia sustentável, que passou a dominar um mercado atento aos desejos do consumidor e temeroso de retaliações ou de ter de desembolsar eventuais indenizações.

Só fui me dar conta da existência desse universo paralelo de tomada de consciência bem depois de ter parado de beber.

Na "ativa" (termo usado no AA para definir quem está consumindo álcool), meu foco sempre foi o barato que a bebida me proporcionava.

Não sabia a diferença entre destilado e fermentado, não gostava de vinho tinto (vai vendo), vodca me causava engulhos, sentia repugnância por conhaques e dos uísques maltados eu queria distância. Mas isso nunca me impediu de ingerir quantidades cavalares até mesmo desse tipo de bebida. A única substância alcoólica com a qual eu nunca brinquei foi o gim.

Desde pequena, meu pai, que era enólogo, me colocou na cabeça, pela graça de Nosso Senhor do Bafômetro, que gim é sinônimo de veneno. Hoje, certos médicos de dieta, nutricionistas e endocrinologistas de meia pataca recomendam aos jovens que tomem gim quando forem beber porque tem bem menos calorias do que, digamos, um vinho. Assim fica difícil, não é mesmo?

Quanto a mim, para disfarçar o sabor das bebidas mais fortes, que menos me agradavam, fazia toda sorte de mistura que facilitasse a trajetória do goró pelo meu esôfago.

Lembro do clássico *screwdriver*, vodca com suco de laranja (ou Fanta), e do rum com Coca-Cola, a popular cuba-libre.

Não sei em que raio de categoria alcoólica eu me encaixo, mas chegava a fazer aquela careta do *emoji* de boca de serrinha só de pensar na sensação pungente de um trago de uísque na boca ou na acidez da cerveja descendo goela abaixo. E certamente não estarei exagerando se disser que na grande maioria das vezes em que ia começar a beber, era dureza botar para dentro a quantidade necessária para causar alteração.

Acontece que, quando você consome grande quantidade de bebida, obriga seu corpo a lidar com grandes volumes de álcool, e isso desencadeia importantes modificações metabólicas. Depois de alguns anos encharcando o seu organismo, você fatalmente sofrerá as consequências de mudanças irreversíveis no metabolismo e nas funções cognitivas.

Comecei a beber sistematicamente entre os 16 e 17 anos. Relembrando o que escrevi, o organismo do homem pode levar até dez anos para efetuar essa reconfiguração celular, a mulher pode se tornar dependente em metade desse tempo. O efeito de uma cerveja no corpo de uma mulher equivale ao efeito de duas cervejas para um homem do mesmo peso. E os danos biológicos do álcool são expressivamente maiores nas mulheres do que nos homens.

Aos 23 ou 24 anos, eu já estava bebendo sistematicamente ao menos uma ou duas vezes por semana. Daí você poderá especular livremente o que bem entender. Que eu bebia porque sofri alguma negligência na infância; que usei a bebida para me libertar da timidez ou como método de socializar com o sexo oposto; para ficar mais corajosa ou por pura porra-louquice.

Não saberia ao certo contar os motivos que me levaram a beber, posto que muitas outras pessoas usam a bebida para esses mesmos fins sem se tornar dependentes do álcool.

Faço parte de uma pá de minorias e nem sempre concordo com o modo pelo qual elas se definem. Feminismo, a questão LGBT, ser mito do *plus size* e outras características ou tipificações correntes de que quase sempre discordo. Mas aprendi a não questionar o que diz a OMS, e me insiro na descrição de alcoólatra sem chiar.

Sou compulsiva mesmo, tenho baixa tolerância à frustração, fui mimada como a mais mimada das filhas caçulas, sempre aliviaram para mim nos escorregões que dei, mesmo aqueles em que eu poderia ter me encrencado com a lei, como no caso dos acidentes de carro em que me envolvi.

Mas não sou criminosa nem mau-caráter. Poderia atribuir meu alcoolismo a uma série de fatores, mas, diante da informação que temos, considero que a mudança ocorrida no meu metabolismo em razão da insistência em saciar desesperadamente a minha compulsão configura, no mínimo, uma doença. Ninguém sabe dizer melhor do que quem já passou por uma síndrome de abstinência o quanto o alcoolismo não tem a ver com força de vontade.

Também sei que poderia atribuir meu alcoolismo à minha carência crônica abissal e sem explicação, à falta de limites estabelecidos desde cedo ou à hereditariedade, posto que existem outros alcoólatras na minha família.

Ué, vai dizer que na sua não tem ninguém que destoe?

Meu meio social também pode ter influenciado a evolução para bebedora compulsiva. Pertenço à geração *baby boomer*, que consegue se manter em situação de eterna imaturidade sem necessidade de usar formol ou qualquer outro conservante.

Certa vez, um médico me disse que meu metabolismo também teria me ajudado a moldar a minha dependência.

A SAIDEIRA   51

Nos primeiros anos, eu mal sentia ressaca, nunca tinha dor de cabeça depois de uma noitada, nem me lembro de fazer os *strikes* típicos daqueles que vomitam a alma depois de beber.

O doutor me falou: "Se sua irmã ingerisse três quartos de uma garrafa de uísque, como você é capaz de fazer numa única noite, ela morreria na certa. Ou entraria em coma alcoólico". Kika, minha irmã, pasme, nunca colocou um gole de uísque na boca. Diz ela que só a ideia desse gesto já faz com que sinta a enxaqueca chegando.

Mas se você me pedir para isolar apenas um motivo pelo qual comecei a beber e só fui parar definitivamente mais de trinta anos depois, eu diria que beber é bom. Ou que me fazia sentir um tremendo bem-estar, ao menos nos primeiros anos. E que, depois, passei todos os outros em busca daquele *frisson* inicial e à mercê da sensação de alívio que o primeiro drinque proporciona naquela meia horinha em que você abre o bar.

Aquilo de ficar meio zureta, entre o céu e a terra, era por demais atraente para mim. Posso dizer que bebi e quase morri pelo prazer que sentia naquilo.

Porque eu não media consequências, não via o pesadelo chegando. Não tinha ideia do tamanho da encrenca em que estava me metendo.

Ninguém sabe ao certo como remediar a dependência, um pouco de tudo já foi tentado: suprimir a publicidade, fiscalizar os locais de venda, políticas de aumento de preço e taxação, horários menos flexíveis nos pontos de venda, nada disso teve muito resultado. Os índices de alcoolismo na população tendem a crescer, não a ficar estáveis.

A única coisa que ainda não foi testada no longo prazo e que está sendo implementada agora em vários países são as políticas de prevenção e educação.

Sim, sempre de volta à estaca zero: a educação como base do desenvolvimento humano e da preservação da saúde, com menos sofrimento e desperdício, além do comprometimento da nossa produtividade.

É na prevenção baseada na educação que as políticas precisam ser traçadas se, no futuro, quisermos ver a diminuição da violência doméstica, do crime por motivo fútil, das doenças como ataques do coração, câncer no esôfago e pancreatite, e se desejarmos estancar a epidemia de acidentes em obras e nas estradas do país.

CAPÍTULO 7

NÃO É NÃO

Se eu nunca tivesse bebido, onde teria colocado minha energia destrutiva?

A pergunta é cabeluda, e eu apostaria uma fábrica de picolés de limão como é próxima de zero a chance de que tivesse me tornado uma monja meditativa. Muitas vezes penso sobre como teria sido a juventude e a entrada na vida adulta sem a necessidade contínua de buscar emoções baratas a cada esquina.

Minha mãe visitou-me durante minha primeira internação, na clínica em Cotia. Nunca esqueço uma conversa que presenciei dela com mães de outros internos:

– Quando não bebe, meu filho é um anjo, a pessoa mais prestativa, carinhosa e atenciosa do mundo – contou a mãe de um senhorzinho de meia-idade que aparentava sequelas mentais e que se manteve calado durante todas as sessões de terapia a que assistimos juntos. – Bastou tomar um copo de qualquer coisa, ele se torna um bicho – emendou a progenitora. – Fica agressivo e descontrolado, só me dá problema, tenho medo de que se machuque ou a outras pessoas.

De alguma forma, todas as mães se identificaram com o relato, inclusive a minha.

Nunca fui do tipo "mineirinho" ou "bebe-quieto", aquele bebedor que fica num canto – literalmente – entornando o caldo sem trazer prejuízo a qualquer outra pessoa que não a si mesmo.

O camarada fica na dele, quem vê nem sequer se dá conta do quanto está alterado. Não ofende ninguém, por que então não pode beber na boa e ser deixado na santa paz de Deus, fazendo o que mais gosta?

Por incrível que pareça, uma das sortes que tive na vida foi a de não ser uma bebedora desse tipo.

Se é para escolher entre o menor dos males, opto por ser uma dependente espalhafatosa e barulhenta, uma Madame Min de modos dramaticamente contrastantes com a princesa pré-rafaelita que desperta lânguida na manhã seguinte.

Não há quem tenha me visto sob o efeito do álcool que não fosse capaz de adivinhar haver ali um problema palpitante com a bebida.

Não tem como fugir – depois de anos dando trabalho a amigos, familiares, namoradas e até aos meus animais domésticos – da constatação de que eu havia perdido o controle sobre a minha vida.

Concedo que também ofereço farto material para ser trabalhado no divã do analista, mas uma coisa não exclui a outra. Minha personalidade bombástica foi exaustivamente trabalhada no álcool.

A Barbara pacata ficou quietinha, dobrada numa gaveta embrulhada em papel de seda por décadas. Temo que ela só resolvesse se manifestar quando eu estava a sós com meu pai, sujeito delicioso de conviver e amoroso até demais, nas vezes em que saíamos para jogar golfe ou viajar. Ou quando eu estava com minha irmã, que sempre teve controle natural sobre mim. Tenho ainda quatro amigas com a cabeça no lugar, as melhores da vida, a quem sempre respeitei e ouvi atentamente: Francesca Mascaretti, Daniela Crespi, Ciça Marra e May Street. Com elas, ouso dizer, nunca houve nenhum incidente merecedor de menção neste livro – mesmo que a Francesca jure o contrário.

Em contrapartida, com os amigos de infância, na companhia do meu irmão Carlo ou da minha mãe, e especialmente com autoridades ou estranhos, atendentes de loja e funcionários de empresas públicas, com quem menos deveria ter me mostrado inconveniente ou espalhafatosa, eu já chegava abrindo a porta do galinheiro e botando fogo no poleiro. Era pena pra todo lado.

A primeira vez que retirei da gaveta a Barbara versão florzinha do campo, depois de muitos anos de afazeres noturnos intensos, foi logo que saí da minha primeira internação na clínica de reabilitação Maria Tereza.

A SAIDEIRA

Fiquei sóbria, sem sorver um só gole, pelos dois anos e oito meses seguintes. No começo, foi uma sensação surrealista.

Depois de um período de cautela, sem sair para grandes acontecimentos em que circularia bebida, comecei aos poucos a frequentar os velhos ambientes.

Era só chegar a uma festa que algum desavisado vinha correndo me oferecer um drinque. Garçom, então, nem se fala. Por algum motivo, sempre fui xodó de garçom. E em São Paulo existem destacadas empresas de bufê que usam os serviços dos melhores profissionais. São sempre os mesmos em tudo que é ambiente classe A. O Tito, o sr. José, gente que já me viu fazer de tudo um pouco, até ficar brava e virar bandeja de café, lançando todas as xicarazinhas fumegantes ao ar, espetáculo digno de *A Bela e a Fera*, e depois atirar meu sapato na direção do anfitrião da festa, mirar o alvo e acertar a janela e ir para casa mancando num pé só.

Para me defender de quem, a fim de me agradar ou, quem sabe, querendo ver a Barbara veloz e furiosa em ação, tentava de todo jeito me fazer aceitar um drinque, aprendi que um "Não, obrigada" não basta.

Ser apenas taxativa e negar a bebida não surte efeito. Ninguém aceita que você não está bebendo. Pior: a recusa fica parecendo uma quase ofensa. Ainda mais entre amigos de longa data que se comportam como numa confraria de bebedores profissionais, a negação da bebida pode ser encarada como ameaça. A lógica condescendente é a de que, se todo mundo bebe demais, é como se ninguém bebesse além da conta.

Se quebrar essa lógica, você desequilibra uma suposta harmonia. Sobretudo no meu caso, eterna palhaça da turma.

Incrível como quem mais precisa de informação sobre o alcoolismo é quem mais se recusa a conhecer o assunto – mesmo entre pessoas presumidamente esclarecidas.

Até hoje, os velhos amigos sempre esperam que eu os divirta. Esse foi o meu papel por muitos anos. Vem aquele monte de gente "bafuda" e suada dar abraço de urso, é uma coisa de louco.

Antigamente eu encarava esses afagos com alegria. Hoje sinto vontade de sair correndo na direção da Floresta Amazônica. A Barbara não é mais aquela.

Depois de tentar mil argumentos verdadeiros ("Parei de beber"; "Não estou a fim"; "Estou dando um tempo"; "Não posso beber") para recusar drinques, adotei uma sugestão ovo de Colombo de um colega de sala de autoajuda, que funciona lindamente. Sou desajeitada para mentir, mas essa lorota eu aperfeiçoei, já que minha vida passou a depender da sobriedade:

– Estou tomando um remédio que não combina com bebida.

Pronto, acabou, não se fala mais no assunto. Essa ninguém contesta.

Para quem está em tratamento, especialmente nos primeiros 90 dias sem beber, a insistência soa como emboscada. Por melhores que sejam as intenções. Desestrutura. O que acontece é que a pessoa provavelmente ainda está muito fragilizada, com vergonha, intimidada, não quer abrir publicamente o drama que está vivendo.

Depois dos primeiros anos, o pessoal começa a se acostumar e para de encher. Hoje, falo da minha situação com toda a naturalidade, sinto firmeza de ter dominado o monstro da dependência, o pessoal respeita porque viu que é sério. No máximo, chega alguém na hora do jantar e diz: "Você se incomoda que eu beba na sua frente?".

Claro que não. Dou a maior força. A grande maioria das pessoas não tem com que se preocupar, pois então que bebam. Não sou uma carola arrependida, tenho horror a moralista, continuo a gostar de sair e dar risada e até de ver os outros se esbaldando na minha frente.

Quando algum garçom ainda insiste em me vender bebida, eu monto no cume do ápice do meu salto e mando ver, sem a menor piedade: "Melhor não insistir, sabe? Se eu aceitar o que você está me oferecendo, daqui a meia hora você terá de chamar os bombeiros, a Defesa Civil, a polícia, os ministros do STF, um padre, um rabino, uma ambulância e até um adestrador de leões para me deter. É sério, sou capaz de quebrar esse restaurante inteiro".

Quanto ao "mineirinho", o "bebe-quieto", esse está frito. Ele é o tipo de bebedor com mais chances de chegar ao último estágio da degradação alcoólica, em péssimas condições mentais e físicas. Ele é o maior candidato à pancreatite e a experimentar o *delirium tremens*, o quadro de confusão mental, alucinações e agitação em que o paciente chega a ter ilusões vívidas e pesadelos com monstros e animais peçonhentos.

Como a doença é incurável, progressiva e mortal, quem bebe na moita irá beber mais e por mais tempo antes que os danos causados pelo álcool sejam percebidos. É uma encrenca do tamanho de um bonde voltar desse ponto para a sobriedade. Vivi anos aterrorizada por estar chegando perto dessa fase.

O próprio "bebe-quieto" terá mais dificuldade em se tocar do problema e aceitar entrar num programa de recuperação. Ele levará mais tempo para receber a ajuda de parentes, de amigos ou da assistência social da empresa.

Considerações sobre minha condição, os estragos que impus ao meu corpo e a que ponto cheguei me fazem especular: quem eu seria hoje, aos 60 e tantos anos, se não tivesse me embrenhado nesse caminho da busca incessante pelo prazer?

Provavelmente, se não tivesse me tornado dependente, eu estaria agora me perguntando o que seria de mim se eu tivesse ido por outro caminho. Não é sempre assim?

Você é o acumulado das suas escolhas. As que eu fiz talvez tenham me deixado com o pavio mais curto, mais ansiosa, mais instável e com certa desconfiança em relação aos outros. Porém, apesar de ter marretado meu organismo com uma bigorna por anos a fio, não sofri nenhuma lesão definitiva no fígado, nos rins ou no pâncreas. E, à parte minha memória, que foi à padaria lá pelos idos de 2009 e nunca mais deu as caras, minha dependência está sob gestão diplomada pelo certificado ISO 9000. É um dia depois do outro, um melhor do que o outro. A cada giro da Terra sobre seu eixo, fico mais distante daquela confusão toda.

Em 1983, a Marinha dos Estados Unidos realizou um estudo entre seus oficiais dependentes recuperados (ou seja, quem bebeu e parou com sucesso) e comparou a performance deles com a de outros oficiais que não tinham problemas com o álcool.

O estudo é interessante porque a prevalência de bebedores problemáticos entre marinheiros é mais acentuada do que entre a população em geral, uma vez que eles passam muito tempo isolados no mar e, quando voltam, encontram nos portos um ambiente de promiscuidade que favorece a adição.

O padrão que se observou é que os oficiais que conseguiram controlar sua dependência e voltaram ao trabalho levavam larga vantagem na quantidade (e na velocidade) das promoções alcançadas.

Pois para mim também valeu demais a pena parar.

Sem exagero, no início de meu caminho de "bom copo" (odeio essa expressão) e pelas duas décadas que se seguiram, eu mal conseguia segurar o primeiro drinque da noite na mão, tamanha a ansiedade que sentia de a minha esquisitice não se encaixar na sala.

Muita gente disputaria a afirmação de que sou tímida. A Barbara? Imagina, ela é bonachona, extrovertida, mandona, autoritária e muito da espaçosa. Um *cumulonimbus* carregado de eletricidade e trovões com tendência a desenvolver furacão e deixar vários ciclones em seu rastro.

Aos 15 anos de idade, de tanto matraquear, desenvolvi um calo nas cordas vocais e fiquei impedida de falar. Foi preciso que eu andasse para lá e para cá durante semanas me comunicando por meio de um bloquinho de papel e uma caneta.

O professor do meu colégio inglês entrava na classe e dizia: "Poxa, que silêncio, que tranquilidade! Vocês também estão percebendo o estranho fenômeno?". A classe inteira batia palmas e celebrava. Eu permanecia ali em silêncio emputecido na minha carteira, que ficava grudada na mesa do professor, por exigência dele. Mr. Bill W. Mitchell, meu mestre tipo *Sociedade dos Poetas Mortos* particular, foi uma das pessoas que mais me incentivaram, despertou meu gosto pela leitura e pelas palavras e ajudou a dar corpo ao meu senso de humor.

Ainda sou um pouco aquela que fala sem parar. De nervoso, para não deixar o ambiente desconfortável. Falo, muitas vezes, para afastar meu próprio constrangimento, num esforço de tentar ser cordial. Mas, geralmente, o que acontece é que, assim que me ponho a tagarelar para me mostrar interessada pelo outro, a constatação de que estou falando bobagens homéricas me deixa aflita e me faz falar ainda mais.

E não para por aí. Numa conversa, sinto-me constrangida de entrar em terreno de intimidades alheias às quais não me foi dado acesso, mas que, no passado – por causa da desinibição gerada pela bebida –, cansei de invadir a torto e a direito. O resultado, convenhamos, não me abona. Deve estar cheio de gente que não vê esse meu desempenho com simpatia. Mas é o que temos por ora. Hoje me abstenho de fazer perguntas sobre a vida dos outros. Em vez de perguntar como vai seu pai, desando a falar de mim. E voltamos à estaca zero.

Minha explicação tem tanto de justificativa quanto de intenção de esclarecer. Minha eterna descompensação verbal pode ter sido um dos fatores que me levaram a colocar tudo em xeque: saúde, convívio social e até integridade física. Depois que você descobre em plena adolescência que existe remédio instantâneo para a timidez, como evitar recorrer ao álcool para adquirir coragem?

Parar de beber me deu uma boa dose da confiança que eu buscava lá atrás, em algum lugar da adolescência mais disfuncional que uma menina nascida para ser o que bem entendesse na vida poderia ter tido.

Hoje, sinto-me apta a superar qualquer dragão que a vida me apresente, ganhei força e confiança.

Aos 52 anos, larguei o cigarro com a facilidade de quem amassa e joga no lixo um papel de bala. Fiz isso com o pé nas costas. Perto de parar de beber, qualquer dificuldade ganha outra proporção.

Não sei dizer ao certo quem eu seria se não tivesse impregnado meu destino de álcool. Só posso dizer que saí dessa, se não ilesa, com marcas com as quais sou capaz de chegar a termo. Há ainda aquelas cicatrizes que despertam orgulho. É mesmo intricada a vida.

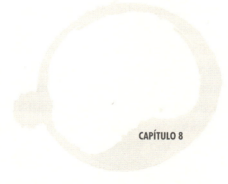

CAPÍTULO 8

VOU TER DE MUDAR MINHA VIDA INTEIRA

"Hábitos, lugares e pessoas." Quando ouvi essa frase na minha chegada à clínica, junto com a sugestão de que eu teria de modificar radicalmente essas três coisas, foi como se alguém anunciasse que ia arrancar meu molar ali mesmo, sem anestesia. "Os caras devem estar de brincadeira comigo", pensei.

Estou familiarizada com a ideia de que se você fizer tudo sempre igual, não terá por onde promover mudanças. Os resultados serão os velhos conhecidos de sempre.

Só que, na chegada à clínica, é tudo muito inesperado. Você mal entrou e logo é bombardeado com propostas que parecem mirabolantes. De uma vez só mudar "hábitos, lugares e pessoas" soa como acinte. O que é que vai sobrar de meu na vida?

De cara, pensei nos amigos que iriam sair de cena, me imaginei perdendo contato e ficando muito só. Foi o pior medo. Hábitos, pensei comigo, bem, os meus não são lá os mais salutares, uma mudança até que me faria bem. Quanto aos lugares, também poderia fazer o esforço, já não aguentava mais inferninho abafado e disputado para ficar ouvindo sempre a mesma música de inspiração *disco trash* que nunca tocava na minha *playlist*.

Mas não seria pedir demais mudar tudo ao mesmo tempo?

Há de se conceder que fica meio difícil querer parar de beber e continuar frequentando a *happy hour* do escritório, as baladas de fim de semana ou aquele boteco descontraído com mesinhas na calçada ao lado de casa.

De que assunto eu pretendia tratar em locais em que a maior atração era a bebida? Já viu alguém fazer regime frequentando docerias e sorveterias?

Não teria tido a menor condição, ao menos durante aquele interminável primeiro ano de recuperação, de encontrar a sobriedade entre os escombros da farra. Trata-se de ilusão, cabeça de bacalhau, exemplar de *chester* vivo: nunca vi, é coisa improvável.

O segredo para realizar o milagre da transformação da volta do vinho para a água está na substituição de um prazer por outro, desde que a escolha seja construtiva. Num primeiro momento, substituí as noitadas pela então novidade do vídeo em VHS, depois pelo DVD e, mais tarde, pela Netflix e pelo YouTube. Também voltei a me aprofundar nos assuntos que sempre me interessaram e que o estado perene de zoeira mental tinha obliterado.

Adoraria escapar pela tangente e dizer aqui que eu, jornalista, muito da cabeçuda, fui salva da dependência de álcool pelos livros, que mergulhei de cabeça na *Divina Comédia* assim que parei de beber.

Não foi o caso. Nem haveria condição espiritual ou neuronal de isso acontecer. Nos sete dias iniciais da minha primeira internação, fiz uma descoberta: eu não conseguia mais dormir sem ser embalada pelo álcool, tinha me acostumado a apagar na base do colapso. Nessas condições, quem teria espírito para realizar mudanças tão eloquentes de uma vez só?

Foi um inverno marrento o que eu peguei na clínica Maria Tereza quando lá cheguei. Para piorar, fui encaminhada a um dormitório feminino com 12 camas, que ocupei sozinha. Sem pregar o olho, só tinha à disposição a literatura sobre alcoolismo para me distrair, textos que hoje manejo com intimidade, mas que naquele momento via como complicadíssimos e pessimamente redigidos, a leitura menos atraente do planeta.

O tratamento em clínicas de reabilitação não é fácil. As que seguem os 12 Passos à risca costumam proibir a entrada de celulares, tablets, jornais, revistas, livros ou de qualquer tipo de remédio; mais condenado ainda é o paliativo envolvimento emocional entre pacientes. É vetado tudo que venha a distrair, exaltar ou desencaminhar do propósito do tratamento.

Digamos que o interno leia o jornal na clínica e descubra que suas ações na Bolsa despencaram. Ele vai sentir vontade de beber. Pense na hipótese de a mulher, que ameaçou largar o camarada se ele não se internasse, começar a ligar para o paciente avisando que está indo embora de mala e cuia. Adeus, serenidade, vamos todos correndo para o bar mais próximo.

Largada pela namorada, internada contra a vontade dos pais, sem saber se meu emprego estaria me esperando na volta, passei uma semana sentada na cama olhando para a parede, sem conseguir pregar o olho e me sentindo feito um réptil. Para piorar, o plantonista da noite me receitou um tranquilizante para dormir, que para mim agiu como se fosse energético. Pilhada e de olhos arregalados, me dava conta de que a vida estava de ponta-cabeça. De onde viria o incentivo que me ajudaria a querer parar?

Comecei a enxergar embaçado e pelo retrovisor aquele momento prazeroso da minha semana, dar uma passada na casa do meu amigo Fernando Zarif para tomar uma coisinha e fumar um descompromissado "basulo tostex". Será que nunca mais?

Aí é que está a graça, o tratamento funcionou para mim como aprendizado, tipo curso de sobrevivência na selva. Aos poucos assimilei ensinamentos, como o de que a amizade que conta transcende hábitos, pessoas e lugares. Eu tinha muitos amigos que não se acanhavam em cair na farra. Fernando era um deles. Eu parei, ele nunca. Era capaz de capotar uma betoneira diante da sugestão de que tinha algum tipo de descontrole em relação a substâncias. A despeito disso, conseguia ser impecável e generoso comigo quando descobria que eu estava sem beber. Sem nunca parar de tomar seus dry martinis antes do almoço, me vigiava como se fosse meu leão de chácara.

Continuamos a vida toda a nos ver com a frequência de sempre, mesmo depois de minha terceira e efetiva tentativa de parar de beber. Ele chegou a testemunhar a virada que minha vida deu quando consegui finalmente atingir a sobriedade, depois de anos tentando.

Os últimos anos de Fernando foram duríssimos. Ele dava entrada no hospital entre a vida e a morte, e, quando todos nós achávamos que sua vez chegara, eu recebia um telefonema alarmado do Sérgio Kalil, que é dono do restaurante Spot, ou do Fabrizio Fasano, patriarca do grupo de restaurantes e hotéis, ou do Chagas ou do Josafá, do Rodeio, para informar que o Zarif tinha fugido do hospital e chegara ao estabelecimento deles exigindo que alguém cortasse a pulseirinha de identificação do hospital e lhe servisse imediatamente um dry martini.

Fernando partiu em 24 de dezembro de 2010. Por uma jogada de dados ao acaso, não mudou hábitos, lugares e pessoas.

Deixou para sempre um lugar sem possibilidade de consolo no meu coração. Que falta você me faz, meu amigo.

Minha geração de mimados *baby boomers* pegou pesado. Muita gente ao meu redor foi embora antes da hora por doenças relacionadas ao álcool. Dos boêmios que sobrevivem, a maioria já começou a dar sinais de fadiga do motor. Mesmo os que têm bala para, em teoria, pagar por tratamentos de prolongamento da vida ou, quem sabe, até bancar uma criogenia, não dão pinta de que conseguem ultrapassar a barreira dos oitenta.

Do pessoal da minha escola, a britânica St. Paul's School, em São Paulo, então, já perdi a conta dos que morreram precocemente. Só da minha turma já foram oito.

Viver é uma viagem de mudança de perspectiva em relação à estrada. Hoje sei que, aos 20 anos, tinha o futuro aberto diante de mim, tudo estava na minha frente. Aos 30, ainda havia ali uma obra inteira a ser construída. Aos 40 anos, sabia que, se me desse na telha, poderia criar um atalho.

Aos 50, a coisa muda um pouco de figura. A pavimentação já foi deitada e estruturada, todos podem ver a qualidade do piche usado para asfaltar o caminho. Fica tudo muito evidente. Seu percurso já tem começo e meio, e os recursos para a criação de desvios começam a escassear.

Dos 60 em diante, é uma divertida ladeira abaixo com vista panorâmica, sem espaço para improvisos. Você é o que você é.

Bebi praticamente dos 17 aos 47, foram décadas sem enxergar o percurso à minha frente. Tempo, espaço, agora, futuro, nada fazia muita diferença, tudo tinha o mesmo valor para mim. Meu tempo não era planejado ou racionalizado, viver ou morrer, tanto fazia. Meu cérebro encharcado de álcool perdera a função organizacional.

Não tenho a menor ideia de como, estacionada no modo de espera, consegui manter uma agenda mínima de compromissos, um emprego, dentes, conta bancária, essas coisas que vêm no pacote da existência.

Só sei que, cedo ou tarde, minha verdade chegou batendo à porta depois que armou um barraco na portaria e quebrou o elevador. No fim das contas, somos mesmo o somatório das nossas escolhas.

"Hábitos, lugares e pessoas" é só o começo.

CAPÍTULO 9

CORRA QUE O PREFEITO COVAS VEM AÍ

Na minha vida, o Programa de 12 Passos provou ser o único método a me dobrar e me convencer a parar de beber no longo prazo.

Sim, porque ficar sem beber por dois, três ou até seis meses é o tipo de meta que qualquer baiacu descerebrado é capaz de alcançar sem precisar fazer nenhum tipo de planejamento ou grande revolução.

A isso dá-se o nome de abstinência. Todas as vezes que parei de beber de supetão, que interrompi do dia para a noite a ingestão de alcoólicos por períodos consideráveis, o estopim se deu por alguma ocorrência dramática.

Não sei como acontece com as outras pessoas. Comigo era assim: toda vez que meus pais ficavam extremamente decepcionados com as consequências do meu beber, a cada porre meu seguido de fato grave, tipo confusão no Natal da família ou terminar a madrugada com um meganha apontando uma arma na minha fuça, na entrada da favela do Buraco Quente, é que eu me dispunha a parar de beber.

E não fazia isso para agradar os tucanos e petistas, oportunistas do MDB e/ou a máfia sindicalista. Nada disso.

Meu comportamento seguia sempre o mesmo padrão: eu bebia de forma absolutamente despreocupada, como se não houvesse amanhã, e, uma vez inebriada, me metia em algum tipo de confusão ou entrave que me faria morrer de vergonha e arrependimento assim que o estupor alcoólico se dissipasse.

Nunca foi malandragem minha jurar de pés juntos que iria parar, que nunca mais chegaria perto de uma garrafa.

Todas as vezes que a situação escapou violentamente do meu controle (ou seja, progressivamente, na maioria dos casos), eu realmente queria me livrar da bebida. Inúmeras foram as vezes em que desejei fervorosamente mudar meu comportamento.

Não seria justo dizer que não tentei parar um milhão de vezes; a bebida me causava grande humilhação e arrependimento.

E, no entanto, eu continuava a beber.

Aquela montanha-russa de emoções era desgastante demais, sentia que minha vida corria perigo, que algo de muito, muito grave poderia acontecer a qualquer momento quase todas as vezes em que estava encachaçada.

Foi preciso que eu me magoasse profundamente e a todos ao meu redor para que, pouco a pouco, me conscientizasse de que não existe possibilidade de acordo entre mim e o álcool.

Conheço uma piada que me faz rir de nervoso até hoje, verdadeira expiação das minhas culpas:

> Todo dia, uma mulher entrava no boteco, apoiava o cotovelo no balcão e dizia ao garçom: "Me vê uma Brahma gelada". O garçom servia a bebida no capricho, a mulher dava um trago, caía dura, estendida no chão, e o bar inteiro ia lá e comia a bunda dela.
>
> E assim a coisa foi se desenrolando. Finzinho da tarde, a mulher entrava no bar, debruçava-se no balcão e pedia: "Me serve uma Brahma". O garçom acedia, ela bebia, caía desmaiada no chão, e o bar inteiro comia a bunda dela. Daí ela acordava sem mais e ia embora.
>
> Dia seguinte, a mesma rotina, na mesma hora. "Me dá uma Brahma", pedia. Depois desmaiava, e o bar inteiro comia a bunda dela.
>
> Fizesse sol ou chuva, finzinho da tarde, lá estava ela: "Por favor, me serve uma Brahma?". Assim que dava o primeiro gole, ela caía e, sabe como é, o bar inteiro comia seu fiofó.
>
> Até que, um dia, a mulher entra no bar, olha para o garçom e pede: "Por gentileza, me vê uma Antarctica?".
>
> Espantado, o garçom pergunta: "Ué, mas a senhora não vai querer Brahma?".
>
> E a mulher responde: "Sabe o que é, seu garçom? Prefiro Antarctica, porque a Brahma está me dando uma dor no cu que eu não sei explicar".

Apuros não faltam no meu currículo. Depois de beber, eu perdia o controle de tal forma que era capaz de virar a noite numa balada e levar comigo um traficante que acabara de conhecer para um compromisso profissional.

Certa vez, eu tinha acabado de entrar na Folha para ocupar o lugar que pertencera ao queridíssimo colunista social José Tavares de Miranda, quando João Doria Jr., nas vestes de presidente da Paulistur, órgão que cuidava do turismo de São Paulo, me convidou para ser jurada do concurso de Rei Momo paulistano.

O evento estava programado para as 19 horas. E eu passara a tarde inteira tomando Brahmas e Antarcticas na casa de uma de minhas amigas mais queridas, Carole Shorto Civita, vizinha no bairro do Alto da Boa Vista. Sempre brincávamos que Carole morava na Chácara Flora, e minha família, na "chácara fora". Ou seja, do lado de fora da Chácara Flora. Ela tinha 16 anos a mais que eu, uma casa deslumbrante e um quarto sempre pronto para mim. Carole foi muito amiga da minha família, conhecemos os Shorto em meados dos anos 1960, em Gstaad, o vilarejo mais bonito do mundo, um dos *resorts* de esqui mais fantásticos da Suíça.

As coisas já não iam muito bem entre mim e meus pais, eu já tinha perdido parte da visão no acidente que causei na esquina da Paulista com a Peixoto Gomide, vivíamos às turras e Carole me dava guarida sempre que eu lhe pedia socorro, com inteiro consentimento dos meus pais, que ficavam agradecidos pelos seus cuidados comigo.

Acontece que, nesse dia em particular, bebi tanto que a certa altura abri a porta da geladeira da Carole e dei de cara com um *tupperware* contendo arroz, carne e cenoura. Mandei ver, comi quase a vasilha inteira antes que a Carole pudesse entrar e interromper minha *grande bouffe*:

– Barbara, essa comida é do cachorro! Você acabou com o estoque que preparei para a semana inteira!

Bronca dada, recado recebido, tomei banho e nos mandamos lá para o outro lado da cidade, ginásio do Corinthians, onde iria rolar o concurso de Rei Momo.

Sentei na lateral central da arena, numa longa mesa ao lado da passarela, junto dos outros jurados. Carole ficou bem atrás de mim, na primeira fileira da arquibancada.

No meu lado esquerdo sentou-se um jurado importante, o prefeito de São Paulo naquele longínquo ano de 1984, que vinha a ser Mário Covas, político conhecido pelo mau humor e pela tolerância zero com macaquices.

Tentei puxar papo com ele, eu estava visivelmente alterada, o prefeito não me deu a menor bola.

Começa o desfile. E entra um concorrente e entra outro e mais outro e outro... Um mais ciclópico que o anterior. E eu, que só me sentia atraída pelo lado mais pagão e terreno do Carnaval e tripudiava todos os seus rituais, comecei a ficar de saco cheio.

Aqueles candidatos suados balançando e sorrindo muito (do quê?) na minha frente, e eu não estava vendo motivo para coroar ninguém ali.

Seguem os trabalhos sobre a passarela, e o Covas ali ao meu lado de cara amarrada. Entra um concorrente, o pessoal bate palma. A gorda que vos fala já estava perdendo a paciência. A certa altura, cansei da brincadeira. Não sei direito em que parte do concurso estávamos, virei-me para trás e ordenei, aos brados: "Carole, vamos embora daqui já, esse negócio tá muito chato".

Senti a carranca do prefeito Covas crescer. Não falei nada. Mas quis marcar a minha despedida com um gesto que desse o meu depoimento sobre o evento. Peguei a caneta Bic que estava usando para marcar as notas dos candidatos e a enfiei cuidadosamente na orelha do peessedebista.

Ficou aquela coisa esdrúxula, uma esferográfica pendurada na orelha direita do prefeito, cena alucinante. Dei uma risadinha, saltei da cadeira executando uma acrobacia de Errol Flynn, ultrapassando a mureta que separava o palco da arquibancada num só arremesso. Nada mais se fez do assunto, o prefeito ficou lá com cara de azedume, e a Carole e eu fomos jantar no restaurante Massimo, uma das glórias paulistanas dos anos 1980.

Na segunda-feira seguinte, logo na primeira hora, meu patrão, Otavio Frias Filho, mandou me chamar. Na hora não liguei os fatos, inconsequência em pessoa, dei uma de apóstolo perdido em meio à multidão que não entende o que está ocorrendo à sua volta. "Hein? Pães? Peixes? Barbudo? Por que tamanha comoção?"

Antes que pudesse dizer bom dia, Otavio me chamou à razão: "Onde você esteve na noite de sábado?"

Não consegui produzir uma resposta que fizesse sentido, eu realmente não lembrava. Percebendo meu desconforto, Otavio deu-me um recado curto e grosso, que nunca mais esqueci:

– De hoje em diante, saiba que em todas as suas saídas de casa você está representando a Folha.

E fechou a porta atrás de mim.

CAPÍTULO 10

CELEBRIDADES NÃO SE DROGAM

A principal razão para que eu resolvesse revisitar meu passado inglório e registrar no papel a parte mais dolorosa e emblemática da minha vida foi a vontade de reforçar minha sobriedade prestando serviço a quem ainda está sofrendo em razão da dependência.

Não sou nenhuma santa, minha decisão tem a ver com pragmatismo. Com essa atitude, na verdade, acabo matando dois coelhos "com uma caixa-d'água só", como certas pessoas dizem por aí.

A ajuda a quem ainda sofre é uma etapa importantíssima na recuperação proposta pelo famoso Programa de 12 Passos, documento, diz a lenda, redigido de uma só tacada por um dos fundadores do Alcoólicos Anônimos, Bill, sem sobrenome, como convém a quem participa de grupos que contêm o adjetivo "Anônimo" no título.

O AA foi fundado em 1935 por Bill W., um ex-operador da Bolsa de Nova York, junto com o médico Bob, ambos alcoólatras.

O 12º e derradeiro passo reza que quem consegue atingir a bênção da conscientização deve levar a mensagem adiante, para que outros possam encontrar a sobriedade.

É muito bem bolado esse treco. Enquanto está tratando de pensar, falar e ajudar os que ainda não chegaram lá, você também reforça o seu propósito de não beber, ao relembrar reiteradamente as vezes em que pisou na bola. Dessa maneira, vivendo novamente os atos que o levaram até o fundo do poço, você consegue lembrar as razões pelas quais é muito bom acordar sem dor de cabeça, sem remorso e sabendo exatamente onde esteve na noite anterior.

Nesse sentido, é lamentável como nós, no Brasil, trocamos os pés pelas mãos. Explico: quantas pessoas famosas você já viu enfrentarem publicamente os seus fantasmas? Quantos ídolos e pessoas que servem de exemplo se dispõem a falar sobre, digamos, a perna perdida em um acidente – sei lá – de trem, com o propósito de ajudar outras pessoas que sofrem por causa de um membro amputado e se sentem à margem? Quantos vêm a público admitir problemas com drogas ou falar sobre sua homossexualidade?

Sabemos da nossa hipocrisia. Nelson Rodrigues já falava em nossa formalidade forjada para fins escusos. Quanta gente que atua na TV não admite ser LGBTQIA+ para não perder contratos de publicidade ou cachês dos bailes de 15 anos – que serão efetivamente cancelados caso eles saiam do armário? Pelo mesmo motivo, quantos com problemas de dependência não vivem aterrorizados com a possibilidade de ver sua condição exposta publicamente?

Nos países que tratam a dependência como questão de saúde pública e adotam programas para lidar com o problema, a situação é diferente. Nos Estados Unidos, o famoso sofre um revés e imediatamente monta uma fundação ou lança um livro para tentar melhorar a vida de quem se identifica com ele.

Michael J. Fox, astro do filme *De Volta para o Futuro*, fez toda a diferença para os doentes de Parkinson com a divulgação da doença que o acometeu tão cedo. Robin Williams sempre discutiu publicamente seus excessos com o álcool e a cocaína. Robert Downey Jr. é exemplo a ser seguido. O público acompanhou sua trajetória até o fundo do poço, a prisão e as clínicas de recuperação e, mais tarde, sua superação rumo ao superestrelato como herói da Marvel. O Superman Christopher Reeve foi outro bom exemplo de dedicação à sua causa, depois do acidente hípico que o deixou tetraplégico. Ajudou muita gente e angariou dinheiro nunca antes reservado à pesquisa médica para lesões neurais.

Conosco não funciona assim. Durante quatro anos fiz parte do conselho de uma fundação de apoio a disléxicos, que são aqueles que têm dificuldade no aprendizado da leitura. Não conseguimos encontrar uma só celebridade brasileira que se dispusesse a falar sobre o problema. Para nós, a imagem pública ainda precisa ser protegida, como se a humanidade de cada um servisse mais para nos separar do que para nos unir.

A SAIDEIRA
71

Somos muito mais parecidos do que podemos imaginar. O silêncio dos famosos, daqueles que poderiam fornecer exemplo de superação, não é apenas um problema restrito à decisão pessoal das celebridades.

Durante quatro anos, depois que vim a público falar sobre minhas dificuldades com a bebida, fiz parte do elenco de um programa de TV de debates entre mulheres, o *Saia Justa*. E pude observar que minhas colegas eram sempre recrutadas para todo tipo de trabalho fora do programa: apresentação de palestras, mediação de conversas em eventos de empresas, programas de TV e outros tantos convites que pagam cachê.

Em todo o tempo de duração do meu contrato e de exposição vigorosa no programa mais assistido do canal, nunca fui chamada para endossar nenhuma causa. Nenhuma empresa se arrisca a abraçar alguém que possa ser considerado indesejável. Não é bom para a marca, acreditam. Não percebem que, se abrissem caminho, começariam ajudando muitos dos seus próprios funcionários, além de *networks* inteiros de pessoas a quem os problemas dizem respeito direta e indiretamente.

Por hipocrisia, pôncio-pilatice, desconhecimento ou pura negligência incentivada pela cosmética da aparência, nosso país parece que não enxerga o potencial do marketing da ajuda mútua. Poucos são os casos de empresas ou indivíduos de destaque que se situam com firmeza e responsabilidade diante de causas espinhosas, por mais urgente que seja falar delas.

Exceções existem, claro. Imagino quantas meninas que se percebem lésbicas na imensidão do nosso Brasil, ou mesmo em plena Avenida Paulista, na região central de São Paulo, não tenham crescido em dignidade perante a família, no trabalho e na escola, quando Daniela Mercury celebrou que estava amando uma mulher.

A divulgação pública nos ajuda a normalizar (colocar na norma) aquilo que é temido por ser desconhecido. Se começo a me informar sobre a dependência, se tomo contato com um casal do mesmo sexo, fica bem mais fácil desvendar certos fantasmas e perceber que somos todos humanos, passíveis de paixões e dúvidas comuns e capazes de gestos nobres e atos impensáveis.

Faço um esforço redobrado para não subestimar o medo que o ser humano sente de se enxergar como alguém capaz de alguma atrocidade. Maluco, mau-caráter, fraco e nocivo é sempre o outro, nunca alguém da nossa família ou nós mesmos.

Da mesma forma que a dependência não é desvio de caráter, crianças que entram em contato com gays e lésbicas não correm o risco de "pegar" homossexualidade como se pega uma gripe.

Os únicos famosos de quem conhecemos a dependência pelo álcool e as drogas são aqueles que foram expostos muito a contragosto. Não há ninguém que se saiba que tenha resolvido falar sobre seu problema antes que se ventilasse alguma informação em revistas de amenidades ou nas redes sociais.

Em junho de 2017, durante um episódio etílico, Fábio Assunção foi capturado em vídeo feito por celular e replicado no YouTube dezenas de milhares de vezes. O ator já tinha se metido em outras situações delicadas. Em vez de se esconder ou negar os fatos, Fábio resolveu pedir desculpas. Decerto, diante do flagrante das câmeras presentes, não havia como negar o ocorrido.

No dia seguinte ao acontecimento e à divulgação das imagens mostrando o ator sendo detido e recolhido por viatura policial enquanto xingava, gritava e esperneava – o tipo de situação que mais me atormentava viver na minha época de ativa –, comecei a perceber um movimento de gente iniciando na internet um massacre contra a reputação do ator, de quem me considero amiga de bons e maus momentos.

Redigi um texto, postei na minha página oficial do Facebook e repliquei na página particular, exclusiva dos amigos:

A dependência é uma doença dificílima de lidar em âmbitos familiar, social e profissional.

Você perde amores, amigos, você machuca a sua família de maneira a deixar cicatrizes profundas, você perde dinheiro, empregos e a confiança em si mesmo.

Segundo a Organização Mundial da Saúde, a dependência de álcool e drogas é uma doença incurável, progressiva e mortal.

Mas são poucos os que conseguem se recuperar por longos períodos, e menos gente ainda pelo resto da vida.

A dependência vai ficando pior com o tempo. Se a pessoa não consegue parar, a vida começa a virar um pesadelo e o calvário invariavelmente acaba muito mal.

As vezes em que o indivíduo consegue ficar limpo são quase uma exceção no penoso percurso do dependente de álcool ou drogas.

Eu levei mais de 20 anos, depois de entrar para o AA, em 1986, antes de conseguir ficar completamente sóbria.

E, mesmo assim, se não for constantemente vigilante, corro o risco de recair.

A SAIDEIRA

73

É assim com todos os que veem a dependência se instalar, alterando o metabolismo. E olhe que eu já estou há 11 anos sem tocar em bebida.

Agora pense na situação de alguém que está em evidência, que tem sua vida, sua história e os episódios mais tristes de sua dependência expostos publicamente.

Alguém que, por conta dessa exposição, está sujeito ao julgamento moral de um público que, muitas vezes, não tem conhecimento nenhum sobre o que é a doença da dependência.

Coloque-se por um momento na pele de quem já está fragilizado por conta dessa realidade e ainda vê sua vida profissional e a possibilidade da sua demissão ser discutida de forma inconsequente em redes sociais.

Tente imaginar a disposição de quem foi filmado em alguns dos piores momentos do fundo do seu poço e depois exposto em sites de fofocas e manchetes de jornal. Tente se concentrar na vergonha e na humilhação de quem não consegue lidar com uma dependência que será jogada na cara de seu filho, sua mãe e em todos os que confiaram no dependente – e que irão se arrepender por ter dado a ele um voto de esperança.

Fábio, querido, eu sei como você se sente. Sei também da pessoa aberta, leal e adorável que você é. Sei do seu imenso talento e da paixão que você dedica aos projetos nos quais se envolve, muitos deles completamente voltados para ajudar quem teve menos sorte do que você.

Continuo confiando em você e na sua vitória nessa guerra que é a dependência. Tamo junto, *bro*. Força aê.

Meia hora depois da minha postagem, quando metade do mundo já tinha caído violentamente em cima do ator, comecei a sentir o vento mudar de direção. Uma pessoa aqui e outra ali resolveram me acompanhar e também saíram em defesa do ator. Para encurtar a história, o post passou dos 190 mil likes e teve mais de mil compartilhamentos.

No fim das contas, a onda de ódio foi revertida. Transformou-se em lufada de fresca solidariedade. As páginas do meu Facebook acabaram entupidas por comentários positivos, retratações de quem minutos antes havia xingado, muita gente deliberando que não se deve julgar apressadamente, outras reafirmando sua admiração pelo trabalho do ator, que, convenhamos, sempre foi amado pelo país inteiro. E que, quando não está "sob efeito", é um dos camaradas mais decentes da sua profissão, um famoso "gente como a gente" de verdade.

No dia seguinte, Fábio pediu publicamente que a enfermeira demitida do hospital para o qual ele havia sido encaminhado pela polícia, autora da filmagem das cenas embaraçosas que mostravam o ator embriagado, fosse readmitida. Depois postou uma mensagem num grupo de WhatsApp, de que ambos fazemos parte, dizendo-se grato e inspirado pela força que tinha recebido.

É evidente que a solidariedade das pessoas não diminui a distância entre certo e errado. E é claro que todos nós devemos ser responsabilizados pelos nossos atos. Se não fosse assim, beber seria considerado pela lei como um atenuante, e não agravante, para quem comete um ato criminoso sob a influência do álcool.

Seria exagero dizer que a maioria dos acontecimentos da minha vida me desabona. De forma alguma. A maioria me favorece. Sempre fui de relacionamentos longos, sou uma profissional com carreira reconhecida e me dou muito bem com familiares, amigos de infância e pessoas que trabalharam comigo a vida inteira.

Se resolvi expor o lado escuro da minha existência neste relato, foi para mostrar que ninguém deveria sofrer humilhação ou passar a vida inteira batendo a cabeça por causa de um problema cuja solução está ao alcance da mão.

CAPÍTULO 11

POÇA DE SANGUE

Além das doenças supimpas que já listei neste livro, outra consequência nada bonita é perder a vida sem nem se dar conta. Mortes no trânsito, por arma de fogo e armas brancas, acidentes no banheiro e na cozinha e suicídios são algumas das ocorrências policiais e de emergência hospitalar que eu fatalmente iria encontrar se continuasse me expondo ao álcool por mais tempo.

Beber descontroladamente também aumentava minhas chances de jogar dinheiro (que eu não tinha) pela janela e perder o assoalho debaixo dos meus pés de uma hora para a outra.

Entrei na fase do pânico noturno. O rol das desgraças disponíveis só aumentava, e não restava mais dúvida de que ia ser difícil sair imune daquela armadilha, se é que eu iria sair um dia.

Chegando aos 50 anos de idade, intercalava surtos de medo e remorso. Fazia cálculos mentais repetidos, um tipo de cacoete, do contingente considerável de amigos, ex-colegas de escola ou de gente que passou pelo mesmo balcão de bar que perdeu a vida à toa, sem nem se dar conta de que estava doente.

Uma vantagem eu levava sobre eles nessa luta: sabia muito bem do mal que me afligia e o que tinha de fazer para interromper a degradação se quisesse sair viva.

Outro aliado que passei anos ignorando, mas que estava sempre ali a postos, era meu anjo da guarda fodão de titânio, primo do Incrível Hulk, batalhador incansável e amoroso. As coisas que ele teve de enfrentar...

Um dia acordei deitada numa poça de sangue no tapete da sala. Deviam ser umas duas horas da tarde. Estava sozinha e não tinha ideia do que pudesse ter acontecido. Sentia-me como se tivesse duelado com uma britadeira. Apalpando com cuidado, constatei um talho fundo no couro cabeludo.

O impacto deve ter sido cinematográfico, a julgar pelo tamanho da mancha no tapete.

Há quantas horas eu estava deitada ali?

Um monte de pensamentos catastrofistas, indicadores da degeneração em que me sentia envolta, encheu minha mente.

Pensei na vez em que dormi na fazenda de amigos com uma moça com quem jamais transaria não fossem os poderes ilusionistas da bebida. Acordei toda molhada (não, não no bom sentido). Levei alguns minutos para me dar conta de que havia feito xixi na cama.

O ator William Holden e a desenhista têxtil Laura Ashley vieram-me à mente. Ambos perderam a vida em acidentes domésticos causados pela bebida. Sempre me lembrava desses dois casos e ficava aterrorizada com as infinitas possibilidades de estar sozinha e me machucar por algum descuido etílico.

Sentada no chão da sala num lago de sangue, achei melhor pedir ajuda, coisa que sempre relutava em fazer para não chamar atenção para meu problema.

Uma amiga com experiência em enfermagem chegou minutos depois e constatou que não dava mais para costurar a cabeça, o sangue já estava todo pisado, a cicatrização em andamento, tinha passado tempo demais desde o acidente. Tempo demais? Mas quanto?

Levei horas para lavar o ferimento, de tão empastelado o cabelo. Nunca desvendei o mistério. Já são mais de vinte anos desde esse dia e ainda não conheço os detalhes da imprudência que rendeu a pronunciada cicatriz que carrego até hoje no cocuruto.

CAPÍTULO 12

O HUMOR NA MINHA VIDA

Nem tudo é cicatriz e sangue no tapete.

Sou uma mulher engraçada, rodeada por pessoas hilárias. O humor é um valor venerado na minha família, sempre tão dada à desenvoltura social. Significa elegância e leveza e reflete uma filosofia cheia de sabedoria. A vida é isso e não muito mais, drama existencial não vai mudar o fato de que somos todos tão perecíveis quanto um pastel de palmito.

Parei com essa minha necessidade exasperada de chamar atenção e fazer rir logo depois que minha mãe morreu, em junho de 2016. Lulla era uma mulher de gargalhada fácil, deliciosa. Daquelas gargalhadas que servem de claque para a piada e multiplicam a graça por dez.

Vivia louca para me fazer notar pela minha mãe. Não posso negar que o fascínio que ela exercia sobre mim (e o resto do mundo) é um dos motivos que contribuíram para que eu arreganhasse meu coração de amores pelas mulheres. Tudo bem, até concordo que o charme do meu pai tenha me feito ficar muito a fim dos inúmeros homens que passaram pela minha história, a grande maioria sem deixar qualquer legado que valha ser mencionado. Mas sempre me chamou a atenção o fato de que mulher que gosta de mulher costuma ter mãe diva.

Então eu fazia minha mãe rir, os professores e os colegas da escola rirem, fazia rir na peça da escola, rir entre os amigos do bairro e os pais deles – e os amigos da minha irmã eu fazia morrer de rir. Estes, diga-se, chegavam a me pagar em espécie, um ou dois cruzeiros, para que eu não fosse dormir e continuasse a fazer graça. Eu dava a volta na sala fazendo a coleta, enquanto minha irmã virava uma onça.

Por causa desse traço de personalidade, esse relato está recheado de histórias engraçadas. Só não vá você pensar, meu nobre leitor, que essa graça seja sinônimo de alegria e felicidade. Na maioria das vezes, ela foi apenas um recurso usado para me fazer suportar a mim mesma, lidar com a vida ou com minhas próprias dificuldades, muitas das quais foram produzidas por mim e podiam ter sido abreviadas, não fosse a porra-louquice.

Dizem que todo palhaço é triste, e eu não sou exceção. Anos e anos castigando minha hipófise e, consequentemente, deprimindo minha produção de dopamina e outros opiáceos naturais fizeram com que eu adquirisse uma angústia residual e eternamente presente, uma agitação que me faz ficar permanentemente plugada, feito um tubarão que nunca para de nadar. Se você me examinar de perto, verá que essa minha angústia é uma forma, mesmo que abrandada, de depressão. Foi a bebida que gravou em mim essa característica, não me iludo que não tenha sido.

Continuo uma pessoa alegre e vibrante. Mas é só descuidar um pouco do meu estado de espírito que volto a entrar em parafuso e a falar baixinho, a esmo, sem nem mesmo me dar conta: "Vou dar um tiro na cabeça... tiro na cabeça, tiro na cabeça..." Mais do que um desespero ou uma ameaça à minha integridade, essa repetição representa um cacoete dos tempos em que eu vivi minha Grande Ressaca Moral, assim mesmo, em capitulares, a derradeira, e, no fim das contas, me fez parar de beber de uma vez por todas.

Mas, antes de falar sobre essa encruzilhada da vida, vamos a outros casos mais palatáveis.

CAPÍTULO 13

MONSTRO DO PÂNTANO

Manhã de domingo, como de praxe naquela época da minha vida, acordei sem me lembrar direito o que havia sido da noite anterior. Mas, naquela manhã igual a tantas outras, uma coisa era especialmente indecifrável: o que eu estava fazendo com uma camiseta estampada com as letras DPZ e uma cueca samba-canção que nunca tinha feito parte do meu guarda-roupa?

O publicitário José Zaragoza foi dos grandes festeiros que conheci. A casa dele, cravada no umbigo do Jardim Europa, estava sempre cheia de gente. Celebravam-se ali datas nacionais brasileiras, espanholas (homenagem à sua origem), francesas (de sua mulher, Monique); aniversários de filhos, de netos, farras dançantes, coquetéis. Sempre havia motivo para festejar e dançar loucamente. Era muito divertido, poucas coisas me encantam como festas que juntam várias gerações familiares. Mesmo agora, depois de tanto tempo sem tocar em água que passarinho não bebe, continuo fã de casamentos e de festas de arromba com música ao vivo.

As de Zaragoza, e as da emblemática agência de publicidade que ele fundou com os sócios Duailibi e Petit, ninguém de bom senso perderia. Elas estavam entre as mais animadas da cidade.

O domingo em que acordei de cueca devia ser um 15 de julho qualquer. Fazia um frio de rachar – certos detalhes a gente nunca esquece. Lembro vagamente que o tema da festa tinha sido o vermelho-azul-e-branco, em homenagem à queda da Bastilha. Além disso, minha memória não arquivou nenhum outro acontecimento. Blecaute. Branco total.

Como de hábito, logo notei que uma legião dos meus valorosos neurônios havia sido abatida pela ingestão de álcool em rodadas de brindes homenageando Monique e *les enfants de la patrie.*

O simples esforço de reavivar a memória já ligava o alarme para me informar de que tinha excedido a conta. Fiquei encafifada: "Por que estou com essa cueca tamanho gigante?".

Alguma anomalia no percurso devia ter ocorrido para que eu acordasse fantasiada daquele jeito.

Minha primeira reação foi rir para não chorar. E fazer a piada, de uso estritamente interno, que costumava repetir para mim mesma nessas ocasiões surreais: "Meu cu está doendo? Não? Então estamos a salvo", dizia para mim mesma, apalpando a bunda e esticando um sorriso amarelo na boca, disfarçando não sei para quem. A dura realidade é que eu temia não ter controle sobre mais nada.

Não conseguia lembrar do momento em que tinha deixado minha roupa para trás, e minha namorada foi me contando. No jardim da casa do Zaragoza existia um tanque de carpas coberto por vitórias-régias, um deleite arquitetônico típico das casas dos endinheirados tapuias.

Como se sabe, de noite todos os pisos são pardos. Dizem as boas e as más línguas que eu estava de costas para o tal tanque, muito animada, contando alguma história cabeluda.

Bastou um passo para trás e... catapimba! Ressurgi com uma vitória-régia equilibrando-se na minha cabeça, tal e qual o tabuleiro da baiana.

Longe de possuir a destreza de uma Esther Williams, e ainda por cima intoxicada e aparvalhada, eu ainda teria afundado algumas vezes antes de ser socorrida pelos gentilíssimos anfitriões.

José e Monique me resgataram e me emprestaram aquela roupa improvisada do acervo pessoal da família.

Qualquer pessoa com um mínimo de recato teria pegado seu chapéu e ido embora para casa, encerrando o expediente. Eu não. Cabelo molhado, frio, aparência desmazelada, cambaleante... Nenhuma dessas ocorrências me demoveu da ideia de terminar a história que estava contando. E daí vai outro drinque e vem outra história e eu fui ficando na festa, vestida como um adolescente que vai dormir na casa do amigo e esquece de levar o pijama.

Naquela noite, a história do monstro do pântano ganhou uma nova versão.

CAPÍTULO 14

JUNTANDO OS CACOS

Uma das tantas perdas da minha vida, o fim do relacionamento com a Ana Lúcia, com quem estive praticamente casada por onze anos, foi o resultado de uma jamanta lotada de desrespeito e outros tantos carregamentos do escracho com os quais eu tratava todas as coisas lá pela reta final da minha vivência como rainha do alambique.

Nossos anos juntas, de agosto de 1995 até outubro de 2006, os derradeiros da minha experiência como alcoolista, são aqueles que eu menos trago gravados na memória. Não pelas más lembranças, ao contrário, foi um relacionamento muito bom até não mais ser. O problema é que esse tempo coincide com aquele em que minha atividade etílica, tabagista e narcótica foi a mais pronunciada de toda a vida.

Sobraram impressões vagas, como se eu tivesse pegado um esboço a lápis e colocado sobre ele uma folha de papel vegetal e agora só conseguisse deduzir vagamente suas formas, sem de fato identificá-las com precisão.

Por causa da falta de confiança nas recordações de sua vida como dependente químico, quando resolveu escrever sua biografia como dependente, David Carr, ex-adicto e colunista do jornal *The New York Times*, achou por bem entrevistar todos aqueles com quem convivera em seus anos na ativa.

Juntou documentos legais e médicos a sessenta entrevistas gravadas em vídeo e mais de três anos de pesquisa para compilar o seu *A Noite da Arma – um repórter ex-viciado em drogas investiga a história mais tenebrosa de que já teve notícia. A sua própria*, talvez o relato mais cândido e brutal que eu tenha lido, entre tantos consumidos na preparação deste livro.

O título da obra de Carr diz respeito a um episódio de excessos cometidos que o afastou do melhor amigo. Numa das entrevistas, Carr visita esse amigo, a quem não via fazia vinte anos e que se dispõe a falar com ele. Os dois tinham rompido porque o camarada havia apontado uma arma para a cara do autor e o expulsado de sua casa.

Ao longo da conversa, Carr descobre que foi ele quem apontou a arma para a fuça do outro, e que os eventos tinham sido bem mais radicais do que indicava sua vã lembrança.

Nunca apontei uma arma na direção das ventanas de ninguém. Ao contrário, tenho pavor de armas de fogo, tanto é que participei ativa e publicamente da campanha do desarmamento.

Aliás, só fui me dar conta do motivo da distância mantida de armas letais quando foi feito um convite a mim e ao mitológico narrador esportivo Silvio Luiz, com quem apresentei um programa chamado *Dois na Bola* (parodiando o nome *Dois na Bossa*, do disco da Elis com Jair Rodrigues) por oito anos no canal de TV paga BandSports.

O apresentador de TV Otávio Mesquita inventou de fazer uma reportagem em que Silvio e eu iríamos formar um time e guerrear contra ele e a apresentadora Bárbara Koboldt em um jogo de *paintball,* em uma quadra oficial no bairro de Perdizes, em São Paulo.

Ocorre que, naquela época, eu estava pelas tampas com o Silvio, a quem – deixo claro – adorava de paixão e que foi meu grande amigo desde que o conheci até o dia em que o vi calado pela primeira vez: deitado em seu caixão durante o seu velório. Foi um parceiro, ou *partner,* como ele dizia, com quem me entendi profundamente, apesar do fato de ele me chamar de "maria gasolina". Minha birra momentânea não tinha motivo específico, além de que ele era a encarnação do personagem Zangado, da *Branca de Neve*. Não é à toa que seu apelido nos bastidores da TV era "Iogurte" – "branco, pequeno e azedo". Nem sempre foi fácil fazer dupla com o Zangado por tantos anos.

A certa altura do jogo de *paintball*, encontrei-me emparelhada com Silvio atrás da linha inimiga. Ele estava a uns dez metros de distância, lado a lado comigo, e o Otávio e sua aliada na nossa frente, escondidos em algum *bunker*. De repente, atrás de uma muretinha, avistei apenas uma bochecha da buzanfa do meu companheiro de programa. Não tive dúvida. Descarreguei o lote inteiro de pelotas de tinta em cima da sua bunda, enquanto ele pulava feito busca-pé e me suplicava para parar.

Relato esse episódio de saudosa memória para mostrar que não levo nenhuma vantagem moral sobre David Carr. O que aconteceu com ele podia muito bem ter ocorrido comigo. E, como ele, eu também não teria a menor ideia de mais essa vergonha carimbada no currículo, mais um perigo absurdo, iminente e totalmente desnecessário experimentado por causa da ingestão exagerada de alteradores de humor.

Sabendo-me devedora nestas páginas de um registro minimamente coeso e honesto sobre nosso tempo juntas, imitei o colega de infortúnios Carr e fui tratar de entrevistar a Ana Lúcia com um gravador digital à mão.

Hoje somos amigas. Melhores amigas. Para mim, a fila andou. Para ela, bem... A minha fila andou por linhas tortas, posto que ela me trocou pela minha ex, anterior a ela, ou seja, mudou o encadeamento dos fatos na minha cabeça.

Essa fulana vem a ser uma espécie de Silvio Luiz de seios exuberantes, atração fatal em forma de carranca.

Sem maiores rancores. Sei que mereci o que me foi reservado. Sei que ninguém consegue conviver com quem bebe como eu bebia. Muito menos com alguém que "sai de giro" e "espana" a cada quatro ou cinco dias, ou até menos, como eu fazia. Ela, a quem chamaremos aqui de Nádia, posto que ela prefere não ser identificada, também viveu momentos difíceis ao meu lado.

Mesmo sóbria, percebo que o pessoal diz que não sou fácil e que, comigo, cada mergulho é um *flash*.

* * *

Não existiu "o dia em que a Ana e eu nos conhecemos", pelo simples motivo de que trabalhávamos na mesma redação, junto a outras 150 pessoas, no quarto andar da Folha de S. Paulo, na Rua Barão de Limeira, 425, Campos Elíseos, em São Paulo.

Mas teve uma "primeira noite" em que conversamos e depois saímos para jantar, naquilo que os gringos chamam de *blind date*. Ficamos juntas rapidinho e, sem maiores delongas, fomos fazer um cruzeiro proporcionado pela editoria de Turismo da Folha.

Viagem de jornalista é uma coisa deprimente. Todo tipo de empresa realiza convites que, à primeira vista, parecem superatraentes, para que jornalistas testem os serviços, produtos, hotéis, roteiros de viagem, restaurantes e afins. Mas não há vez em que o "jabaculê" (como os jornalistas chamam esses mimos aparentes) – ou jabá, para ficar na acepção mais curta e moderna – não revele ser uma gigantesca roubada.

Costumo comparar as viagens-jabá com plateias de programas de auditório. O camarada pensa que está recebendo um convite exclusivo para ver de perto seus ídolos da TV, quando, na verdade, em troca de horas de espera e uma lata quente de guaraná Dolly, será obrigado a obedecer às ordens estritas do diretor de plateia e a trabalhar como figurante sem receber.

É mais ou menos isso que acontece com o jornalista quando aceita viajar a convite de uma agência de turismo para escrever uma reportagem.

Acontece que nunca me vi na obrigação de agradar ninguém, a não ser o meu leitor e o departamento jurídico do jornal em que trabalhei por quase três décadas e meia.

Por conseguinte, ao longo dos anos, deixei de ser convidada para todos os jabás da terra, uma vez que, por um motivo ou por outro, sempre acabo causando problemas para quem me convida.

Não foi diferente nessa viagem pelo Caribe com a Aninha, que acabou sendo mais uma celebração do que uma viagem de trabalho.

Com seu delicioso sotaque pernambucano, minha querida amiga Carole tentou prevenir a Ana em um almoço no dia em que partimos: "Menina, presta atenção: você percebe que corre o risco de ser atirada aos tubarões?".

Parece que ela já previa o que estava por vir.

No voo para Miami, cidade de onde partiria o navio, aconteceu o diabo. Eu me embriaguei no avião e, não sei bem a sequência dos fatos, mas, quando me dei conta, as luzes da aeronave estavam apagadas, todos dormiam, inclusive a Ana, e eu beijava de forma animada uma belíssima amostra de comissário de bordo, dentro de um dos banheiros da classe executiva do avião.

Teve também o episódio em que, já embarcadas no navio, eu me levantei da mesa no jantar com o comandante – dos rituais mais tediosos de qualquer cruzeiro – na hora do antepasto e só voltei para o cafezinho.

Também teve a cena em que eu corri de *topless* na praia, gritando "Livre! Livre!", para divertimento da Ana, que àquela altura já estava perdidamente apaixonada por mim e cega quanto às minhas porra-louquices. Parecia que nada do que eu fazia poderia deixá-la preocupada.

Dos primeiros anos de nossa convivência, o que mais lembro da Ana e da sua gargalhada retumbante, transbordando de alegria.

Na volta do *tsunami*, digo, passeio pelas ilhas de Aruba, Curaçao, Barbados, Antígua e ilhas Virgens, coube a mim conhecer a irmã da Ana, que estava a postos para dar ou não seu aval sobre minha humilde pessoa.

Com a palavra, Ana Lúcia Ribeiro:

> A gente saiu pra jantar com meu cunhado e minha irmã. Tínhamos acabado de voltar do Caribe e eles passaram para nos buscar. Você já tinha bebido. Fomos ao restaurante, que tinha uma suntuosa escadaria de mármore, e, lá pelas tantas, você subiu para ir ao banheiro. Quando voltou, continuou descendo quando a escada terminou: ficou de joelhos e depois deitou e dormiu ali mesmo, no chão. No meio do restaurante. Eu tive de ir lá e falar "Barbara, levanta". Minha irmã ficou assustadíssima e me perguntou se eu queria mesmo namorar aquela mulher.

Eu havia recém-recaído quando comecei a conviver com a Ana, coisa que aconteceu imediatamente, uma vez que ela mudou pra minha casa poucos dias depois de nossa volta da viagem. Dizem que é por isso que a gente não vê muitos casais de lésbicas pela rua. Assim que se juntam, as mulheres já saem casando e vão criar gato, periquito e cachorro de adoção enfiadas dentro de casa. Ana e eu viramos um casal instantâneo. Ela era a mais animada: não tinha tentação que recusasse. E lembra:

> Eu estava apaixonada por você, pela sua originalidade, pelo seu entusiasmo. Achava que tudo fazia parte de uma festa interminável que a gente estava vivendo. Naquele momento eu não conseguia entender que para você beber não era uma diversão, era autodestruição. A gente saía muito, a gente bebia, a gente se divertia, no dia seguinte eu voltava para a minha capacidade normal de viver e você ia se afundando.

Convites não faltavam. Para a turma que eu frequentava naquela época, tudo era motivo para celebrar. A Naomi Campbell está na área para a Fashion Week: festa. O Lenny Kravitz está dando show em São Paulo: festa. O amigo artista está abrindo exposição: festa. O Ron Wood (sim, dos Rolling Stones) aterrissou na cidade: festa.

Nossa própria casa virou o "bar da moda". A instrução era a seguinte: se a luz da sala estivesse acesa, os amigos podiam subir a qualquer hora.

E as pessoas iam chegando. Teve gente que chegou no meio da noite de terno, com a namorada de vestido longo, saindo de um casamento ou de uma formatura. Tinha quem chegasse com o amigo do amigo, gente que nós nem sabíamos quem era. Para quem entrava e saía devia ser uma delícia. Mas a gente morava lá. Aquela era a nossa casa.

A Ana escrevia para uma revista de amenidades, saía todo dia de manhã para trabalhar. Eu trabalhava em casa e podia ficar escrevendo de pijama, se quisesse. Ou de *topless*. Ou de chinelo de coelho de pelúcia. Cor-de-rosa. Ou bebendo. E era isso (tudo) que eu fazia muitas vezes. Quando ela voltava do trabalho, eu já estava nas alturas. E ainda de pijama, com banho por tomar. Não dá pra ficar muito em dúvida sobre por que, a uma certa altura, ela deu no pé. Foi aí que o doce desandou. Ana falou:

"Eu tentava te tirar de casa, te interessar por algum show, alguma estreia de teatro. Você não aceitava nada. Só queria ficar em casa aprontando. Chegou uma hora que eu vi que você não estava mais casada comigo, e sim com a bebida. E fui embora".

Bati o carro duas vezes com a Ana. Uma logo no primeiro encontro, quando estatelei meu Santana em um poste na esquina de casa depois de (várias) rodadas de caju-amigo num bar de bebedor profissional, o extinto Pandoro. A outra foi na Highway 95, que vai praticamente do Canadá até Cuba, no trecho entre Fort Lauderdale e o aeroporto de Miami.

Nic Duailibi, meu amigo de infância que nos hospedou em Fort Lauderdale, ofereceu um churrasco de despedida e eu mandei ver, como se não estivesse nos Estados Unidos, como se não fosse dirigir, como se não tivesse de pegar um avião. O Chrysler alugado deu perda total. Por sorte, e protegidas pelo coitado do santo que olha pelos entornadores de manguaça (por quem tenho apreço ilimitado e superfidelizado e com o qual me compadeço pelo tamanho da hérnia que ele deve possuir em razão do peso que carrega), nós saímos perfeitamente ilesas dos dois acidentes.

* * *

Aqueles foram os primeiros anos de redes sociais, e eu já começava a perceber o perigo que era dar algum tipo de vexame na presença de celulares equipados de câmeras.

Alguns colegas, jornalistas de prestígio, acabaram tropeçando pela falta de vigilância em relação ao "ao vivo perene" da era da hiperexposição. Diante do público das redes sociais, o pessoal acabava cometendo alguma indiscrição da qual se arrependeria para sempre.

Lá pelo ano 2002, na iminência do surgimento de ferramentas como o YouTube, eu já era acometida por ataques de pânico imaginando o tipo de situação em que poderia ser filmada, flagrada, pega no pulo.

Esse temor me tirava o sono, eu tinha certeza de que fatalmente iria acabar exposta dando piti em algum ambiente mundano de pouca reputação.

Nessa mesma época, comecei a fazer cada vez mais trabalhos para a TV e multiplicando esses riscos.

Dava sinais de que estava prestes a parar com aquela vida que não me proporcionava mais o mesmo prazer de antes e que só fazia aumentar a minha angústia, mas continuava bebendo. Cada vez mais, eu morria de saudade dos períodos em que tinha conseguido me manter sóbria por mais de seis ou oito meses.

Mas eis que uma entrevista no programa do Clodovil praticamente lacrou o meu destino. A coisa se deu da seguinte forma: Clodovil, que já tinha arrumado bagunça em todos os canais de TV pelos quais havia passado, conseguira um programa na Gazeta, de São Paulo. Foi o derradeiro programa na carreira da saudosa deputada jararaca.

Ele conduzia suas entrevistas em um cenário que reproduzia o ambiente de uma sala de estar com uma cozinha anexa. Enquanto rolava o bate-papo, o peçonhento apresentador preparava uma comidinha e, para suavizar a conversa, servia uma bebida de acompanhamento.

Já conhecia de velho o Clodovil quando ele me chamou para ser sua entrevistada da noite.

Corria a virada do século XX para o XXI, e eu ainda guardava bem a lembrança do Clodovil dos anos 1970, figura exótica da moda surgida na esteira do costureiro Dener.

Na época em que minha família morava na Avenida República do Líbano, no Jardim Paulista, a casa dele ficava a um quarteirão de distância, na esquina das ruas Oliveira Pimentel e Henrique Martins.

Eu e meus amigos do bairro estacionávamos a bicicleta na calçada do costureiro à espera de que ele surgisse de roupão de seda dando escândalo porta afora por causa de qualquer comoção que acontecesse na rua.

Ele era costureiro famoso, e minha mãe, uma mulher a quem costureiros famosos idealizavam e queriam a todo custo empetecar. Já o tinha visto dezenas de vezes antes dessa entrevista marcante.

Passei metade da vida sem entender direito o fascínio que minha mãe exercia sobre toda a comunidade gay do planeta, dos pré-socráticos em diante.

Atesto apenas que, no dia em que nasci, 10/10/1957, os decoradores Zé Duarte Aguiar e Germano Mariutti e o badaladíssimo Aparício Basílio da Silva, dono da loja de perfumes Rastro, todos gays e todos conhecidos pelo extremo bom gosto, resolveram celebrar minha chegada ao mundo espoucando garrafas de champanhe em plena maternidade Matarazzo.

Clodovil fazia parte dessa turma de elegantes e charmosos que, por sua vez, integrava o café *society* frequentado por meus pais na Jundiaí, que compreendia a São Paulo glamorosa daqueles tempos.

Voltando ao assunto da entrevista na TV, lá fui eu para minha participação.

Sopa no mel, o convidado era encaminhado ao camarim e, na hora da maquiagem, chegava um garçom oferecendo champanhe.

Entrei no ar animadíssima. E o Clodovil disposto a capitalizar o investimento. Trocamos as primeiras amenidades – "conheço ela desde menina, tão talentosa, engraçada" e coisa e tal. Primeira pergunta: "Você usa cueca?". Lancei um olhar glacial na direção da deputada costureira bicha antiga. Naquela época era preciso mais para me tirar o gingado do que me surpreender com uma grosseria. Fiz uma pausa e dei um sorriso, já tinha a resposta na ponta da língua, não precisava ficar aflita.

"Clodovil, me diz uma coisa: de que tribo sua mãe o adotou? Pela voracidade que sempre demonstra, imagino que seus antepassados tenham sido canibais, os bororós, talvez?"

O apresentador caiu na risada. E, a partir daí, fez uma entrevista gentilíssima, diria até deliciosa.

A entrevista teve seu mérito. Roberto de Oliveira, presidente do Grupo Bandeirantes à época, assistiu ao programa e achou graça.

Estava lançando um canal esportivo na TV paga e viu em mim a pessoa certa para estrelar a principal atração da programação, o *Dois na Bola*, que eu apresentaria no BandSports nos próximos onze anos ao lado do lendário Iogurte, Silvio Luiz.

CAPÍTULO 15

VIRA-LATA

O boteco ao lado de casa, a padaria mais próxima, a vendinha. Por mais decrépitos que sejam, para quem bebe esses estão entre os melhores lugares do mundo.

Eu, bebedora compulsiva, sabia que atrás de todo balcão havia sempre uma alma caridosa disposta a ceder um "choro".

Por sua vez, quem trabalha vendendo álcool também está ciente de que existe toda uma psicologia por trás do ritual de atender aos mais sedentos. E que é preciso muita paciência e muito ouvido, mas, no fim das contas, são esses os bebedores que vão deixar ali o grosso do dinheiro para cobrir custos e desaguar em lucro.

Vários botecos passaram pela minha vizinhança imediata nos 23 anos em que morei naquele prédio de cantos curvos e janelas arredondadas que compõem o tal "estilo mediterrâneo", tipo de arquitetura que não encontra similar em nenhum local próximo ou beirando o mar Mediterrâneo e que, curiosamente, só sobrevive em São Paulo.

Enquanto vivi no prédio, vários comércios, um restaurante, um boteco, depois outro boteco e, finalmente, a extensão da padaria da esquina, ocuparam o espaço físico colado ao edifício Sônia – aparentemente batizado em homenagem à mãe do engenheiro.

Todos eles eu frequentei, nas horas mais encardidas da madrugada. Fiz lá muitos amigos e comi, bebi e proseei até que todos os tonéis de uísque da Escócia secassem.

Até hoje cruzo com gente bem mais jovem do que eu que diz ter me conhecido no estabelecimento ao lado de minha antiga moradia.

Uma aquisição memorável que fiz ali foi a Tutuca.

Numa tarde ensolarada de abril, o ipê-roxo da frente do prédio começando a florir, desci para tomar uns tragos no boteco, que à época tinha sido batizado com o nome do anjo da guarda Lelahel.

Como de hábito, meu cão e *personal trainer* Pacheco Pafúncio, que viveu 18 anos, nos acompanhou na caminhada que selou o destino de Tutuca.

Meu dachshund Pacheco teve uma existência tão plena e ilustre que, quando foi desta para o paraíso dos cães, ganhou até um obituário na primeira página da *Folha de S.Paulo*.

Minha mãe ficou indignada: "Quando seu pai morreu", comentou, "ganhou um parágrafo no obituário interno. Como o salsicha foi parar na capa?".

O porteiro do edifício Sônia, o para mim lendário Alves, resumiu bem: "É a primeira vez que vejo um cachorro aqui do prédio morrer e sair na primeira página do jornal".

Alves tinha um jeito particular de encarar a vida. Sempre que eu passava na portaria e perguntava se estava tudo bem, ele tascava: "Tá ruim... mas tá bom, né?".

Pois é.

Meu cãozinho Pacheco Pafúncio, que durante ao menos 16 anos frequentou as páginas da *Folha* como personagem de minhas colunas, assim tinha sido denominado em homenagem a um grande amigo, também ele cachorrão.

Pacheco era um salsicha sapeca como todos os outros, sem grandes qualidades além do talento de recolher todas as bolas de tênis espalhadas pela quadra durante meu treino. Maluco para agarrar a bola que viria voando do meu lado da rede, ficava posicionado atrás da linha de saque, se sacudindo de um lado para o outro feito o Federer quando estava recebendo o saque. Com a diferença de que o Federer não balançava o rabo como metrônomo ao fazer o seu gingado.

Tirando esse seu talento esportivo, o Pacheco não possuía nenhum outro traço marcante. Não era ágil como o Rin Tin Tin, amoroso como a Lassie, intricado como o Snoopy ou dotado de superpoderes como o Bolt.

Mas, como personagem da minha coluna, servia luxuosamente ao propósito de incrementar críticas que eu fazia contra o poder, os políticos, a administração municipal, os serviços públicos, a classe artística, os cartolas, o engodo da cultura, os intelectuais e, particularmente, a elite do país, nas mais de três décadas em que assinei coluna semanal na *Folha de S.Paulo.*

O bom nome do Pacheco se prestava a reduzir os criticados à estatura de um cãozinho de companhia, as ironias cresciam com a equiparação canina.

Naquela tarde de abril ele ainda estava no auge da juventude. Deixei a Ana no bar e fui dar a providencial volta no quarteirão para que ele fizesse seu pipi amigo.

Uma cadelinha extremamente vivaz, não devia ter mais de seis meses, começou a nos seguir. Olhando melhor, percebi que ela estava maltrapilha e que certamente morava no matagal próximo de casa, que hoje virou parque de grã-fino.

O temperamento compensava as aparências, ela fazia de tudo para se aproximar. Foi nos seguindo ao longo do passeio. Quando completamos a volta, subi para deixar o Pacheco e ia voltando para o bar a fim de continuar a "bebelância" interrompida, quando percebi que a cadelinha continuava do lado de fora do portão do prédio. Subi e peguei dois biscoitos caninos. Dei para ela comer e recebi como agradecimento várias lambidas e abanadas de rabo. Fui caminhando em direção ao boteco, e ela atrás de mim. Resolvi fazer um teste. Voltei ao meu prédio, subi e fui até a janela da minha sala. Olhei para baixo e lá estava ela no portão, à minha espera.

Quer saber? Motivada pela bondade que costumava me impregnar depois de três ou quatro chopes acompanhados de três ou quatro Steinhaegers, catei a cachorrinha e a levei para meu apartamento. Coloquei um maiô, entrei com ela no chuveiro, enquanto o Pacheco ficava nos inspecionando do lado de fora do box, tentando decifrar o que estava acontecendo.

Foram cinco enxágues de xampu até que a água que descia para o ralo deixasse de ser encardida. Seu pelo, que parecia ser uma mistura de cinza, marrom e preto, adquiriu as tonalidades de um *border collie* malhado de preto e branco.

Seu pelo pareceu dobrar de volume. Sequei-a com secador, passei colônia canina e coloquei nela uma coleira. Estávamos prontas para enfrentar a fera.

Entrei no boteco, onde a Ana tinha ficado com amigos, carregando no colo a cadela de uns seis ou sete quilos. E tasquei:

– Olha só, Ana, que linda *border collie* eu encontrei na rua, podemos ficar com ela?

A Ana respondeu com outra pergunta:

– Que cachorro é esse?

Sou forçada a abrir aqui um parêntese para contextualizar a dificuldade em que eu estava me metendo.

Ocorre que a Ana vem a ser uma de três lésbicas que eu conheci na vida – três lésbicas, veja bem – que não amam cachorros loucamente. Anos depois, a Ana se rendeu ao apelo incontestável dos cachorros e passou a ser uma lésbica cachorreira convencional. Mas, naquela época, ela achava um transtorno.

Isso por si só configura uma aberração, onde já se viu lésbica não gostar de cachorro? Se fosse pelo desejo coletivo da comunidade amazônica oriunda da milenar ilha grega, todos os cães sarnentos e de três pernas que saltitam por aí ganhariam um lar e um destino lambuzado de amor.

Uma lésbica que não gosta de animais equivale a um gay que não gosta de mocassim Gucci, ou seja, está no mesmo departamento dos unicórnios e das fadas do dente.

Por fatalidade, veja se eu posso, me casei (uso o termo de forma "casual", "relax" e descompromissada, uma vez que o casamento de papel passado, por motivo de claustrofobia, não existe como alternativa no meu repertório) com as únicas três mulheres homossexuais do cosmos que taxativamente se recusavam a conviver com bichos – excetuando-se talvez o peixe-beta, espécie da qual já tive quatro exemplares, três deles chamados Ronaldo Fenômeno e um de nome Ozzy, que a Ana ganhou da Rita Lee, e que conheceu triste destino em uma desastrada tentativa de eutanásia usando uma faca de pão para deter a decomposição causada por fungo.

"Muito bem. Que cachorro é esse?"

Encorajada pelo álcool, respondi com firmeza: "Esta é a Tutuca, e ela quer morar com a gente".

O bicho era realmente uma graça, e a Ana entrou na minha onda. Beber altera a perspectiva, dirá todo homem que já acordou com uma baranga ao lado.

A SAIDEIRA

No dia seguinte, a casa amanheceu lotada. Tutuca era uma cachorra de rua, um dos passatempos dela era lanchar os pernilongos e as eventuais moscas que entrassem pela janela do apartamento. Era certeira: pulava e apanhava a mosca em pleno voo.

Percebi que tinha sido precipitado acolher no apartamento um animal acostumado a grandes espaços. E daquele tamanho. Duas semanas depois de chegar, e já com a Ana plenamente sóbria e praguejando sobre quando eu ia me livrar do bicho, a Tutuca (eu sei, também me arrependo do nome melífluo, resultado de encontro tão terno) já estava pesando perto de 12 quilos.

Encastelada nos 100 metros quadrados do meu apartamento, ela foi ficando triste. Passava a tarde no terraço olhando para a rua e chorando. Mas eu também não tinha coragem de devolvê-la para a condição de sem-teto.

Dois amigos que adoro, Conrado Malzone e Esther Giobbi, vieram me visitar e, sem se compadecer com aquele estado de coisas, ainda resolveram me sacanear.

Contaram que, a caminho da minha casa, tinham visto uma faixa amarrada num poste: "Procura-se filhote de cadela preta e branca perdida no Itaim – criança doente".

A alegação era de que eu tinha roubado a Tutuca de alguém. Bebendo e aprendendo, não é mesmo?

Fiquei de tal forma abalada com esse vendaval de acontecimentos, que meus amigos resolveram me ajudar. Conrado – que só poderia ser descrito por uma enciclopédia inteira dedicada a ele – sugeriu que convidássemos um casal amigo, que havia recém-mudado para um casarão com jardim, para conhecer a Tutuca.

A cachorra tinha de ir.

Assim que o casal chegou, abri uma garrafa de vinho para recebê-los e depois outra e mais outra, e eles ficaram encantados, até o momento em que, como quem não quer nada, ofereci o cão. Convencê-los não foi missão muito difícil: a simpatia tinha sido mútua entre Luís Gelpi, sua então mulher, Adriana Mattos, e a vira-latinha que passaria a se chamar Tuca.

Tuca assumiu de vez sua vocação para *border collie*. Viveu o resto de sua vida de bandana vermelha amarrada no pescoço numa casa imensa, em que foi muito feliz.

CAPÍTULO 16

UM, DOIS, TRÊS, QUATRO, *PLOFT*!

Por muitos anos, dei carona para o trabalho a uma péssima influência na minha vida, uma criatura que virou uma espécie de mentor de tudo que um ser humano não deve fazer, mas, no meu caso, acaba fazendo porque eu preguei uma peça no destino, e não o contrário.

Se for perguntar a ele, Eduardo Logullo dirá que a má influência sou eu. Vamos deixar que o leitor decida. Só gostaria de fornecer algumas informações sobre essa pessoa, a quem José Simão chamava de "o mais talentoso de nós", e, por outro lado, era também o que mais contestava a autoridade.

Quando trabalhava na coluna de Joyce Pascowitch, Logullo costumava deslizar para dentro da redação feito uma iguana que quer passar despercebida, faltando uma hora para o fechamento. Joyce ficava enfurecida com sua falta de disciplina e bradava, coberta de razão: "Logullo, você está atrasado!". Ao que ele respondia: "Não estou me sentindo atrasado". Então, posicionava-se serenamente diante do computador e fechava a coluna em dois palitos.

Era difícil a tarefa de conter o Logullo. Na *Revista da Folha*, sentávamos um diante do outro. Lá pelas cinco da tarde, ou quando lhe dava na telha, ele executava um plano de fuga que sempre se mostrava infalível: colocava a mochila em cima da cadeira de rodinhas que usava para trabalhar e ia empurrando o conjunto até a porta. Dali ele agarrava a mochila e dava no pé, sem que nosso editor, Caio Túlio Costa, se desse conta do que havia acabado de acontecer.

Fomos grandes companheiros de bares, Logullo e eu. Éramos uma dupla conhecida nos estabelecimentos ao redor do Itaim, onde ambos morávamos, alguns deles já extintos porque o dono morreu de cirrose ou por terem cedido lugar a um desses edifícios insuportáveis de nome edulcorado que brotam na região sem parar.

O ano talvez fosse 1994 ou 1995. Logullo e eu fizemos um passeio até Paraty. Ele de namorado novo, um ator japonês a quem eu amava. Aliás, Logullo só namorava japoneses, o que, certa feita, fez com que eu o mandasse consultar a minha psicóloga a fim de escrutinizar o que eu presumia ser algum tipo de tara. Não deu dois dias e ela lhe deu alta, afirmando que não havia absolutamente nada errado.

Bem, ia dizendo sobre nossa viagem a Paraty, na qual Logullo se portou muito mal. Mas, veja só, analisando melhor, ele estava em fase comportadíssima, de namorado novo, foi dormir cedo, bebeu quase nada. Quem na verdade aprontou fui eu.

Estava sozinha, sem namorada ou namorado (sou eclética, você já deve ter percebido, tipo letra enigmática da sigla LGBTQIAP+) e sentindo falta, furacão que fui nos meus "dias de salada", como diria literalmente a Cleópatra de Shakespeare, nos tempos em que era "verde em julgamento" e "o sangue que corria em minhas veias, frio". Fomos visitar um amigo do Logullo de quem não lembro mais a cara ou qualquer informação, nem fazendo descomunal esforço.

No dia seguinte, acordei com o sol ardendo a pino. Minha cabeça latejava mais do que a bateria da Padre Miguel. Queria colocar meus óculos escuros para ir até o quarto do Logullo. Vasculhei meu aposento de cima a baixo e nada. Saí na rua, sôfrega, e comprei um Ray-Ban paraguaio num camelô bem na porta da pousada. Paguei R$ 40,00, lembro como se fosse hoje. Voltei para o quarto e fiz que ia me deitar, mas percebi um objeto encapado pelo lençol. Eram meus óculos superestilosos Persol, de um zilhão de liras. Como foram parar ali? Pensei, pensei e, quando a resposta me veio à mente, comecei a suar profusamente.

Eu tinha ficado no bar e voltado para o quarto com o amigo do Logullo quando começava a amanhecer. A última cena de que me lembro é de mim, desnuda e montada sobre o amigo do Logullo feito uma Lady Godiva. De óculos escuros.

Se tivesse de ser absolutamente sincera, diria que, nos meus piores momentos, o Logullo sempre tomou conta de mim. Minha mãe o adorava. Deixo que ele mesmo, usando de sua verve abençoada, se lembre de uma história que vivemos juntos.

Com a palavra, Eduardo Logullo:

Em meados dos anos 1990, a estilista inglesa Vivienne Westwood veio ao Brasil pela primeira vez. Seu nome começara a ribombar como autora de rupturas voltadas a segmentos que buscavam inovação e radicalismos na moda. Por cá, sua chegada foi saudada como uma emissora de ideias intergalácticas.

E a empresária Costanza Pascolato, dona da tecelagem Santa Costanza, consultora de moda e desde então considerada referência máxima pelos setores fashionistas, decidiu oferecer uma recepção a Vivienne, em seu apartamento na Rua Sergipe – região central da capital paulistana. Os convidados, em torno de 50 pessoas da moda e da área cultural, espumavam de deslumbramento por estarem próximos da nova musa dos *modettes*. Todos se considerando chiques. Todos com seus melhores modelitos. (O melhor foi que miss Westwood ignorou toda a pompa e circunstância. E, sem pensar duas vezes, tirou suas sandálias de plataforma, passando a perambular descalça pelo apartamento de Costanza. Muitos ficaram chocados. A estilista nem aí pra nada e pra ninguém. Certa, ela.)

Fui a esse jantar com Barbara Gancia, com quem trabalhava na Revista da Folha, recém-lançada pelo jornal e editada por Caio Túlio Costa. Naquele período andávamos tipo Batman e Robin – sempre em busca de diversão, muitas risadas, além de aprontarmos barbaridades e extravagâncias. E Barbara chegou, como diria Humphrey Bogart, vários uísques acima da humanidade. High high high no high society. Hic hic hurra. De repente, ouviu-se um barulho: Barbara caíra ao chão. Levantou-se meio torta e fingiu que nada acontecera. Passaram-se uns vinte minutos, outro rataplam: Barbara no chão mais uma vez. Então, uma apresentadora de televisão comentou com seus amigos: "Tenho muita pena dessa moça". Afinal, a fama etílica de minha amiga Barbara já era notória na cidade.

Serviram o jantar, em sistema de bufê. Quando todos estavam com seus pratos nas mãos, ouviu-se outro barulho estranho e ruidoso: Barbara caíra pela terceira vez no assoalho. As pessoas fizeram um "ohhhhh", em uníssono moralista. Percebi então que seria melhor encerrar aquela noite e levá-la embora de táxi. Avisei-a para batermos logo em retirada – e à francesa. Ela concordou. Pois bem, enquanto me despedia rapidamente de alguns amigos, ouviu-se outro estrondo, desta vez no hall de entrada do apartamento. Barbara havia caído pela quarta vez, agora dentro de uma grande escultura de mármore de Waltercio Caldas. E ficara entalada, sem conseguir sair. Tive que resgatá-la, perante olhares incrédulos de vários convidados. Dei tchau e saímos sem olhar para trás. Porque cinco quedas na mesma noite seria algo de quinta. E o jantar era numa sexta. Pegamos o táxi, rimos muito e ela ainda queria parar num bar para tomar várias & boas. Mas seguiu para casa, porque as pernas deviam estar em estado de calamidade. Tipo palafitas inundadas de álcool. The end. E *ploft* para todos.

CAPÍTULO 17

SE BEBER, NÃO TOSE

Acordei meio aérea, mas, desta feita, estranhamente, sem sentir culpa. Estava lépida e cantarolante naquela manhã. O cachorro pardo da ressaca moral não dera as caras. Levantei da cama tomando todo o tempo do mundo, sem nenhum pensamento sombrio sobre minhas ações da noite anterior. Em ritmo desacelerado de sabadão, deslizei até a porta para pegar o jornal. Espiei a manchete e fui até a porta da geladeira, a qual abri sem me dar conta do que estava fazendo. Fiquei ali em transe, pensando na vida e fitando *tupperwares*, como era meu uso e costume.

Se no último dia da minha vida eu for descontar o tempo gasto pensando na morte da bezerra diante de geladeiras de portas abertas, facilmente chegarei à conta de mais de mês de vida jogado fora por motivo fútil. Além das dezenas de arrobas adquiridas com esse hábito indigesto.

Devo ter consumido todos os restos graxos e picantes que a minha ressaca costumava implorar, mesmo quando não vinha acompanhada de dor de cabeça e da onipresente ansiedade causada por arrependimento.

Justamente quando eu já estava acomodada no trono, abrindo o jornal para ler o "Painel do Leitor" da Folha, a seção das cartas do leitor que, durante longos 32 anos, foi a minha leitura matutina prioritária, que eu lia antes até da primeira página do jornal a fim de me certificar de que não havia sido demitida por justa causa, o telefone tocou.

Era minha amiga Daniela querendo notícias da noite anterior.

Pois então.

Branco. Não me lembrava de onde nem com quem tinha estado.

"E você, novidades?", desconversei, tentando ganhar tempo.

Por descuido, olhei em direção ao espelho e dei com a minha fuça: um frio cortante percorreu-me a espinha.

"Daniela, SOCORRO!", urrei.

Do outro lado, minha amiga não entendia patavina.

"Meu Deus, o quê?", perguntou, para lá de assustada.

"Não, não! Não pode ser..." Comecei a piar um choramingo agudo, que foi alçando feito *tsunami* até virar um choro lamentoso e grave.

"Meu cabelo, Daniela! Meu cabelo... O que foi que eu fiz?"

"Não sei, diga-me: o que foi que você fez?", perguntou, agora com indisfarçada curiosidade.

"Ele está todo repicado, não sobrou uma ponta igual à outra... Meu lindo cabelo... Buáááá..."

Àquela altura, meu choro era tão alto que já devia estar interferindo no acasalamento de baleias no Hemisfério Norte.

Daniela resolveu pegar pesado: "Quem mandou beber?", moralizou.

Eu ali, a cara do assistente do palhaço Crusty, do desenho dos Simpsons, choramingando. O que poderia ser mais patético?

Tentei me concentrar e lembrar onde tinha estado na noite anterior. O que poderia ter feito para merecer aquela sorte? Seria castigo de algum inquisidor moderno, um Torquemada paulistano a querer me queimar numa pira?

Entre soluços, finalmente tive um *flashback* de mim mesma, animadamente colocando a cabeça embaixo de uma torneira de cozinha. Que cozinha do raio que o parta seria essa?

Aos poucos, minha memória foi pegando no tranco. Eu tinha ido jantar com um casal simpaticíssimo, meu amigo Paulo Bittencourt, *marchand* e colecionador carioca, ótimo de prosa, inteligentíssimo, e sua mulher, Mitsuko, uma japonesa modernosa com pinta de Yoko Ono. Ela mal falava português e era dona de um salão de cabeleireiro perto de casa.

Ela era uma graça, sorridente, gentilíssima, e eu costumava chamá-la de "Mitsuko Maguary", vê se pode a sacanagem...

Um segundo *flashback* despertou-me outras imagens mentais: me veio a Mitsuko e eu revirando o pescoço de tanto gargalhar. Ela com um uísque na mão e eu com outro. O meu, o aguadão comprido de sempre, o dela num copo baixo e mais colorido.

Aquela devotada cabeleireira gueixa estilosa mãos de tesoura, infalivelmente na estica, de preto Yohji Yamamoto, havia trucidado o meu couro cabeludo. E cometera essa proeza muito a contragosto, por insistência minha, eu mesma, Barbara Gancia, inebriada, vítima e cúmplice, quando não artífice de meu próprio calvário. Ela bem que tentou me advertir de seu estado alterado, que não seria indicado manusear uma tesoura depois de beber. Minhas súplicas foram tão incisivas que a Mitsuko acabou cedendo.

Depois me confessou que poderia ter cortado minhas orelhas por engano. E também que tinha usado uma tesoura comum, dessas bem toscas, porque as suas, bacanérrimas, de trabalho, moravam lá no seu salão, para o qual eu apelei na primeira hora, a fim de tosquiar minhas madeixas de forma simétrica e, pasme, na faixa, em um gesto de compaixão da querida Mitsuko.

Levou ao menos um ano até o meu cabelo ficar inteiro de novo.

CAPÍTULO 18

TAKE YOUR SHOES OFF, GEORGE

Minha família é plugada em esporte e eu sempre fui na onda. Além de fazer parte do *entourage* da escuderia das Alfa Romeos do meu pai, chamada equipe Jolly, que levava a nossa família a Interlagos um fim de semana sim e outro também, vivi a década de 1970 como barata de arquibancada de todos os eventos esportivos realizados no ginásio do Ibirapuera, em São Paulo.

Do basquete feminino, nunca me esqueço da Uliana Semenova, jogadora de porte impressionante e vagamente reminiscente dos Budas de Bamiyan, aquelas estátuas colossais destruídas pelo Talibã. Junto ao meu amigo Alberto, que durante décadas nutriu paixão platônica pela Nadia Comaneci, assisti a vários torneios de ginástica olímpica naquele estádio friorento, cheio de goteiras e com acústica deplorável, mas de simpaticíssima lembrança da infância e da juventude. Era lá que aconteciam os shows dos Harlem Globetrotters e o Holiday on Ice, ponto alto do inverno paulistano de 1965, até que o circo Orlando Orfei, comandado pelo próprio, um italiano barulhento que esteve em nossa casa inúmeras vezes, tomasse o lugar de grande atração infantil, no início dos anos 1970.

Outra lembrança que coloco no rol das maiores alegrias vividas são os *tours* da ATP de tênis, que, nesses mesmos anos 1970, atraíam ao país estrelas do porte de Arthur Ashe, Bjorn Borg e do campeoníssimo Rod Laver.

Não me pergunte como, mas cheguei até a ser juiz de linha de uma das partidas desse torneio, um dos grandes feitos de minha vida, não fosse o fato de não me lembrar de quem estava em quadra nesse dia histórico.

Só guardo a lembrança de que um dos tenistas era russo, ou melhor, soviético, como se chamavam os russos sob o regime comunista. E, por falar em soviéticos, eu era encantada pelo cosmonauta Yuri Gagarin e, evidentemente, pela cadela espacial Laika, o primeiro animal a orbitar a Terra a bordo da nave Sputnik.

Como tantas outras naquele tempo de pioneira exploração espacial, a família Gancia também teve um vira-lata batizado de Laika, singela homenagem ao personagem de drama fantasmagórico, posto que a cadelinha soviética ficou girando pelo espaço sideral sozinha, até morrer de fome e sede. Só tomei consciência desse fato muitos anos depois; os adultos omitiram a informação das crianças da minha geração, quem sabe a fim de evitar uma rebelião infantil de proporção mundial.

Até hoje, quando penso naquele pobre animal encerrado numa cápsula minúscula e sem janela, sendo catapultado em direção ao espaço sem fim, meu coração aperta. Imagino o barulhão e o medo que ela deve ter sentido no lançamento, o abandono sem explicação e o fim terrível – e não me conformo.

Quem sabe esse episódio traumático tenha influenciado meus humores, já que, nos anos da corrida espacial, eu tomei o lado dos "astronautas" contra os "cosmonautas". Quando o astronauta Neil Armstrong esteve no Brasil, em 1970, minha mãe foi convidada para uma recepção em sua homenagem no Rio de Janeiro. E voltou com uma foto autografada, que preguei na parede do meu quarto e depois perdi, e uma caneta mirabolante, do mesmo tipo que fora usado no programa espacial e que desafiava a ausência da gravidade – escrevia até de ponta-cabeça, ao contrário das esferográficas comuns. Fez um sucesso danado na escola, todo mundo queria segurar o brinde que ganhei do primeiro homem a pisar na Lua – e autor da frase mais insossa da história da exploração humana: "Um pequeno passo para o homem, um grande passo para a humanidade".

Também fui macaca de auditório dos enxadristas russos, mesmo que, nessa modalidade, quem realmente me cativa até hoje, pela genialidade e singular irreverência, é o excêntrico norte-americano Bobby Fischer,

A SAIDEIRA

105

cujas jogadas estudei durante anos, ótima maneira de me distanciar com alguma dignidade da chatice das lições de casa da escola.

E, porque nasci em outubro de 1957, automaticamente, sem qualquer esforço, virei torcedora do Santos Futebol Clube, equipe cuja casa, a Vila Belmiro, constitui a segunda vila mais famosa do mundo, logo atrás da Vila Sésamo.

Ao longo de toda a minha infância, o motorista da minha família foi o Felice Albertini, figura de múltiplos talentos. Trabalhava como sargento do Juizado de Menores em noites alternadas. E, nos fins de semana, costumava acompanhar meus pais ao circuito de Interlagos, prestando assistência logística e mecânica e, mais tarde, atuando como piloto de corridas oficial da equipe. Fez dupla com minha mãe em várias provas históricas da categoria Turismo do automobilismo nacional.

Quantas não foram as vezes em que o Felice ia me buscar nas festinhas da adolescência a bordo de uma perua Kombi do Juizado? Imagine só a surpresa dos pais dos meus amigos quando ele estacionava o veículo na frente da casa deles.

O Felice costumava levar a Kika e eu para passear em Congonhas. Naquela época, era o que tínhamos: passear pelo aeroporto. O shopping Iguatemi, pioneiro no país, só chegou em 1966.

Teve um episódio em que o Felice, que era corintiano roxo – daí o motivo de a minha irmã ultra-mega-super perua torcer por um time popular até hoje –, nos levou até o aeroporto para ver o time do Santos embarcar.

Nosso motorista era grandão e parrudo, tinha um bigodão de general russo, e, em dois tempos, driblou toda a multidão que se aglomerava no saguão do aeroporto via músculo e carteirada e me colocou frente a frente com o maior atleta do século.

Fiquei tão desconcertada de estar na presença de Pelé, a quem tantas vezes tinha visto em campo, que só consegui pedir um autógrafo e balbuciar a seguinte insanidade: "Sou corintiana roxa". Ele olhou para mim com aquele sorriso estático que o mundo inteiro conhece e disse: "Que bom". Quando iniciei a frase "Não é nada disso, eu venero o senhor, pelo amor de Deus, sou santista desde os quatro anos de idade...", o camisa 10 da seleção que transformou minhas férias de meio de ano de 1970 nas melhores férias de julho de todos os tempos – salve a Seleção! – já tinha virado as costas e ido embora.

Quatro décadas depois, eu estava almoçando no restaurante Parigi, em São Paulo. Não havia mais nenhum cliente no restaurante, só estávamos eu, minha namorada e o dono, Rogério Fasano.

Tinha chegado tarde e, como sou amigona do Rogério, não me incomodei de estender minha permanência enquanto saboreava o enésimo Drambuie com gelo picado, curtindo um semiporre da tarde, enquanto os funcionários faziam a limpeza e fechavam o caixa.

Inesperadamente, a porta se abre. Entram juntos sua Majestade e seu agente, Celso Grellet. Queriam saber se ainda dava tempo de almoçar.

Como me encontrava em estado ligeiramente inebriado, entrei numa onda que minha mãe sempre soube identificar melhor do que qualquer outra pessoa. Toda vez que começava a contar uma história que me deixasse emocionada e de olhos marejados, ela virava-se para mim com seu característico sotaque italiano e sentenciava: "É o álcool". Ou seja, minha mãe não atribuía a emoção à minha supersensibilidade. Ela sabia apontar corretamente a alteração de temperamento causada pela ingestão continuada do álcool, que tanto pode ser chorosa quanto eclodir num ataque de fúria.

Cansado de saber que sou torcedora do Santos, Rogério cumprimentou o rei e se aproximou da minha mesa: "Vamos lá, Barbara, que te apresento ao Pelé".

Profusas lágrimas rolavam pelas minhas faces. Não conseguia sair do estado de choque: "Não consigo, Rogério, não consigo..." E buááááá...

O Rogério bem que tentou. Mas eu só fiz acenar e chorar. Meu ídolo e eu, percebi naquele dia, nunca iríamos ficar amigos de trocar telefones: eu o admirava demais para chegar perto.

Outro ídolo esportivo que amo, mas de quem não só cheguei perto como convivi por várias décadas, é o tricampeão mundial de F1 e duas vezes vencedor das 500 Milhas de Indianápolis, Emerson Fittipaldi.

O Rato, como era conhecido naquele tempo, ou Emmo, apelido adquirido nos Estados Unidos, foi adversário do meu pai inúmeras vezes na pista de Interlagos. No finalzinho dos anos 1960, resolveu tentar a sorte como piloto na Inglaterra e, de tão bem-sucedido, mudou a cara do esporte motorizado no país.

A SAIDEIRA

Nunca me esqueço do dia 4 de outubro de 1970. Estava no quarto dos meus pais ouvindo a Jovem Pan, num radinho de pilha, quando Emerson cruzou em primeiro a linha de chegada do GP dos Estados Unidos, em Watkins Glen. Ninguém esperava que ele vencesse tão cedo, era sua quarta corrida na F1.

Anunciei ao meu pai: "O Rato ganhou o GP". Meu pai disse que não era possível, que eu só podia ter ouvido errado. Insisti: "O Emerson acabou de ganhar a corrida". O queixo do Piero caiu: "Não é possível, isso nunca aconteceu".

Tanto era real que, no ano seguinte, o filho do seu Wilson e da dona Juze sagrou-se campeão mundial de Fórmula 1, o primeiro brasileiro a realizar essa façanha.

No meio automobilístico, todo mundo acompanhava de perto a aventura empreendida por Emerson na Europa. E todos nós torcíamos loucamente por ele.

Depois de muita luta do Piero e da Lulla e das várias associações de pilotos para reformar Interlagos com o intuito de incluir o autódromo no calendário da mais celebrada categoria mundial, Emerson venceu a corrida de estreia (a primeira corrida oficial de F1, no ano seguinte, foi vencida por Carlos Reutemann). Rato ganhou em casa, o Brasil foi ao delírio. E quem gostava de carros, pneus e gasolina, como era o meu caso, praticamente entrou em órbita.

Eu desenhava o Lotus 72 na contracapa de meus cadernos de escola, fazia caricaturas do Emerson com aqueles óculos pretos com filete dourado, imitando a pintura do seu Lotus John Player Special. Cheguei a mandar a ele, via meu irmão que estava indo encontrá-lo, um cartão-postal com sua caricatura e a assinatura dele, que eu imitava direitinho de tanto praticar nas folhas dos cadernos da escola.

Quase quatro décadas mais tarde, Emerson já tinha casado e descasado; meu irmão tinha virado seu padrinho de casamento e de sua filha Joana, primogênita de seu segundo casamento com Teresa, e ele, por sua vez, padrinho de casamento do meu irmão.

Em 1996, o aniversário de 50 anos de Emmo se aproximava, e Teresa, minha amiga do peito, planejava dar uma festança para ele em Key Biscayne, na Flórida, onde eles moravam.

"Por que você não vem, Barbara?"

Bem, sabe como é salário de jornalista, eu não tinha essa grana toda para ir até os Estados Unidos só por causa de uma festa. Teresa, que nunca foi de se encolher diante de qualquer tipo de enrosco, sugeriu: "Por que você não escreve sobre a comemoração para a *Folha*?".

Submeti a pauta "50 anos de Emerson Fittipaldi" ao jornal e imediatamente recebi cartão verde.

E, sendo a sincronicidade uma grande protagonista da minha história de vida, várias conjunções entrelaçadas acabaram conspirando a meu favor.

Na época dos primeiros Grandes Prêmios em Interlagos, a casa da família Gancia tinha movimentação intensa quando a corrida baixava na cidade, geralmente em fevereiro ou março.

Jackie Stewart, François Cévert, Nikki Lauda, Jacky Ickx e Luca di Montezemolo vinham jantar sempre que passavam por São Paulo. Nossos vizinhos ficavam na rua, sentados na calçada em frente ao nosso portão, esperando para ver o entra e sai dos melhores pilotos daquele tempo. Um de meus amigos da vizinhança, o Nicolau, era filho da dona Erika e do seu Nicolau, irmão da Milly, do Peter (que me vendeu minha primeira bicicleta, de segunda mão), do Jean (que virou santista comigo aos quatro ou cinco anos, por decreto mútuo) e da Kuky, minha querida companheira das brincadeiras cuja amizade cultivo até hoje.

O Nicolau, ou Nic, era louco por automobilismo e sempre ia conosco ao circuito. Meu pai até o levou para dar a volta na pista dentro do seu Alfa Romeo. E, por acaso, em 1996, estava morando em Fort Lauderdale, ao lado de Miami.

Liguei primeiro para ele a fim de saber se podia filar uma hospedagem em sua casa. Depois liguei para a Teresa perguntando se seria possível levar meu amigo como acompanhante. Recebi um "Claro" e um "Sim, como não?" como respostas e lá fui eu para a festa de aniversário do ídolo de infância.

Nic me pegou no aeroporto de Miami, e a primeira providência foi passar em uma *liquor store* para comprar uma coisa qualquer de presente para o Emerson, o que não nos impediu de adquirir uma coisinha qualquer que também matasse a nossa própria sede. Para o tricampeão mundial nós escolhemos um champanhe magnum francês – afinal, não é todo dia que a gente completa meio século. E, para nós, duas garrafas de Cutty Sark, porque a vida é curta e nós queríamos celebrar mais um encontro.

De celebração em celebração, era assim que eu vivia. Para escapar do tédio, da falta de dopamina, de uma depressão que talvez nunca tenha sido capaz de detectar e tratar devidamente. Para aproveitar ao máximo dos máximos ou para colocar mais pilha no meu hedonismo desgovernado, do qual naquele tempo eu muito me orgulhava: uma vida vivida em nome do prazer. Só não enxergava, então, que esse prazer todo tinha o outro – inevitável – lado da moeda. E que mais cedo do que tarde, moralismo incluído no pacote ou não, eu teria de parar com a famosa contrapartida faustiana.

A casa dos Fittipaldi em Key Biscayne era coisa de seriado de TV. Vários carros de época alinhados na entrada – com destaque para um Chevrolet 1957 conversível na cor turquesa Tiffany –, salão monumental e impecável gramado que se estendia até um píer, dentro da propriedade, onde seu barco permanecia ancorado: dava para vê-lo da sala de jantar.

Emerson estava na porta esperando os convidados, e eu lhe entreguei o champanhe, que ele agradeceu e o empunhou como se fosse um dos tantos que usou no pódio para festejar suas conquistas.

Beijo, beijo, olá, tudo bem? Nic e eu fomos entrando e cumprimentando uma série de ilustres: o ex-chefe de equipe da McLaren Teddy Mayer, o piloto galã da Fórmula Indy Arie Luyendyk e... cruzes, não pode ser! O George Harrison estava na festa, a três passos de mim, comendo um canapé e admirando o lustre para não ter que conversar com ninguém.

Eu já tinha visto o ex-Beatle no Brasil, em uma corrida de F1. Ele viera a convite de Emerson e de Jackie Stewart, de quem era amigão e para quem havia feito a música "Faster".

Com um olho no George Harrison e outro na frigideira, eu apresentei meu acompanhante da noite ao Emerson. Contei ao aniversariante que Nic era comandante em Fort Lauderdale, a chamada capital mundial dos iates e megaiates. E que, quando estava terminando o quinto ano de engenharia na Escola Politécnica da USP, já com emprego garantido na construtora JHS, um amigo, o Clive, dono do *pub* Victoria, que nós frequentávamos assiduamente, o convidou para dar a volta ao mundo num veleiro trimarã. A princípio Nic relutou, afinal, estava com a vida encaminhada, mas no fim acabou zarpando. A viagem durou dois anos, e Nic nunca mais voltou ao Brasil. Terminou seu périplo pelo mundo na Flórida e ali mesmo onde aportou ele fincou pé, até se tornar comandante e conseguir o *green card*, a permissão de residência nos Estados Unidos para estrangeiros.

Emerson ficou impressionado com meu relato, e, a certa altura da festa, convidou o banqueiro Luís Carlos de Almeida Braga, o Braguinha, que fora um dos padrinhos da gloriosa carreira de Ayrton Senna, eu e o Nic para conhecermos seu barco.

O Braguinha e o Emerson entraram na frente, e eu demorei um pouco mais porque o Nic, já meio alterado pelo conjunto de emoções da noite e uns goles a mais, fez valer o protocolo marinho e me fez tirar os sapatos para subir a bordo. Assim que entramos na cabine, demos de cara com um tapete branco felpudo.

Nisso, eu ouço um ruído atrás de mim, me viro automaticamente e dou de cara com o George Harrison. O Nic não teve dúvida. Como se estivesse batendo boca com alguém na feira, ordenou: "Please take your shoes off" (por favor, tire seus sapatos). O George Harrison tentou argumentar que seus tênis estilo conga eram inofensivos e que não iam causar dano. "Você não está vendo o tapete branco? Não se entra em barco de sapatos, *take your shoes off*, George!"

Puxei meu amigo de lado e falei baixinho: "Nic, você está louco? Caso não tenha se tocado, esse aí, olha só, é o George Harrison", tentei advertir. Quando parei de cochichar e olhei de novo, o senhor Harrison estava sentado, pacientemente desatando os nós dos cadarços de seus calçados, sem chiar.

Soltei uma gargalhada bem alto. "Olha lá, olha lá, Nic", disse, cutucando meu amigo. "Você mandou o George Harrison tirar os sapatos e ele está tirando!"

Até hoje relembramos o episódio com a satisfação de duas crianças peraltas que resolveram desafiar a ordem natural da hierarquia universal.

Na hora de ir embora da festa, atravessamos o salão e demos com a mesa da entrada, em que estavam reunidos todos os presentes para o aniversariante. Diante daquela mesa coalhada de mimos, fiz um raciocínio simples: o Emerson, que já tinha sorvido o néctar de todas as garrafas de champanhe possíveis nos pódios em que subiu ao longo da vida, não ia sentir falta de um mísero garrafão. Sem pensar mais no assunto, passei a mão na megagarrafa de champanhe e a levei de volta para Fort Lauderdale comigo.

No dia seguinte eu ainda estava meio zureta na hora de embarcar para o Brasil, num estado de confusão mental que costumo classificar como torpor alcoólico de efeito retardado.

No portão de embarque, encontrei amigos que tinham estado na festa e sentei para conversar. Coloquei o *laptop* da Folha que havia levado na viagem na cadeira adjacente à minha e virei-me para comentar as festividades da noite anterior com a Maria Helena e o Lian. Fomos chamados para o embarque e, quando me virei para pegar o computador, cadê? Ele não estava mais lá.

No sufoco, corri até a polícia do aeroporto e fiz um B.O. Medo de perder o avião, medo de ser despedida pela falta de cuidado com material de propriedade do jornal, vergonha pela situação toda... A sensação de pânico e de culpa avassaladora, que não era nenhuma novidade para mim, me atormentou durante todo o voo de volta ao Brasil.

Ainda bem que a Folha não me cobrou pelo *laptop* perdido. Naquela época, era o preço de um carro zero.

Mas essa não seria a última vez que eu aprontaria com o Emerson Fittipaldi.

A segunda vez foi bem pior.

O Brasil viveu os anos 1970 como monarquia. Eram três os nossos reis, reverenciados e amados no mundo inteiro: Pelé, Emerson Fittipaldi e Roberto Carlos.

E, como não há dois sem mais um, também guardo lembranças aterrorizantes de um episódio etílico envolvendo o rei do iê-iê-iê.

Bem mais grave do que os outros dois casos envolvendo Pelé e Emerson, dessa vez já entrei em cena rodando feito um diabo-da-tasmânia em ritual de exorcismo.

Foi dos últimos barracos que arrumei antes de parar de beber de vez, lá pelos idos de 2006.

Mas a história começa antes e, por incrível que pareça, também inclui o Emerson Fittipaldi.

Em 2005, o jornalista Paulo Cesar de Araújo entrou em contato comigo na Folha. Estava desesperado. Investira quase três anos de sua vida na pesquisa de um livro e, agora que o trabalho estava pronto, corria o risco de ser proibido pela Justiça.

Paulo Cesar (ainda) é fã incondicional de Roberto Carlos. A ponto de ter desenvolvido um cacoete que o faz declamar trechos de músicas de seu ídolo a cada duas frases que emite. Você conversa com ele sobre, digamos, o tempo e ele encontrará um meio de dizer que "sua estupidez não o deixa ver" que amanhã irá chover ou então que ele "olha no céu e vê uma nuvem branca que vai passando" e que isso é presságio de que o céu vai limpar.

O livro que Paulo Cesar estava tentando salvar é o famigerado *Roberto Carlos em Detalhes*, que a Justiça retirou das prateleiras das lojas em 2007 a pedido do cantor.

Roberto não lera o livro – que não contém absolutamente coisa alguma que desabone a sua imagem –, mas, mesmo assim, e a despeito de todo o amor e trabalho que Paulo Cesar dedicou à biografia de seu ídolo, o rei se valeu de sua condição de biografado em ambiente jurídico incerto como o nosso, em que (ainda) não há leis claras sobre a liberdade de expressão e resolveu que não queria ver sua história contada.

Como se ele não fosse uma pessoa pública que vive a vida na frente das câmeras e se beneficia disso desde meados dos anos 1960.

Assim que Paulo Cesar me contou toda a epopeia da feitura do livro, imediatamente aderi à sua causa. Ponderei que, se todo mundo tivesse direito de censurar o que lhe aprouvesse, daqui a pouco o jornalismo não mais existiria no país.

Isso foi há uma eternidade, nos idos da primeira década do novo milênio. As desatinadas conclusões que o pessoal posta de baciada nas redes sociais ainda não haviam sufocado com sua acefalia irreversível toda a vida inteligente do planeta, nem havia a paupérrima polarização contaminando mentes e corações nacionais e internacionais de *burritzia* diversificada e aparentemente contagiante.

Li o e-mail de Paulo Cesar com o pedido de socorro e saí escrevendo colunas inflamadas a respeito no espaço semanal que me era destinado na Folha. Textos que seguem tendo desdobramentos até hoje.

Pois quis o destino, esse moleque travesso, que Roberto Carlos fosse dar um show exclusivo para convidados no Teatro Municipal de São Paulo pouco tempo depois de meu primeiro contato com Paulo Cesar. E que, veja só, o mesmo Emerson Fittipaldi que dividia o reino com Roberto Carlos me convidasse para assistir a esse show em seu camarote VIP.

Os dois são muito amigos e eu nunca deveria ter aceitado o convite, considerando o dissabor que passei a sentir em relação ao ídolo musical por causa da truculência perpetrada contra um livro que era praticamente uma homenagem.

Mas aceitei. E fui para o teatro já meio "calibrina", ou seja, depois de ingerir várias doses de sabe Deus que tipo de álcool.

Foi só o Roberto Carlos começar a miar lá no palco que, estimulada pela coragem que o álcool confere, comecei a gritar lá de cima: "Seu perneta FDP! Tirano, filho de uma égua! Perneta déspota!". E por aí foi.

É claro que hoje em dia me arrependo. Quem me viu ser arrastada pelos seguranças para fora do camarote com o show em andamento e o Emerson correr para explicar a eles que tomaria conta, que estaria tudo sob controle, deve ter se perguntado como pode uma ira daquele tamanho despertar enquanto o camarada atira flores no palco, canta o amor em prosa e verso e exalta Jesus Cristo.

Pois foi o que aconteceu. Não foi bonito, realmente me arrependo dos impropérios vociferados em altos brados no teatro, mas não há como negar que essa história ocorreu e que a culpa foi toda e exclusivamente minha.

CAPÍTULO 19

CRIME E CASTIGO

Durante muitos anos, minha dependência representou uma tragédia para a família. Até o ponto em que a falta de rotina que meus altos e baixos provocavam tornou-se método. Meu pai despertava de madrugada para ver se eu tinha chegado e, ao constatar que não, acordava meu irmão e minha irmã para que um fosse ao IML e o outro ao Hospital das Clínicas tentar descobrir se era lá que eu tinha ido parar.

Mesmo lembrando quase nada dos meus fins de noite, os episódios que eu causava ao desaparecer de casa continuam cravados na carne, mesmo três e lá vai pedrada décadas depois.

Certa vez, o dia clareava quando apareci no nosso portão: um camarada foi de pijama me levar em casa no seu Ford Maverick cor de laranja. Meu pai estava de pé na calçada, sabe-se lá havia quanto tempo. Ele me mediu da cabeça aos pés e, atestando que eu estava inteira, virou as costas e sumiu porta adentro. Logo chegaram minha irmã, seguida do meu irmão, vindos da habitual ronda noturna atrás de notícias minhas.

O inferno se instalava assim que eu cambaleava para dentro de casa. Ameaças, castigos infinitos, tapas, empurrões, objetos atirados contra paredes, móveis chutados e muitos berros: sobrava para mim em grande estilo. E eu fazia por merecer.

Já cansei de ouvir que adolescente "aprontão" está tentando chamar a atenção. Não era o meu caso. Sempre fui o centro das atenções da casa – com direito a plateia e claque.

Ocorre que Lulla e Piero eram tão exuberantes quanto as duas araras de estimação que enfeitavam o jardim da nossa casa: lindos, festeiros, divertidos e extremamente charmosos, distantes dos comuns mortais feito as celebridades das páginas de revistas. Eram tudo aquilo que a gente admira nos amigos ou nos ídolos, mas o *glamour* que os rodeava tinha apelo quase nulo para quem, como eu, estava na posição de filha e precisava de encaminhamento.

Eles tinham um estilo de criar os rebentos que – nestes dias engessados do politicamente correto e de pais implorando pelo amor dos filhos – chegaria a provocar a intervenção da Delegacia do Menor (*hashtag* ironia). Primeiro vinham eles, os dramas deles, o trabalho deles, o sucesso deles, as brigas deles, a programação social deles, a vida esportiva deles e suas viagens constantes.

Mas veja só: falta de demonstração de afeto não era um problema na nossa família. A ponto de o meu apelido aos seis ou sete anos virar "Me Solta", de tanto que eles me pegavam no colo, abraçavam e beijavam. Todos eles, o dia inteiro, sem parar. Chegava a dar até vertigem de tanta movimentação.

Nunca tive dúvida de que eles eram malucos por mim. Mas criança com um buraco de carência do tamanho do Grand Canyon que eu era, me ressentia pelo que entendia ser algo próximo da negligência.

Não vejo contradição entre ter sido mimada e paparicada e ser a encarnação da criança abandonada ao mesmo tempo. Um desejo persistente de vingança encobria muitas das minhas arruaças daqueles tempos. Famílias são complicadas, "ça va sans dire" (não precisa ser dito), como diria Brigitte Bardot. E a minha talvez fosse um pouco mais disfuncional ainda.

Queria castigar meus pais por me deixarem na mão o tempo todo. Por não participarem da minha vida escolar e de todas as instâncias que requerem atenção paterna.

Hoje, depois de alta rodagem em divãs de analista, não me restam dúvidas: meus pais sempre me deram toda a atenção do mundo. Quando estavam presentes. Ou seja, uma vez na vida e outra na morte.

Quem sabe minha infância não tivesse sido um pouco mais regrada se eles tivessem imposto limites – pelos quais eu parecia implorar – e não tivessem praticamente delegado a minha custódia a faxineiras, copeiros, cozinheiras, motoristas e aos meus irmãos menores de idade.

A SAIDEIRA 117

Talvez por esse motivo, nas vezes em que era requisitada a presença de alguém da família, adquiri o hábito de apresentar nosso motorista, Felice Albertini, que corria em dupla com minha mãe em Interlagos, como sendo o meu pai.

A despeito de tanta ambiguidade, do fato de acusar a Lulla e o Piero disso ou daquilo durante metade da minha existência, a verdade é que quem bebeu, quem magoou e quem causou estrago fui eu, não eles.

Existem vários fatores que contribuem para que o indivíduo se torne um alcoólatra consagrado. Predisposição hereditária, influência do meio social e características psicológicas. Mas, se a gente for esmiuçar, tudo na vida depende da mesma combinação. No grupo dos Narcóticos Anônimos (NA) ao qual recorro quando a estabilidade balança, ninguém tem o menor interesse em ficar destrinchando o frango sobre o que levou a pessoa a beber. Se foi um amor mal resolvido, uma doença na família, excentricidade, maluquice, fatalidade, pouco importa. Da mesma forma que ninguém fica discutindo o sexo dos anjos para saber o que levou o doente a desenvolver um distúrbio neurológico ou diabetes, de nada serve tentar descobrir a origem do problema. O que importa é que certas pessoas – no meu caso, entre outros, por necessitar de toda a atenção do mundo e ter baixíssima resistência à frustração – acabam modificando o metabolismo de tanto beber e se tornam alcoólatras.

Apontar o dedo buscando culpados também é perda de tempo. Isso faz ainda menos sentido a essa altura, passada mais de década do meu exílio do balcão de bar.

Meus pais só estavam fazendo o melhor que conseguiam, por mais capenga que fosse o resultado. E, como para quase todo mundo, a maturidade dirimiu minhas suspeitas sobre as boas intenções de ambos.

Naqueles anos 1980, não creio que tivesse consciência de que a minha postura perante a família fosse uma reação às convicções deles, nem me lembro de planejar os meus atos de forma calculista com o propósito de antagonizá-los. Não agia movida por maldade. Minha mente era mais omissa do que criminosa. Mas até hoje não entendo, e já disse isso ao meu irmão como forma de atenuar os danos causados, por mais que eu tenha me transformado numa excomungada, como puderam os meus pais ter cometido a insensatez de viajar por meses a cada ano, deixando a cargo do meu irmão com tendências autoritárias – por quem eu tinha pavor e adoração (ainda hoje sinto medo dele até em porta-retratos) – a tarefa de me disciplinar?

Carlo e Kika também não receberam acompanhamento paterno tão próximo como aquele que viriam a dar aos seus filhos. Mas comigo, que cheguei bem depois deles, quando meus pais já estavam beirando os 40 anos, mais prósperos e com menos paciência, o pouco caso foi escancarado de tão grande.

Tudo era terceirizado, por assim dizer. A Kika me levava ao médico, me aconselhava, acompanhava meu dia a dia, a ponto de assinar a minha caderneta escolar. Carlo me dava castigos a granel. E fui eu mesma que, aos 16 anos, me inscrevi para dar continuação aos meus estudos, em um colégio interno no Canadá. Ninguém na família demonstrou preocupação com o fato de que, naquela época, por desencontro entre as diretrizes do MEC e as possibilidades do British Council, o curso na Escola Britânica terminava na etapa que para nós equivale ao segundo ano do segundo grau.

Dali para a frente, quem quisesse prosseguir os estudos poderia ser transferido para um colégio brasileiro ou ir estudar fora.

Isso nem de longe atenua a minha responsabilidade. Meu egoísmo quando estava tomada era retumbante, só dava eu. Nas vezes em que me lembrava, lá pelas tantas, de ligar para casa dando notícias, eu pensava: quer saber? Foda-se. Vai vir aquele caminhão de estrume para cima de mim, melhor nem lembrar que eles existem até o próximo confronto. Garçom, vê mais um Johnnie Walker com gelo, copo alto e um club soda, faz favor?

E o próximo embate iria se apresentar sistematicamente, como se eu fosse ré num julgamento interminável, a cada refeição, quando nós cinco estivéssemos reunidos novamente. Seria retomado de onde fora largado ou até em modo *rewind* para as encrencas mais antigas, estando eu bêbada ou sóbria há meses. Sempre havia algum novo crime a me imputar.

Não que eu não fizesse por merecer. Fui artífice de um pesadelo que ninguém em sã consciência ousaria infligir às pessoas mais queridas.

Só de imaginar o desespero deles naquelas longas horas sem informação alguma – numa época em que a comunicação telefônica era precária e implicava carregar consigo fichas de orelhão em formato de moedas e encontrar algum aparelho da Telesp que estivesse funcionando –, madrugada após madrugada, especialmente levando em conta o meu histórico ao volante...

Ainda hoje sinto um pesar sem fim pela angústia que causei a todos, amigos incluídos.

Se você neste instante pedir à minha irmã Kika que relembre os meus sumiços, pode ter certeza de que a voz dela vai estremecer e os olhos ficarão umedecidos. Ela nunca esquece, e eu, a responsável por tanto sofrimento, mesmo sem conseguir me lembrar da maioria das situações, sinto minhas cicatrizes, emocionais e físicas, latejarem.

E, mais uma vez, dou graças a Deus por não ter tido filhos. Dar à luz nunca passou pela minha cabeça, nem no pior dos fogos que eu possa ter tomado no precipício do *delirium tremens*. Sempre considerei demais da conta a enormidade da tarefa de trazer um ser vivo – saído do meu ventre – para dentro deste mundo. Nunca achei que estivesse à altura da tarefa. Em razão dessa minha pecha de "eterna adolescente", "capeta em forma de guri" (ou "Shame and Scandal in the Family", dependendo de qual versão do *hit* dos anos 1960 você preferir), só fui perceber a importância de amadurecer perto dos 40 anos. Minha mãe rogou-me uma praga numa dessas brigas ao raiar do sol: "Espero que você tenha uma filha igualzinha a você". Quanto mais sintéticas, mais certeiras as mães conseguem ser. Deve ser uma característica que vem com a placenta. A frase continua a penetrar o meu fígado feito estilete até hoje.

Nem sempre eu voltava. E muito menos inteira. Os tempos eram outros, por certo. A fiscalização era ínfima, não havia bafômetro, fumava-se até em berçário, não existiam campanhas de educação no trânsito e menores de idade compravam bebidas alcoólicas em qualquer estabelecimento que as vendesse.

Coloco em contexto porque, se fosse hoje, eu certamente teria de responder à Justiça. Lembrando, como já escrevi aqui, que a bebida não serve como atenuante perante a lei, e sim como agravante. Mas, nos anos 1970 e 1980, o perigo que beber e dirigir representavam era coisa secundária. Falo dos tempos em que ninguém nem sequer conhecia as estatísticas das mortes que o simples uso do cinto de segurança é capaz de evitar.

Além disso, havia uma moçada – tive vários amigos que morreram cedo demais em razão de imprudências parecidas – que se permitia agir assim porque tinha, como eu, as costas quentes, pais influentes que os livrariam de enfrentar as consequências de suas irresponsabilidades criminosas.

Se hoje é impensável beber e dirigir e, mais ainda, beber, dirigir e dar perda total em acidentes sequenciais, naquela época a questão era relevada como comportamento de "juventude transviada".

Num espaço de dez anos, consegui liquidar uma frota de Fiat 147. Meu pai lidava com automóveis, pilotava carros de corrida, vendia Alfa Romeos, Ferraris e Lamborghinis, e a paixão por velocidade que nos envolvia acabou servindo de subterfúgio para mim.

E eu sei que, assim como me chamo Barbara, meus excessos etílicos ao volante nada tinham a ver com tentativas de suicídio. Nadinha. É claro que meu beber estava relacionado ao desprezo por tudo, por todos, pela vida.

Mas, para mim, pilotar é prazer. Pode até ter a ver com morte no sentido estético de consumação da energia vital ou do erotismo que acaba culminando em "pequena morte", expressão que os franceses usam para definir o orgasmo. O campeão mundial Jackie Stewart descreve o ato de pilotar um F1 como se estivesse seduzindo uma mulher. Pensando bem, ninguém "pilota" em vias públicas, longe das competições. Para quem tinha gasolina no sangue como eu, pisar no acelerador era êxtase. E a bebida me conferia coragem de leoa.

Estatelei o primeiro carro que ganhei na esquina de uma das ruas mais movimentadas da zona sul de São Paulo. Passei chutada num sinal vermelho e cheguei a ver o outro carro vindo ao meu encontro, não freei porque achei que ia passar raspando, toda poderosa, mas calculei errado. Já viu bêbado fazendo cálculo? Pois é.

No momento do impacto, só vi rodopiar um carrossel de bombas de gasolina ao meu redor. Quando o carro estacionou, fumaça saindo do motor, me dei conta de que havia invadido um posto de gasolina. Por sorte, não acertei nada nem ninguém. Mas, assim que recobrei um mínimo de lucidez (nada como uma porrada de automóvel para curar um porre), virei para meu amigo Gino, que estava no banco do passageiro, e disse: "Tem uma garrafa de vodca debaixo do seu banco e um baseado no cinzeiro, dá um jeito nisso".

As pessoas do outro carro já tinham vindo tirar satisfação, não tive tempo para pensar. Só fiquei olhando para a avenida, vendo os carros e imaginando: onde será que está o Carlo? Só meu *bro* mais velho, *expert* na conversa de posto de gasolina, mecânica e borracharia (que o levaria a fundar a segunda experiência brasileira na F1, com a equipe Forti-Corse), cabelão loiro nórdico e impacto à primeira vista de estátua do Borba Gato, do alto de seu 1,95 m, poderia me tirar daquele enrosco.

Naquele tempo, eu não parava para questionar qualquer fenômeno além da compreensão. Se alguém me falasse sobre sincronicidade ou dissesse que todas as coisas estão interligadas e que existe causa e efeito em todas as manifestações do universo, eu provavelmente cairia na gargalhada. Não tinha nenhuma expectativa sobre o despertar da minha espiritualidade, nem a respeito da epifania que viria a me resgatar do vazio anos mais tarde.

Meu anjo da guarda àquela altura já devia estar com artrite ou debilitado da coluna, com vinte hérnias de disco causadas pelo meu peso insuportável, mas não. Ele esteve firme ao meu lado durante a minha via-crúcis, sem nunca me deixar na mão. E foi assim, com a ajuda do divino, que o Carlo se materializou. Não pergunte como nem por que, mas eu continuava olhando para a avenida e pensando em como sairia daquela encrenca, quando as forças do universo resolveram jogar no meu time. O barulho de uma freada brusca, pouco antes da esquina, fez com que eu me virasse. Um Opala preto vinha freneticamente ao meu encontro de marcha a ré. Carlo depois contou que estava indo de uma farra para outra, era a madrugada de uma sexta-feira. Ele nunca passava por aquela via. Estava meio que cochilando no banco traseiro do Opala, quando reconheceu meu Fiat azul empinado sobre uma bomba de gasolina feito o "cavallino rampante" da Ferrari. "Para, para! Aquele é o carro da minha irmã".

Nunca arranhei um carro estando sóbria; pode ser que tenha ralado, vá lá, um para-choque ou dois ao manobrar. Em compensação, estava totalmente chumbada em todas as perdas totais que causei. Meu histórico de destruição de automóveis compara-se ao de um "demolition derby" no meio-oeste americano, aquele evento que reúne cinco ou mais pilotos para deliberadamente chocarem seus veículos uns contra os outros. Vence o piloto que sobrar com o carro funcionando.

E, como a bebida havia me feito trancar o equilíbrio e a sensatez no fundo de um armário esquecido e jogado a chave fora, eu não parecia enxergar a extraordinária gravidade dos meus atos.

Foi só quando o peso da ressaca moral se tornou insuportável, lá pelo início dos anos 2000, que eu comecei a cair na real, ter crises de pânico, suores frios e vontade reiterada de pular pela janela quando lembrava que, na noite anterior, de novo, eu tinha dirigido bêbada. Levou mais de vinte anos para a ficha cair. Onde eu estava com a cabeça, meu Deus?

Até conhecer os 12 Passos do AA, vivi chafurdada na culpa. Sofri e me torturei a granel por minhas cagadas durante anos a fio. O ciclo vicioso de crime e castigo só foi rompido quando assumi minha parcela de responsabilidade na história e parei de beber de vez.

Na minha vivência dos 12 Passos, o processo de transformar culpa em responsabilidade não se deu de forma imediata. Não passei apenas uma vez pelo processo de admitir e relacionar as coisas erradas que fiz, para depois pedir desculpas às pessoas que magoei e, com isso, fazer as pazes com minha humanidade. Antes de a ficha cair, colecionei outras tantas experiências pouco abonadoras.

Certa vez, acabei na cama de um famoso fotógrafo que eu considerava, seriamente, o cara mais belo da face da Terra. Nem conseguia olhar direito para ele de tanto brilho que aquele anjo bendito emanava. O camarada parecia um mix de querubim de afresco renascentista e caubói da Marlboro, esplêndido, retumbante, longilíneo, delicado e rude, uma coisa assim agridoce, um Tadzio (de *Morte em Veneza*) maior de idade, uma coisa de louco. Pois eu fiquei tão extasiada de ter passado a noite com ele que, na volta para casa, estampei meu segundo Fiat 147 num poste da Avenida Brasil. Fui, empolgada, fazer a curva e *paf!*

Ao volante do terceiro Fiat 147, promovi a liquidação da Jotapetes. Dormi na direção e entrei com tudo na loja instalada numa esquina, liquidando vitrine, carpetes, capachos, tapetes, móveis e lustre.

Novamente, apelei ao meu irmão para me acudir. Dessa vez, como era de esperar, ele foi menos solícito. Assim que chegou à cena do crime, avisado pelo policial que atendeu a ocorrência, Carlo partiu pra cima de mim, arrancou a carteira de habilitação que eu estava rendendo ao guarda e a picou em mil pedacinhos. "O senhor que lide com ela, pra mim chega", esbravejou, batendo em retirada.

Coincidiu de meus pais estarem passando uma temporada na Suíça. Então Carlo, autoproclamado chefe da família, tomou a iniciativa de me expulsar de casa. Minha mãe não ficou muito contente com a decisão. "Melhor tê-la por perto do que aprontando no Capão Redondo" devia ser a lógica que ela empregava, mas acabou sendo desse jeito. Eu já estava bem grandinha e tão enterrada na minha dependência que era hora de deixar que eu fosse procurar a minha turma. Era cuidar do meu futuro e andar com minhas próprias pernas.

Fui buscar abrigo temporário na casa de Nádia, aquela paixão cujo sadismo era alma gêmea do meu masoquismo. Fiquei lá por um tempo, até que ela também se encheu da minha previsível imprevisibilidade e me jogou de volta na rua. Passei um tempo em um apart-hotel, um martírio para quem, como eu, adora ter o seu próprio canto cinco estrelas.

Só oito ou dez meses depois da trombada na Jotapetes é que eu fui morar sozinha. Num apartamentinho simples que arrumei "do lado errado da Avenida Rebouças", como dizia o querido Telmo Martino, só para estar perto da Nádia, que morava do lado certo. Eu andava mais perdida do que peido em bombacha.

Costumo contar como uma das bênçãos da minha vida o fato de meu pai ter perdido toda a fortuna que juntou. Se para ele foi o estopim do Alzheimer, para mim a concordata do Piero interrompeu uma vida vadia de filha caçula, mimada e riquinha, que passava a tarde no clube jogando golfe, bebendo e depois jogando dados. Se continuasse naquela toada, certamente teria ido embora cedo num acidente doméstico ou, mais provável, de carro, naquele tipo de colisão que acaba virando notícia do *Jornal Nacional*.

Bêbados, de fato, têm anjos da guarda generosos.

CAPÍTULO 20

VALE TUDO

Acho razoável tentar descrever a experiência da interrupção do uso do álcool usando as imagens mais dramáticas do meu arsenal de analogias marcantes.

Em algumas das minhas tentativas mais ineptas de parar de beber, cheguei a fazer promessa ajoelhada em prantos na igreja e até acendi velas que, enfileiradas, iriam da Praça da Sé até Aparecida, ida e volta, umas três vezes. Nos momentos mais tenebrosos, em que o mundo exterior e todo o resto do cosmos me cobravam uma mudança de atitude, o desespero muitas vezes me deixou a pé no meio do deserto do Atacama.

A cada novo episódio de bebedeira intercalado por pisadas na bola, acabava me embrenhando nas tentativas mais fúteis de interromper o consumo de alcoólicos, como se parar de beber não fosse se dar por método testado empiricamente, mas por um milagre.

Foram tantas as vezes em que teci juramentos sinceros de que ia parar – para pai e mãe, irmã, namorada e até para o cachorro da família, que também tentava me evitar quando eu voltava para casa torta – que me sobrou quase nenhuma compostura.

Todas, acredite, foram tentativas finas, elegantes e sinceras, com intenção de me ver livre do meu calvário.

Mas, passada uma ou duas ou três semanas, eu acabava voltando à farra – que a certa altura não era mais divertimento coisa nenhuma, só um jeito de me entorpecer e dar no pé do acúmulo de consequências nefastas que meu comportamento errático vinha gerando. E que todos ao meu redor percebiam e passaram a confundir com a Barbara sóbria, uma criatura muito diferente daquela bruxa falastrona que eu me tornara.

Houve uma época em que eu teria feito qualquer pacto faustiano com o chifrudo para dar um jeito no meu problema.

Pouco tempo antes de minha primeira internação na clínica de reabilitação Maria Teresa, cheguei a pagar uma fortuna para ser submetida a um ritual de purificação que me foi apresentado como sendo um "ebó", mas desconfio que não tinha quase nada a ver com o candomblé. E tudo a ver com picaretagem do tipo mais rasteiro.

De antemão, mandaram que eu fizesse um depósito exorbitante em uma conta de banco com o propósito, segundo me explicaram, de comprar mantimentos que seriam doados às entidades que me ajudariam lá do éter a promover uma faxina no espírito.

Cheguei ao local em que seria realizada a cerimônia (exorcismo?) e logo percebi que tinha me metido numa roubada. Alguém já viu um terreiro localizado numa quitinete no oitavo andar de um edifício do Largo do Arouche, no Centro de São Paulo? Pois é, eu também não. Eu só não sabia que estava prestes a viver uma das experiências mais equivocadas da vida.

Me fizeram entrar numa salinha e mandaram que eu ficasse de calcinha e sutiã. Estranhei um pouco. Mas, vá lá, entidades do além podem ser excêntricas. Ou taradas, que sei eu?

Vendaram-me os olhos. Epa, opa... Sinal amarelo piscando. A coisa transcorria sob clima cerimonioso, imaginei que os deuses ou orixás, ou caboclos ou quem sabe o Zé Arigó e o doutor Fritz estivessem contentes, mas vendar-me os olhos? Ninguém tinha me contado sobre essa parte.

Em seguida, alguém começou a esfregar o que suponho tenha sido uma erva, de odor repulsivo, sobre toda a superfície do meu corpo, que à época, juro, tinha proporções continentais.

Amarraram longos pedaços de palha trançada em cada um dos meus braços e, para completar o "look Xingu", esfregaram urucum, com o qual tive de conviver por dias, sem sair de casa, no meu rosto, nos braços e nas pernas.

A esbórnia seguia em um crescendo e, de uma hora para a outra, comecei a sentir o que achava serem várias mãos, femininas e masculinas, àquela altura não sabia mais o que deduzir, esfregando pipoca nas minhas pernas, nádegas, costas e peito, como se eu estivesse sendo submetida a uma sessão esfoliante num *spa*. E, para finalizar a lambança com o maior impacto possível, eu pude ouvir quando encaminharam um bode para dentro do recinto, que berrava e se agitava. De repente, silêncio, nada mais de bode na sala ou, quiçá, no plano terreno. Apenas um líquido quente escorrendo pelos meus pés.

Só não saquei a venda e saí em direção ao telefone mais próximo com o propósito de convocar a Saúde Pública, a Zoonose ou a Sociedade Protetora dos Animais para autuar os filisteus curandeiros porque minha humilhação, naquele momento – uma cretina de cabresto, calcinha e sutiã, toda emporcalhada de substâncias orgânicas tal qual um suíno no seu chiqueirinho –, era bem mais intensa do que minha paixão pela causa da dignidade da vida animal.

Depois dessa experiência, eu não bebi, certamente induzida pelo medo de sofrer represálias de criaturas do além, por três longos meses. Mas, assim que as lembranças vis daquele dia começaram a se esvair, lá fui eu, saudosa, para a padaria da esquina promover o reencontro com os orixás que escolhem rabo de galo.

Até a próxima tentativa de parar.

Algumas vezes eu consegui domar na ponta da lança o dragão da compulsão por mais tempo. Mas essas eu conto nos dedos da mão.

* * *

As primeiras 72 horas sem nenhum vestígio de álcool no organismo, algo que produz efeitos físicos e fisiológicos dos mais variados e desagradáveis, estão entre as piores de uma vida cheia de momentos medonhos, a grande maioria deles causados exclusivamente por esta digníssima que vos fala.

O leitor do sexo masculino está impossibilitado de experimentar a sensação de uma crise aguda de menopausa. Para o resto de nós, o meu testemunho fará bem mais sentido.

A interrupção repentina do consumo compulsivo de álcool já me deixou sentindo como se estivesse vivendo o auge de uma crise de amenorreia avassaladora e incessante, que viesse intercalada por calafrios e elevações da temperatura corporal tão extremas que seriam capazes de inferir que a cabeça iria ferver e explodir a qualquer momento.

Essa montanha-russa de pavorosos delírios febris costuma vir acompanhada por tonturas, náuseas, tremores e ataques de sudorese de molhar um armário cheio de camisolas. Pior, elas sempre vêm de mãos dadas com uma sorte de culpa tamanho triplo G. Eu tinha absoluta certeza de que aquele inferno todo havia sido causado por mim, da forma mais desprezível, como se eu tivesse dessacralizado a vida que me foi concedida com amor e que eu deveria ter tratado como bem supremo. Sentia que estava a dois passos de morrer de forma vergonhosa, de modo a emporcalhar o nome da família até o fim dos dias, sem qualquer possibilidade de redenção, e pronto, acabou.

E, ainda por cima, sem ter ninguém com quem trocar uma ideia para entender melhor o que estava acontecendo e quais as calamidades que estariam por vir. Fui eu – e eu sozinha – que fabriquei essa situação toda, fiz todo mundo sofrer, a mãe perder o brilho nos olhos, os amigos me tratarem como *persona non grata*.

É como se tudo isso estivesse transcorrendo dentro de um cenário sinistro idealizado por Hieronymus Bosch, pintor do século XVI, com roteiro de autoria do mestre do terror Stephen King e direção do cineasta David Cronenberg.

Sentiu?

Nem a noite de sono era capaz de trazer alívio. Os sonhos pareciam delírio causado por absinto, povoados por ratos de esgoto e outros monstrengos imundos e assustadores. Isso seguia por dias a fio.

Antes de me internar na clínica de *rehab*, eu achava que esse inferno era uma experiência só minha.

É o tipo de assunto que você reluta em compartilhar com quem quer que seja, inclusive porque as pessoas com quem você teria abertura para falar, em sua maioria, já estão muito putas e poderiam ficar ainda mais preocupadas.

Fora a vergonha. Que volta imediatamente cada vez que você desperta do sono ou de um cochilo. E ressurge com intensidade brutal para quem já está tão fragilizado.

No ambiente controlado da clínica de reabilitação, descobri que havia coisa pior do que esses pesadelos a que estava acostumada: uma insônia que durou precisamente uma semana inteirinha. Note que fui eu que insisti em me internar, a contragosto da família, que achava que eu não

A SAIDEIRA   129

era alcoólatra coisa nenhuma, e sim algum tipo de mau-caráter. Vivi ali a experiência de um pânico que temia que se tornasse crônico.

Um sentimento de acerto de contas com a esfera que se sobrepõe a nós, que também atende pela alcunha de Deus, parecia me perseguir dia e noite. E eu adquiri a percepção de que iria para o enxofre do inferno a qualquer momento. Tinha a sensação de que o parar de beber de forma abrupta poderia estar me matando. Que não iria conseguir me safar de ter machucado meu corpo, meu coração, meu pâncreas, meu fígado, meu esôfago, minha bexiga, meu espírito e minha memória por tanto tempo, de forma tão intensa.

Sentia que estava me afogando sem qualquer substância líquida à minha volta.

Pela graça da redenção do cosmos, também conhecida como perdão divino, eu parei de beber por longos períodos depois das duas primeiras internações. E, indefinidamente, espero, na derradeira internação, na clínica Vila Serena, em 1º de março de 2007.

Mesmo depois que você faz a importante transição da abstinência (quando já não bebe, mas ainda sente falta da bebida no organismo) para a sobriedade (quando você não bebe mais, não sente saudade nenhuma da bebida e está sempre reavivando a memória para relembrar os motivos pelos quais parou de beber), há incômodo extra quando você decide parar.

Lembro de um Carnaval no Rio, no desfile das escolas, quando ainda não havia sambódromo na Marquês de Sapucaí.

A fim de atender o público dos desfiles, a prefeitura do Rio instalava ao longo da avenida arquibancadas provisórias e uns camarotes bem capengas, nada a ver com as instalações do sambódromo de hoje ou com o celebrado camarote da Brahma. Os daquela época eram atendidos por banheiros que iam de fétidos, no começo da noite, para absolutamente indescritíveis, quando o desfile terminava, cerca de 14 horas depois. Naquele tempo, o desfile ia do fim da tarde de sábado até o meio-dia de domingo, não era dividido em duas noites como hoje em dia.

Cabiam, no máximo, doze pessoas em cada camarote. Mas não no do meu amigo Luiz Osvaldo Pastore, a quem considero da família – a gente briga feito cão e gato, sobre política, então, nem se fala – e a quem eu devo muito, especialmente nos meus anos de bebedeira, por ter me salvado de encrencas que poderiam ter terminado muito mal. Durante anos ele frequentou o Carnaval do Rio e sempre conseguia enfiar no mínimo umas vinte pessoas naquele espaço, entre as quais a absoluta maioria dos famosos e bacanas internacionais que vinham do exterior para ver o Carnaval.

Ficávamos todos de olho na bateria de qualquer escola que estivesse se apresentando, com especial atenção para a Padre Miguel, a mais ilustre de todas as baterias. Quando o corpo de percussionistas finalmente chegava e estacionava por um par de minutos diante do trecho em que os camarotes estavam perfilados, todo mundo sacava seu vidrinho de lança-perfume *made in Argentina* (mas provavelmente confeccionado na periferia de alguma grande cidade brasileira), molhava a manga ou a barra da camiseta e deixava rolar o zunido junto com o batuque promovido por coisa de 400 mãos vibrando sobre tambores, bumbos e surdos bem na sua frente. A sensação era divina, e a festa simplesmente se incendiava.

Até hoje o Luiz dá festas incríveis. Fartas, boa música, ambientes espetaculares, pessoas bacanas. Ele gosta de dar risada, é *bon-vivant*. Na casa dele eu conheci o Lenny Kravitz, o Raul Cortez, o Wim Wenders, o Franco Zeffirelli e muitos, muitos outros que minha memória sacana não guardou para que eu registrasse aqui.

Foi como convidada do camarote desse meu amigo que eu aprontei as piores arruaças. Não sei como ele me convida até hoje.

Era o começo dos anos 1980, época em que a Beija-Flor vivia o seu apogeu. Já tinham rolado umas oito horas de desfile, o sol começava a dar as caras e os banheiros dos camarotes já estavam pra lá de impraticáveis. Meu amigo Rodolfo Scarpa, querido e talentoso arquiteto falecido em 1987, percebeu um inchaço anormal no forro do teto do camarote. Rodolfo era gago, tão gago que, certa vez, minha empregada anotou um recado dizendo: "O senhor Rorrorrodolfo ligou".

Ele apontou para o revestimento de plástico do forro: "Ooooolha!". Bati o olho na bolha que estava inchando acima de nossas cabeças e, sem pensar duas vezes, ou melhor, sem pensar, saí correndo, peguei uma faca do bufê que estava à disposição dos convidados, pulei e, com um movimento ágil de braço, abri um talho de uns vinte centímetros no forro. Pra quê... As cataratas do Iguaçu, só que não de água, mas de merda, desabaram sobre os ocupantes do espaço VIP. A bolha no teto havia sido ocasionada pela ruptura do cano de um banheiro vizinho ao camarote, e eu desencadeara o apocalipse sobre todos os convidados do meu amigo. Estrangeiros, autoridades, boêmios e peruas, todos foram alvejados. Não sei se o pessoal se deu conta de quem foi que fez o quê. Só sei que nós demos no pé, e Rodolfo ficou mudo por uns dois dias.

O pessoal tende a amenizar o problema, acha que você está exagerando quando diz ser alcoólatra, porque, na cabeça deles, ser alcoólatra é acordar, pegar a garrafa debaixo da cama e beber o dia inteiro, feito aqueles coitados que andam por aí falando sozinhos e dormindo ao relento e que, por sinal, na maioria das vezes, são doentes mentais que bebem.

Uma parcela alarmante das pessoas com quem convivo, não apenas socialmente, note, emite sinais que posso identificar como sendo falta de limite para a bebida ou processo do metabolismo a caminho da dependência.

E as pessoas que percebo estarem nessa categoria são as que mais ficam raivosas quando eu digo que parei de beber, e que não vou nem quero tomar um gole sequer de qualquer coisa que contenha álcool.

CAPÍTULO 21

HOMÚNCULO

Num período de pouco mais de dois anos, que se estendeu de junho de 1984 até o final de 1986, fui contratada e dispensada da Folha e depois recrutada novamente pelo jornal para assinar, no caderno Ilustrada, uma coluna chamada "Bares".

Em termos de excessos, a sucessão de eventos na minha vida profissional naquele intervalo traduz de maneira adequada o que vinha ocorrendo na minha vida pessoal.

Fui procurar o que fazer depois de ter sido ejetada da Folha devido à minha incompatibilidade com a confecção de colunas sociais e a lida diária com gente interesseira e ávida por poder (na minha versão) ou (na versão do resto do mundo) por ter publicado na coluna, como se fosse verdade, piada contada ao redor do bebedouro da redação por Boris Casoy.

Segundo Casoy, que era nosso secretário de redação, o governador paulista Franco Montoro, conhecido à época por se atrapalhar com nomes, havia chamado o então ministro Pimenta da Veiga de "Pimenta do Reino". Soube depois que houve o agravante de alguém do gabinete do Bandeirantes ter, com toda a razão, aliás, ligado para a Folha e pedido a minha cabeça aos berros.

O jornalista Luís Carta, que editava a revista *Vogue* no Brasil, devia estar ciente de todos esses acontecimentos, era um homem extremamente bem-informado.

Eu já tinha trabalhado para ele confeccionando textos bárbaros e extravagantes para a sua revista. Luís, jornalista e *bon-vivant* de estirpe, vinha a ser um dos três da Editora Três, junto com Fabrizio Fasano e Domingos Alzugaray.

Ele também era muito amigo dos meus pais e costumava jantar na nossa casa da Avenida República do Líbano com certa frequência. Achava a maior graça em mim e morria de rir quando eu inventava alguma desculpa esfarrapada por não ter entregado dentro do prazo algum texto prometido para a editora da revista, minha querida Celia Svevo.

A coisa era tão descontraída que por vezes minha mãe vinha puxar minha orelha: "O Luís Carta me ligou dizendo que você o deixou na mão de novo".

Hoje em dia, depois de ter trabalhado na Folha, no Estado de S. Paulo, na editora Abril e no UOL, não me passaria pela antessala da mente cometer esse pecado, que, no jornalismo, é considerado infração gravíssima. Especialmente no meu ramo, tempo é dinheiro. O jornal do dia que mais vende é sempre aquele que chega às bancas primeiro. Na Folha, houve um período em que esse tipo de mancada acabava indo parar no seu prontuário e poderia complicar a sua vida na hora de uma promoção ou na eventualidade de um aumento.

O meu pouco caso com o trabalho era encarado por Luís Carta como traço de irreverência, manifestação da inquietude, um bom sinal para quem almejava viver de escrever.

Apesar de minha deplorável folha corrida, ele fez questão de me arrumar emprego assim que fui defenestrada da Folha.

Numa conversa durante um daqueles épicos jantares oferecidos pela charmosa dona Lulla, percebi que ele estava querendo me domar e tentei me evadir dizendo:

– Fui alfabetizada em inglês, Luís, não sei escrever em português.

Ele respondeu com uma frase que para mim virou primeiro mandamento bíblico e que usei de apoio toda vez que senti vontade de me jogar pela janela depois de ver publicado algum texto meu que eu não considerasse à altura da publicação em que trabalhava:

– Mais importante do que saber escrever é saber pensar.

Menos de um mês depois de minha demissão "folheana", Luís me chamou para dizer que seu irmão, Mino Carta, jornalista de grande prestígio à época, fundador da *Veja* e do *Jornal da Tarde*, tinha ido tocar a revista *Senhor*, na Editora Três, e que eu deveria me apresentar na redação da revista *Status* na segunda-feira seguinte:

– O Domingos tem um novo projeto para a *Status*, você começa por lá e vai fazendo umas colaborações para o Mino na *Senhor*, vamos ver o que acontece...

Bem, aconteceu de tudo um pouco. Menos o avanço da minha carreira profissional.

Originalmente, a *Status*, nascida mais de uma década antes da minha chegada, era uma revista de sacanagem, naquele modelo clássico configurado por Hugh Hefner, estando mais para *Hustler* do que para *Playboy*.

No aspecto profissional, não era exatamente o convite dos sonhos. Não me recordo de ter produzido naquela redação nenhum grande marco jornalístico, mas eu também não estava lá com essa bola toda.

No *Réveillon* de 1985 para 1986, em Búzios, Rio de Janeiro, arrumei uma namorada por quem me apaixonei perdidamente. Nossa compatibilidade de neuroses transformou o que deveria ter sido um encontro breve num punhado de anos vividos dentro de um ringue de luta livre mexicana. O cupido me flechou quando a vi saindo do mar de *topless* depois de uma prática de nado *crawl*. Eu nunca tinha visto alguém nadar de *topless* e fiquei maravilhada com sua, digamos, "irreverência".

Aos poucos Nádia se revelou uma pessoa instável, possessiva e que encarava o meu trabalho como rival. Ela foi minando minha autoconfiança, e, quanto mais me rejeitava e depois me resgatava da beira do abismo, quanto mais me corneava, mentia e humilhava, mais eu achava impossível viver sem ela.

Comprei feito uma pata a ideia vendida por Nádia de que o trabalho interferia na existência de intensas paixões que ambas fantasiávamos. E fui descendo a ladeira.

Pela graça de Deus, esse foi o último relacionamento problemático da minha vida. Se tivesse tido outros, talvez nunca conseguisse atingir a sobriedade.

Eu tinha na época 27 anos e poucos recursos para lidar com uma encrenca da magnitude daquele relacionamento tão sofrido. Até então, meu histórico sentimental contava dois namorados adoráveis na adolescência, o Churchill e o Richard, além de minha primeira paixão feminina, a Nikki, pessoa das mais amenas. Mas eu já tinha tido um caso (toc, toc, toc) para esquecer com uma ex-namorada do Chiquinho Scarpa, que poderia ter servido de indicativo do que estava por vir.

Quando namorei o Richard, ainda não bebia com frequência, dava no máximo uma escorregada aqui e outra ali. Minha personalidade ebuliente e meus dezesseis anos da época não permitiam que aqueles deslizes disparassem o alarme vermelho do perigo iminente.

Depois de formado nos Estados Unidos, Richard fora trabalhar no exterior. Quando nos vimos de novo, duas décadas tinham se passado, ele havia se casado, sido pai de três filhos e virado vice-presidente de uma grande empresa farmacêutica.

Eu o convidei para vir à minha casa. Ele estendeu a mão para cumprimentar minha namorada dizendo: "Meus parabéns, você ganhou na loteria". Como se eu ainda fosse aquela menina intocada que ele conheceu em 1973 e não a mercadoria prejudicada em que tinha me transformado no período em que não tivemos contato.

A maneira como saí da *Status* é um reflexo do tempo desperdiçado naquela redação. A revista tinha um *publisher* jovem, sujeito culto e de talento, mas não tinha temperamento para conduzir uma equipe.

Um dia, Fernando Paiva, colega de quem mais tarde tornei-me madrinha de casamento, chegou para mim e disse que toda a redação tinha recebido aumento. Tomei a notícia como uma descarga de 220 na moleira. Eu não tinha sido contemplada com nenhum abono de salário, que história era aquela? Fui reclamar com o tal editor, a quem encontrei reclinado na cadeira, com as pernas cruzadas sobre a mesa, fumando um charuto. A posição remetia a um clássico dos filmes *noir* dos anos 1940.

Perguntei por que fora a única excluída do aumento e ele respondeu, sem um pingo de remorso: "Você é rica, não precisa de aumento".

Entre a frase terminar de sair da boca do chefe e o início do esboço de seu sorriso cínico de Monalisa entupida de Valium, virei-me com toda a tranquilidade e fui muda esvaziar as minhas gavetas. Sem manifestar nenhum tipo de emoção, me despedi como em qualquer outro dia da semana e nunca mais coloquei os pés no prédio da Editora Três. Não voltei nem mesmo para assinar minha rescisão.

A SAIDEIRA   137

Minha saída daquele emprego foi a conclusão natural para uma relação de desgaste mútuo entre empregado e empregador. Não fosse o fato de que na redação da *Status* eu fiz excelentes amigos, até hoje muito próximos, diria que minha passagem por lá se resumiu a ar quente. Apenas fumaça que se dissipa no ar, mesmo tendo sido naquele trabalho que conheci uma de minhas pessoas preferidas no planeta Terra, a melhor diretora de arte do país, Maria Cecília Marra, que me concedeu a graça de executar a direção de arte da primeira edição deste livro.

E foi lá que aprendi outra coisa importante: a conviver com Mino Carta. E ele comigo. Nossa relação terminou como terminam todas as relações pessoais e profissionais de Mino Carta: em atrito. Muitos anos depois, um belo dia, do nada, para atingir meu empregador, Otavio Frias Filho, com quem já tinha implicado em ocasiões anteriores, Mino resolveu usar o espaço da sua revista, a *Carta Capital*, para me atacar pessoal e gratuitamente. Chamou-me de pau-mandado do patrão, como se não conhecesse meu caráter com alguma intimidade. Além de ser amigo da família e um mentor afetuoso a quem eu muito admirava, nós formáramos o que eu considerava uma amizade, chegando a passar fins de semana com a mulher dele, a filha, Manuela, e nossos amigos jornalistas, a Ciça, o Fernando e o Nirlando Beirão; estávamos sempre juntos.

Certa vez, ficamos hospedados na casa de um amigo de Mino em Campos do Jordão, e nunca esqueço que o camarada tinha dois Van Dyck pendurados na sala e um piano Steinway programado para reproduzir o toque do Count Basie. Numa época em que ainda não existiam telefones celulares ou computadores pessoais, aquela joia de piano tinha um programa que reproduzia o contato das mãos do grande maestro com as teclas, e elas subiam e desciam como se conduzidas por um pianista invisível.

No balanço geral, posso dizer que aprendi muitas lições com Mino Carta, ele é dos melhores professores com quem alguém pode conviver dentro de uma redação. Divertidíssimo, inclusive. Quantas vezes eu não cruzei o corredor da porta da redação da *Status* para a entrada da redação da *Senhor* e não flagrei o Mino de pé sobre a mesa ameaçando atirar de lá de cima uma máquina de escrever, apenas com o propósito de arejar os miolos? Mino é italiano, esquentado e mede menos de 1,70 m. Se ele resolvesse jogar uma máquina de escrever estando em pé no chão, não causaria mais do que um pequeno ruído e um leve arranhão no objeto.

Do jeito que ele aventava sua ira, nós todos nos sentíamos no palco do La Scala em meio à execução da *Aida*, de Verdi.

Além de se gabar de ser um tenista de primeira linha e alegar já ter vencido uma partida contra o romeno Ion Tiriac, jogador combativo do circuito WCT dos anos 1970, Mino também se considera páreo para Francis Bacon, a quem emula como pintor, tendo **várias** *vernissages* no currículo. E, ainda por cima, o danado cozinha bem, o que lhe confere o direito autoproclamado de se comparar aos melhores *chefs* do mundo.

Nos meus anos de convivência com Mino, era comum que ele inventasse de cozinhar e chamasse o pessoal da *Senhor* para compartir de suas santas ceias.

Numa noite dessas de sábado, fui convidada para jantar na casa do Mino e da Angélica, sua segunda mulher, que faleceu alguns anos depois, na companhia de Luiz Gonzaga Belluzzo e de mais algum Bresser ou Bracher, um desses figurões respeitabilíssimos da economia, que minha memória me impede de situar para conferir uma menção à altura.

O vinho na casa do Mino era sempre de primeira e servido com generosidade. E eu, que naquela época vivia com sede como quem tivesse recém-chegado desidratada do deserto do Saara, demorei pouco além dos aperitivos para ficar completamente pra lá de Bagdá.

Antes mesmo do jantar, eu fui ao lavabo jogar uma água fria no rosto, minha cabeça já estava girando e achei que não ia dar conta de segurar a onda na frente de convidados tão ilustres. No banheiro que era usado pelas visitas, havia uma banheira coberta por um tampo de madeira bem rija, com pilhas de revistas, vasinhos e ornamentos arranjados em cima.

Acomodei no chão os objetos empilhados, liberei a banheira e me deitei por alguns minutos, até recobrar a forma para voltar ao jantar.

Pois, tal e qual um Rip van Winkle, aquele personagem dos contos infantis que bebeu com duendes e dormiu na floresta para acordar vinte anos mais tarde, eu fui despertada com um chacoalhão.

Duas horas haviam se passado. Belluzzo, Mino e Angélica, preocupadíssimos com meu estado, tinham levado um tempão para arrombar a porta, depois de tentar sem sucesso algum tipo de comunicação comigo.

Pareciam desesperados. Eles me tiraram de lá, me ofereceram um café. O jantar já tinha acabado fazia um tempão.

Naquela noite eu tinha chegado à casa de Mino e Angélica na maior fossa. Para variar, Nádia me dera um pé no traseiro, ela fazia comigo um jogo perverso de nunca me dar nada além daquilo que eu pudesse interpretar como sendo uma entrega de sua parte. Vivia das suas migalhas, eternamente miserável, uma idiota à deriva, refém de seus humores e daqueles produzidos pela minha ingestão de álcool em excesso.

Ao mesmo tempo, por mais que a tristeza da minha vida sentimental teimasse em transbordar e causar estrago em outras áreas distintas da minha vida, eu sabia que não tinha o direito de culpar a Nádia pela situação.

It takes two to tango, ou seja, são necessárias duas pessoas para dançar de rosto colado. Àquela altura dos acontecimentos, eu já estava ciente do meu *handicap* em relação ao álcool e plenamente consciente de que não podia beber.

Se continuava insistindo, a responsabilidade era somente minha.

Esse episódio na casa do Mino foi um vexame silencioso. Houve outros bem mais barulhentos. Se eu bebo, acaba toda a censura minimamente necessária para o convívio social.

Eu era de falar as piores coisas. Ainda falo muita coisa que não deveria, simplesmente porque me dou à liberdade luxuosa de não me enxergar de rabo preso a nenhuma causa que não considere legítima.

Com o passar do tempo, consegui me dar conta de que minha honestidade beira o patológico, que meu superego precisa se aprumar e não apenas produzir um tipo de culpa paralisante, que me impede de melhorar, de evoluir.

Claro que continuo sendo adepta da verdade, não sei ser diferente. Acho inclusive que uma das poucas coisas positivas que o alcoolismo me trouxe foi, de certa forma, uma licença para falar o que ninguém ousaria, mas que precisa ser dito.

Este livro precisou existir, não é possível que ninguém no país tenha coragem de falar sobre seus problemas com o álcool, comuns a tantas e tantas pessoas necessitando de ajuda.

Mesmo porque não tenho nem talento nem memória para mentir.

Então eu simplesmente não minto e acho isso muito refrescante. Vou dormir mais livre e feliz comigo mesma.

CAPÍTULO 22

"TB"

Desde quando ele fazia o papel do mordomo Gordon, no formidável humorístico *Família Trapo*, da TV Record, admirava profundamente o Jô Soares.

Conheci o Gordo ainda menina de tudo. Jô sempre fora fissurado por máquinas, fossem carros luxuosos ou motos como aquelas das quais tombou algumas vezes, causando séria redução no movimento articular de seus braços.

Jô comprou vários carros do meu pai ao longo daquele período do governo militar, em que nós imaginávamos que o bolo ia crescer a ponto de todos os brasileiros poderem desfrutar de um pedaço só seu.

Aliás, não só Jô, obviamente. Não querendo interromper, mas já interrompendo a leitura, era incrível o ritmo de vendas da Jolly Automóveis. A loja vendia mais automóveis da marca do "cavallino rampante" do que a principal revenda de Milão.

Caso corriqueiro era entrar gente para comprar de uma vez dois ou três carros. Teve um fazendeiro que encomendou três Ferraris Dino: uma para si, outra para o filho e mais uma para o sobrinho.

Meu pai perguntou onde ele pretendia andar com os automóveis, posto que o cliente morava em uma fazenda, e o camarada respondeu: "Não tem problema, minha propriedade é toda asfaltada".

Muitos anos depois, quando Jô saiu dos humorísticos da Globo para fazer seu programa de entrevistas no SBT, assim como todo mundo mais as torcidas do Flamengo e do Corinthians, eu me tornei parte empolgada de sua audiência de fim de noite.

E um dia chegou a minha vez de ser entrevistada pelo Gordo. Eu já era bem grandinha, por volta dos 30 anos, e nós já tínhamos ultrapassado meu tempo de admiradora a distância para virar amigos. Fiquei radiante com o convite, porque, entre outras alegrias, tinha a garantia de que estaria em boas mãos, que o Jô seria um *gentleman* comigo.

Existia um ritual no *Jô Soares Onze e Meia*, nome do programa, para quem não se lembra. Logo depois de confirmar sua participação, o convidado recebia um telefonema e era submetido a uma pré-entrevista, feita por um redator/jornalista, que depois seria transformada nas perguntas que constavam das fichas que o Jô usaria para se orientar durante a conversa.

Uma mocinha muito simpática me ligou, conversou comigo por um bom tempo, quis saber de mim e do que eu gostaria de falar, perguntou um monte de coisas amenas, e assim ficamos.

No dia marcado, coloquei minha melhor roupa, uma calça Armani cor de laranja, um colete Kenzo de veludo florido, uma camisa branca da agnès b. e uma sapatilha italiana corretíssima que o Jô elogiou no ar dizendo que era o sapato mais bonito que ele havia visto naquele palco. Italiano costuma ser bom de sapato.

Mesmo sabendo que o Jô gostava de mim e que a conversa iria transcorrer de forma confortável, eu tinha chegado aos estúdios do SBT num estado de nervos que inspirava cuidados. Etílicos. Achava eu, muito da espertinha, que assim amenizaria a ansiedade de estar naquele sofá tão concorrido. Levei comigo uma garrafinha de uísque, daquelas curvas, de metal, feitas especialmente para se ajustar ao bolso de trás do jeans do caubói. Provavelmente para que possa esfriar a moleira depois de um contato inesperado com uma cascavel, ou quando é forçado a combater bandidos de diligência e outras emoções comparáveis. Hoje sei que essas garrafinhas servem a muitos propósitos e que um dos piores usos que alguém pode fazer delas é esvaziar todo o seu conteúdo de álcool destilado na goela antes de entrar no ar ao vivo na TV aberta.

A entrevista caminhou num ritmo bombástico do boa-noite em diante, até que o Jô, inesperadamente, perguntou-me se eu ainda tinha mania de escrever "TB" no verso das folhas de cheque. A pergunta me pegou de surpresa, ninguém tinha me avisado que entraríamos em águas tão territoriais. Mas, anos antes dessa entrevista, o Jô, cavalheiro que é, tinha me visto cambaleando numa festa e feito questão de me levar até em casa. No caminho, eu contei a ele que meus cheques estavam sendo recusados pelo banco porque o caixa não reconhecia minha assinatura. De fato, beber costuma alterar não só a articulação da língua e das pernas como também a caligrafia, e eu estava tendo problemas com os cheques que asssinava depois de certa hora da noite.

Relatei ao Jô que um amigo tinha me sugerido uma ideia genial, que eu havia adotado para resolver o problema.

Combinei com o gerente do meu banco, o Mário, que, quando estivesse meio alta, iria escrever atrás do cheque a seguinte sigla: TB (tô bêbada).

Como é que o Jô tinha se lembrado daquela conversa de tantos anos atrás, sendo que ele também estava meio "alegrinho" naquela noite?

Na hora de responder, não tive piedade do Gordo: "Além de porte de elefante, você tem memória de elefante!".

Daí pra frente, a conversa enveredou para o humor mais debochado possível (por anos as pessoas me paravam no supermercado para comentar), até que, uma dada hora, minha boca secou tão completamente (pois é, eu também tinha arrematado um ansiolítico junto com aquela uiscarada toda) que eu não conseguia mais falar.

Peguei a caneca do Jô da mesa e dei uma talagada do que imaginava ser água. Não era. Quando terminei de beber, exclamei: "Aaah, quer dizer então que é isso que o Jô bebe no programa!?". Eu reconheci porque também era cliente. Mas antes que eu pudesse revelar o conteúdo de sua famigerada caneca, Jô tapou minha boca e chamou os comerciais.

Muito tempo depois, ele me disse que aquele fora um dos melhores encerramentos de entrevista que o programa já teve.

E confirmou o que hoje sei que é praxe na TV aberta: que eu não poderia ter escancarado qual era o líquido contido na caneca porque não se mencionam marcas comerciais sem autorização do departamento comercial.

Só que aqui a gente pode contar sem prejuízo pra ninguém, né, não? Pois então. Durante todos aqueles anos, o Jô refrescou os lábios com Coca-Cola light.

CAPÍTULO 23

"MR. MAY"

C om ele eu assisti à chegada do homem à Lua, e foi ele, orgulho-me de dizer, que me ensinou tudo de mais malfeito que um ser humano pode aprender com exemplo que vem de cima.

Luis Carlos Street era o pai do Churchill, por quem eu tinha paixão. E da Cicila, amiga e irmã camarada. E marido da May, a melhor "sogra" que uma adolescente poderia desejar.

Gigante pela própria natureza com seus quase 2 metros, ele se impunha com seu vozeirão de sirene de navio dois quarteirões antes de chegar a qualquer parte.

Quando eu era menina – e sua vizinha da Rua Colatino Marques, no Jardim Paulista –, era o Luis Carlos quem me dava bronca quando eu tacava ovo na parede da casa dele, depois de alguma discussão com seu filho, que, note, vinha a ser meu namoradinho de infância.

Minha mãe odiava o Luis Carlos. E adorava a May. Assim como a Lulla, May era uma das mulheres mais deslumbrantes e desejadas da cidade, sempre a frequentar listas das "dez mais" e disso e daquilo que espocavam nas publicações de estilo daqueles tempos em que a palavra *glamour* ainda significava alguma coisa e se pronunciava em inglês.

Só muitos anos depois vim a saber que o Luis Carlos cantava minha mãe sistematicamente, daí o desprezo dela.

Há de se dar um desconto generoso ao meu querido amigo. O camarada era um farrista, das pessoas mais engraçadas de que se tem notícia desde a era pré-diluviana, tão "hilariabundo" que entra na seleta lista daqueles que influenciaram meu notável e mundialmente famoso senso de humor (*hashtag* ironia), junto com o grupo Monty Python, Mel Brooks, Hergé, os Muppets, P. G. Wodehouse, os irmãos Marx, Ronald Golias e Didi Mocó Sonrisal Colesterol Novalgino Mufumbo.

Dono de um desdém escandaloso diante das normas sociais, ele era inimigo mortal da hipocrisia, rei da pegadinha, um indivíduo capaz de ir ao enterro da tia da mulher dele e desenhar um vistoso bigode de Dalí no retrato da falecida que estava próximo ao caixão – sem que ninguém se desse conta.

Eu era fascinada pelo Luis Carlos, por sua espirituosidade que misturava o humor inglês, de sua origem, ao sangue latino espalhafatoso, da minha. Para além do temperamento, tínhamos em comum o escracho. Bastava notar que havia uma plateia atenta que a gente começava a rajada de disparates.

As inúmeras afinidades, a proximidade geográfica mais um afeto desinibido (seu filho morreu muito jovem, e eu sei que a minha presença o reconfortava, amenizava a saudade) nos aproximavam. Eu me sentia sua filha, e ele me dispensava um carinho que proporcionava alento a quem sempre estava atrás do apoio de uma figura paterna. Os Street sempre foram minha segunda família.

Disfuncional por disfuncional, preferia estar em um meio que me acolheu desde sempre sem fazer nenhum julgamento, do que na minha casa, cheia das formalidades piemontesas e das neuroses da Segunda Guerra, que não pareciam me dizer respeito.

Não fosse o cuidado que meus adoráveis vizinhos tiveram comigo, talvez eu tivesse me metido em encrencas ainda mais cabeludas.

Com eles vivi lances memoráveis. Um dia o Churchill manifestou o desejo de aprender a tocar violão, e o Luis Carlos imediatamente ligou para o Antônio Carlos – ou terá sido o Jocafi? Enfim, ele falou com um dos membros da dupla que naquele ano liderava as paradas de sucesso com "Você abusou", e pediu a indicação de um professor.

Não sei bem como a coisa se deu, mas me vi indo toda semana com o Churchill tomar aula de violão com o Tom Zé. Juro por Deus. O Tom Zé.

O estilo do Luis Carlos sempre foi superlativo, pras cabeças. Era do tipo que se tomava por um humor qualquer e decidia, de um dia para o outro, ir passar seis meses no Waldorf Astoria, em Nova York.

A SAIDEIRA   147

Não que o dinheiro estivesse sobrando. Naquele tempo, o pessoal tinha mesmo esse tipo de desprendimento, sabe? "Depois a gente resolve", estilo Jorginho Guinle.

Não à toa, muitas décadas mais tarde, um dia atendi o telefone de sua casa e, do outro lado, um sujeito me perguntou se podia falar com o "senhor May".

"Como assim?", perguntei, antes de me certificar: "Com quem o senhor deseja falar?". Lá do quarto, o Luis Carlos gritou: "É pra mim, é pra mim, não desliga".

Experiente na arte de sobreviver aos percalços da vida com criatividade e garbo particulares, ao se encontrar com escasso crédito na praça, Luis Carlos resolveu buscar empréstimo no banco usando o CPF da mulher e se fazendo passar por ela, na maior cara dura.

May nunca levou muito a sério as traquinagens dele. Na maioria das vezes, ela ria tanto quanto a gente.

Mas então o Churchill morreu, foi embora jovem demais, aos 36 anos, em consequência de uma diabetes que o fizera sofrer desde os 11 anos. O coração da May e do Luis Carlos se partiu por completo. Nunca mais eles foram os mesmos.

Quando a tragédia se deu, a relação dos dois ficou abalada – nada mais natural –, e o Luis Carlos resolveu dar um tempo e ir morar longe da May.

Um dia, estou eu em casa trabalhando e o porteiro me liga pelo interfone anunciando que tinha uma pessoa que queria falar comigo:

"Alô, italiana! Luis Carlos falando, estou me mudando para o seu prédio".

Procurando apartamento para alugar, ele entrou no *hall* do edifício Sônia (também conhecido pela minha patota como "edifício Insônia"), viu sobre a mesa do porteiro uma correspondência endereçada a mim e decidiu ali mesmo que seria meu vizinho novamente.

Lá na imensidão das estrelas, o Churchill deve ter dado uma gargalhada.

E não é que "Mr. May" foi ocupar justamente o imóvel do andar abaixo ao meu?

Passamos a viver em sistema de república, um sobe e desce dos infernos. Desce na hora da novela, sobe pra fumar um "basulo tostex"; desce para degustar a famosíssima, por mim batizada, *soupe de merde*, uma mistura macabra que o Luis Carlos perpetrava com tudo que encontrava na despensa, mais uma pitada de *curry*, galões de creme de leite e a indispensável garrafa inteira de vodca Smirnoff que ele dava um jeito de incluir em todas as suas receitas caseiras, inclusive nas sobremesas. Minha namorada e eu éramos obrigadas a comer aquela repugnância com colher de prata nas louças finíssimas dos finados antepassados de seu milionário avô, Jorge Street, a quem Luis Carlos evocava como se estivesse falando do almirante Nelson ou de Charles Darwin.

Meu quarto dava para a piscina do prédio vizinho, e, nos fins de semana, era o momento do "balança, mas não cai" que nós promovíamos no edifício Sônia. Eu ia dormir quando já era praticamente dia – sabe aquele inferno de passarinho cantando e você sem conseguir pegar no sono? Pois então.

E, não sei por que cargas d'água, o zelador do tal prédio com piscina tomou uma decisão catastrófica. Definiu as manhãs de sábado como sendo a melhor hora para limpar a beirada da piscina com um aparelho de pressão capaz de incomodar até as focas que procriam no Estreito de Drake.

Com meu pavio curto de bebedora compulsiva e a tolerância de um potro indomado, chegou um dia que aquilo me deu de tal forma nos nervos que catei os doze ovos que estavam na prateleira da porta da geladeira e arremessei um por um na direção da piscina.

Possuo um histórico de arremessadora de ovos, a Galinha Pintadinha que me perdoe pelo desperdício, mas minha vocação sempre foi conhecida, especialmente pelo cão pastor que latia para mim quando eu passava distraída pela calçada e me fazia cair de susto da bicicleta.

A síndica do prédio atingido não entendia a natureza do meu protesto. Ela não relacionava o barulho causado pela máquina de pressão com a violência que vinha sendo cometida contra seu condomínio.

Por acaso, eu a conhecia desde meu tempo de menina, seu irmão havia sido namorado da minha irmã.

Se você está estranhando o grau de coincidências, só tenho a dizer que é assim que se dão as relações sociais entre os habitantes de uma São Paulo que se resume ao famoso "quadrilátero dos Jardins". Na minha crença, todo mundo que vive nesse espaço ínfimo está sob o efeito da teoria dos "seis graus de separação", que professa serem necessários, no máximo, seis laços de amizade para que duas pessoas quaisquer estejam interligadas.

A SAIDEIRA   149

Fato é que a síndica e eu nos encontramos em um restaurante muitos anos depois dos ataques e resolvi lhe contar sobre os ovos. Ela começou a rir:

– Pela angulação, eu sabia que o bombardeio vinha do seu prédio. E meus principais suspeitos sempre foram você e o Luis Carlos.

Aqui se faz, aqui se paga.

Se nesse episódio dos ovos Luis Carlos foi incriminado injustamente, houve uma ocasião em que ele me ferrou de verde e amarelo. Foi um acontecimento que me tirou o sono por vários meses.

O único porteiro com quem eu não me dava destratou um convidado meu por algum motivo irrelevante. Barrado no baile, meu amigo me ligou da calçada e desci para ver o que estava acontecendo. Rolou um papo ríspido com o funcionário. Ele acabou abrindo o portão para o meu amigo e não se falou mais nisso.

O porteiro teve brevíssima passagem pelo prédio, acabou despedido por motivos que nada tinham a ver comigo. Ocorre que, alguns meses depois dessa altercação, me chega uma intimação da delegacia do bairro com acusações graves de racismo e agressão física.

Vai vendo.

Evidentemente, fiquei para lá de alarmada e resolvi pedir ajuda a um compadre e superamigo advogado, que trabalhava no mais prestigioso escritório de advocacia criminal do país.

Contei a ele o que havia ocorrido e ele achou por bem, entre outras medidas que iria tomar, escrever uma carta formal ao administrador do condomínio para informar o que estava se passando.

Meu amigo baixou na minha casa com o elegante papel timbrado do escritório e nos pusemos a escrever.

A situação pedia rigor, não só pela injustiça como pela gravidade das acusações.

Note que todo esse meu drama já era de conhecimento do Luis Carlos, que na época ocupara, simbolicamente, um lugar ainda mais preponderante na minha vida, posto que meu pai estava sofrendo os primeiros sintomas do Alzheimer, que o abateu sem misericórdia.

Meu amigo advogado e eu íamos começar a confeccionar a importante peça da minha defesa, quando me dei conta de que não sabia o nome do administrador. Lembrava apenas que ele se chamava Romeu. Romeu de quê, eu não tinha ideia.

Liguei para o Luis Carlos, contei que estávamos escrevendo a carta e perguntei qual era o nome completo do Romeu administrador.

Ele respondeu sem pestanejar, e eu transmiti a informação ao meu amigo: "Escreve aí: H. Romeu Pinto".

Assim foi feito, e nós confeccionamos uma peça juridicamente impecável, digna de Rui Barbosa e carregada de termos técnicos que só os juristas sabem usar.

Encerramos a carta com os contatos do meu amigo, que se colocava inteiramente à disposição para quaisquer esclarecimentos, imprimimos naquele precioso papiro timbrado de letras esmaltadas em relevo e encaminhamos o envelope.

Vários dias se passaram sem notícias do sr. Romeu. Eu lia e relia a carta, para ver se tinha sido clara nos meus argumentos, e, cada vez que confirmava a excelência daquele escrito, mais me admirava o silêncio do sr. Romeu. Que administrador era esse, meu Deus, que não entendia a dimensão do problema?

Muitas semanas depois, ainda muito preocupada, eu falava com minha mãe ao telefone, reclamando da omissão do sr. Romeu, e ela pediu que eu lesse a carta para ela.

Comecei a ler. Imediatamente minha mãe me interrompeu:

– Mas, Barbara...

Recomecei pedindo que ela deixasse os comentários para o fim. De novo, ela exclamou:

– Mas, Barbara...

Minha mãe sabia quão néscia eu podia ser.

– O nome do seu administrador é esse mesmo?

Foi só aí, lendo a carta pela terceira vez em voz alta, que a ficha caiu.

– Vou matar o Luis Carlos! – berrei, enquanto minha mãe convulsionava de rir do outro lado da linha.

Desliguei o telefone, desci as escadas pulando os degraus e fui bater na porta do inconsequente.

Ele abriu com a expressão *blasé* de um Alec Guinness. Já devia estar ouvindo meus gritos vindos lá de cima.

– Como é que você me faz uma coisa dessas, que agarra o meu pinto o quê?!

Ele riu.

– A culpa é sua de acreditar no que eu falo e de não conhecer uma piada velha como essa.

E bateu a porta na minha cara.

Até hoje não obtive resposta da administração do condomínio, e ainda bem que não dependi dessa carta para ser inocentada.

Meu amigo doutor acabou resolvendo o caso em dois tempos, ao perceber que havia um espaço de quatro meses entre a noite dos acontecimentos no prédio e o exame de corpo de delito que o acusador apresentara contra mim na delegacia.

Bem que minha mãe me dizia: "Beber deixa as ideias embaçadas".

CAPÍTULO 24

"QUERO RIR DE ME VER TÃO BELA NESTE ESPELHO..."

Nos idos de 1990, em Veneza, conheci Aprile Millo, uma cantora lírica tão corpulenta e temperamental quanto a personagem Bianca Castafiore, de *As Aventuras de Tintim*.

Para variar, eu me encontrava numa fossa de dar pena, não sei qual dos tantos pés na bunda dados pela Nádia eu lamentava na ocasião, só me lembro de perambular pelos becos venezianos trançando as pernas e cantarolando "Que c'est triste Venise...", tal e qual um Charles Aznavour que bebesse como o capitão Haddock.

Assim que apontei na direção da Piazza San Marco, dei de cara com o arquiteto Paulo Montoro, amigo de longa data, mais o seu parceiro, Kelley White.

Eles me convidaram para uma festinha que começaria num passeio de *vaporetto* e prometia virar uma grande noitada pela preservação de Veneza, patrocinada por um grupo de endinheirados de Nova York capitaneados por Woody Allen, então apenas cineasta de renome e ainda não predador infantil.

Topei na hora, mas, em vez de ir para o hotel esfriar a cabeça, tomar um banho e diluir o porre da tarde, dei meia-volta e me dirigi ao Cipriani, o restaurante que criou o *carpaccio* e o Bellini, drinque que mistura espumante com pêssego e desce facinho, facinho. Quer lugar mais emblemático para alegrar ainda mais a *happy hour*?

154 Barbara Gancia

Era sempre isso. Em vez de cair minha ficha de que beber um a mais só faria estragar a minha noite e a de todos que se encontrassem num raio de 250 quilômetros ao meu redor, mais uma vez embarquei na aposta perdedora de que desta vez eu só ia curtir, sem virar o centro das atenções.

Aprile Millo foi chamada para entreter o grupo de grã-finos. Note que, no início dos anos 1990, atentar para a circunferência do semelhante ainda não era conduta que levasse ninguém à danação eterna. Mesmo assim, o caldo engrossou.

A diva apresentou-se no embarque com a mãe, igualmente troncuda, a tiracolo. O barquinho gemeu. Percebi que estava na iminência de conhecer as profundezas do Gran Canale. Virei-me para Montoro e disse: "Se essa mulher soltar um pum num saco de confete, é Carnaval o ano inteiro".

Pois não é que dona Aprile falava português? Como é que eu ia saber? Nas vezes em que esteve no Brasil, ela não desgrudou da Tomie Ohtake. E Tomie, vamos e venhamos, por mais magnífica que fosse como artista, não era exatamente conhecida por sua fluência na língua dos mestres Houaiss e Aurélio.

O comentário caiu feito uma bigorna jogada do sino da torre da igreja de San Marco. Millo mãe veio tirar satisfação na base da bolsada no lombo, e eu, "ui" e "ai", enquanto a filha, que parecia tomada por um touro miúra, fumegava pelas narinas. O barquinho sacudindo, eu me segurando e os gringos sem entender nada. Tentei pedir desculpas: "Se soubesse que a senhora entende português, não teria falado tão alto". Aí, sim, a coisa fedeu de vez.

Aprile pulou no meu pescoço, e eu só sobrevivi graças à galante intervenção de Montoro, que conteve os ânimos das ofendidas.

Finalmente, desembarcamos em um *palazzo* daqueles esplendorosos dos anos de glória da "Sereníssima".

A apresentação de Aprile Millo foi à altura da pompa da noite. E eu, culpada de ter feito aquela malcriação no barco, tentava me redimir do jeito que meu estado alterado me permitia. Ela começava a cantar e eu levantava: "Aêêêê, bravo!". Aplaudindo, evidentemente, sempre na hora errada. Ela me olhava do centro do salão querendo me fuzilar. Os outros convidados não podiam crer naquela presença deslocada no meio de gente tão solene.

Muitos anos depois, Paulo e Kelley voltaram de Nova York e me ligaram para contar que tinham estado com Aprile Millo e que ela perguntara de mim: "E aquela amiga de vocês, tão bem-educada, como vai?".

CAPÍTULO 25

MINHA VIDA DE CACHORRO VIP

A bebida, é bom esclarecer, não deixou minha vida mais interessante do que ela poderia ter sido fosse eu uma mulher dócil e sóbria. Num arroubo imodesto de sinceridade, diria que o privilégio e o acesso que me foram proporcionados desde cedo estão restritos a 1% da população.

E garanto que não foi apenas a boemia que me fez conviver com algumas das pessoas mais singulares do mundo.

É tudo bastante inacreditável. Com a vida que meus pais tiveram, as pessoas com quem convivemos, os relatos ganham ares de empáfia. Mas não é isso.

O diretor de jornalismo da rádio BandNews FM, André Luiz Costa, tirava um sarro gigantesco da minha cara a esse respeito. Toda vez que alguma personalidade aterrissava no Brasil, ele dizia: "Manda a Barbara, aposto que o pai, a mãe, a avó ou o tio dela brincavam com essa pessoa quando eram crianças".

Na primeira vez que fui ao cinema com minha melhor metade, Marcela, assim que aquela tipa da Columbia Pictures surgiu na tela vestindo toga e de tocha em punho, virei com toda a naturalidade e disse: "Essa mulher era amiga da minha mãe". Marcela rebateu com ironia: "Engraçado, pensava que era uma reprodução da mitologia grega ou uma referência à Estátua da Liberdade", comentou, crente de que eu estava me gabando. Expliquei que não. Existem muitas versões para a origem do rosto da deusa impávida que aparece na abertura dos filmes da Columbia Pictures. Pois a figura foi inspirada em Marina Dodero, de excelsa família do Uruguai, por quem o chefe do estúdio, conhecido predador de estrelas, se encantou.

Nossa casa vivia cheia de artistas, esportistas, jornalistas, umbandistas, fashionistas, sanitaristas e até um ou outro tropicalista.

Passei quase todas as festas de fim de ano da infância e da juventude no *chalêt* Samambaia, construção erguida do zero por meus pais na encantadora Gstaad, aldeia nos Alpes suíços que mais parece coisa de sonho.

Para dar uma ideia do brilho (ironia) em que esta vítima da celebridade (idem) passava suas férias, eis uma pequena amostra dos pitorescos vizinhos que cercavam o *chalêt* dos Gancia, no bairro de Oberbort.

Em um raio de cerca de 250 metros, subindo e descendo a montanha, invernavam, entre outros, os irmãos Flick (leia-se Mercedes-Benz); o mercador de armas Adnan Khashoggi – cujo filho certa vez escreveu uma carta ao Papai Noel que acabou emoldurada e pendurada no *hall* do melhor hotel de Gstaad, o Palace: "Dear Santa, if you need anything, please let us know" ("Querido Papai Noel, se precisar de alguma coisa, por favor, entre em contato"); o cunhado e sócio de Khashoggi e também dono da loja de departamentos inglesa Harrods, Mohamed (Mumu) Al-Fayed, e seu desventurado filho Dodi (morto em acidente com a princesa Diana), com quem eu jogava boliche no *chalêt* deles, o Ursa; Elizabeth Taylor (cujo lavabo era decorado com uma tela de Picasso) e Richard Burton (Kika e eu vimos o celebrado casal depois do almoço num dia fora de temporada, de porre, se pegando a tapa, na saída do restaurante Olden – uma cena tão épica quanto qualquer dos filmes estrelados pelo duo); o criador de moda Valentino; a viúva do pintor Kandinsky (pobrezinha, acabou estrangulada por assaltantes sardos que invadiram seu *chalêt* enquanto minha mãe, minha irmã e eu preparávamos o jantar a trinta metros de distância. Os bandidos fugiram atravessando a fronteira entre a Suíça e a Itália de esquis, pelo Matterhorn/Cervinia); o economista canadense John Kenneth Galbraith (com quem minha mãe adorava conversar); Marcel Dassault, do conglomerado que produziu o jato Mirage; o desenhista René Goscinny, criador com Albert Uderzo das aventuras dos gauleses Asterix e Obelix; os atores Peter Sellers (Deus me livre e me guarde da filha dele e daquela modelo sueca de temperamento antiescandinavo. Victoria Sellers quebrava, por assim dizer, metade da mobília da casa quando o casal se

A SAIDEIRA 157

ausentava por mais de um par de horas, não deixava ninguém dormir); Roger Moore, Curd Jürgens e Julie Andrews; os diretores de cinema Blake Edwards (marido da Andrews) e Roman Polanski; o *publisher* alemão Axel Springer, dono dos jornais *Die Welt* e *Bild*; o tenista Roy Emerson e outros superastros, como Jack Nicholson, David Bowie e Paul McCartney, que virava e mexia passavam temporada esquiando por lá.

Vivi essa época, mas nem por isso fiz parte dela. Minha irmã, *superjet- -setter*, e meus pais e tios, hiperdescolados, iam a todo canto com essa gente. Festa era o que não faltava. Eu não me enturmava de jeito nenhum.

Não consigo manter diálogo café com leite nem se derem com um gato morto na minha cabeça até o gato miar. A questão é que minha origem e minha vivência demonstram o contrário. Quem vê pensa que eu fui talhada para a vida de salão.

Claro que, se preciso for, sei me virar com facilidade em cinco línguas e até com a realeza. Já mantive conversação com o rei da Itália, Vittorio Emanuele, que anos depois cairia em desgraça. Ele se hospedou na nossa casa em São Paulo, e eu, ainda criança e para profundo desgosto da minha mãe, numa brincadeira, belisquei seu majestoso *derrière*.

Também já troquei amenidades com a rainha Beatriz, da Holanda – quis o Senhor que fosse em momento abstêmio meu, senão, já viu. Recordo que confabulamos, enquanto entuchávamos meia bandeja de minirrissoles cada uma, sobre as agruras do acúmulo de adiposidade e suas consequências, que afligem com idêntico despudor cinturas reais e plebeias.

Das cabeças coroadas com que já topei, nenhuma supera em emoção o (breve) encontro com Elizabeth II. Sou particularmente tarada por essa abnegada funcionária pública, que Deus a mantenha vitoriosa, feliz e gloriosa, como reza o hino, e sentada à direita de Deus pai, com William Shakespeare e Isaac Newton.

Ao percorrer minha escola, em visita de Estado ao Brasil no ano de 1968, a rainha britânica parou na minha frente e, contra toda a orientação cuidadosa sobre o protocolo real que nos havia sido passada pelos professores, me empolguei e gritei a plenos pulmões, como se estivesse em um show do Led Zeppelin: "HAVE A NICE TRIP!" ("Boa viagem!"), ao que ela se virou e, perpetrando seu tradicional aceno real, respondeu, sorridente: "Thank you". Tenho noção de que nossa interação não foi das mais engajadas. Mas tem formato de conversa, não tem? Assunto encerrado.

Então, como ia dizendo, sou de conversar com todos e qualquer um, inclusive com postes, em diversos continentes. Mas acontece alguma coisa comigo quando o assunto resvala para a conversa polida de salão – papinho, desconfio, que vem embebido em hipocrisia e salpicado de lascas de superioridade – que me trava a língua. Não sei lidar, parece que a qualquer minuto um nariz de Pinóquio vai crescer no meio da minha cara e furar o olho do meu interlocutor. É sempre um risco, entre uma platitude e outra, que eu acabe deslizando numa casca de banana imaginária e soltando uma frase totalmente imprópria. Essa situação me causa incômodo imenso. Sejamos honestos: beber, efetivamente, dilui a tensão.

Parodiando Dorothy Parker, Winston Churchill e todos os outros bêbados a quem são atribuídas frases de efeito, Ruy Castro sempre ensinou que nós bebíamos para achar os outros divertidos.

Que seja, mas fato é que papo confortável para mim é o de botequim – ambiente em que minha irmã nunca pisou na vida –, ou aquele que se joga fora na farmácia, no dia a dia, no táxi, na real.

Abomino a futilidade de conversinhas assépticas, que desprezam a empolgação diante do inédito e privilegiam a indiferença, como se todas as coisas tivessem a mesma causa, efeito e valor: ir ou não para as Ilhas Maldivas, conhecer a Antártica ou o Burning Man; assistir à entrega do Oscar sentada ao lado da Meryl, descer o rio Roosevelt com Elon Musk, jogar tênis com Bill Gates... dá tudo na mesma. Para mim, não. Enxergo um valor na jequice da empolgação com a novidade.

Não estou dizendo que os bacanas com quem convivi sejam uma gentalha pavorosa. Não é assim, claro que não. Tanto é que conto amigos do peito, acredite, até entre quatrocentões (*hashtag* ironia).

Uma coisa não tem nada a ver com a outra, mas foi com um tipo de gente que só se mostra solidária na alegria da noitada e com a qual você jamais poderá contar para nada que não seja risada, brinde, fofoca ou sexo, que eu acabei me dando muito mal.

A esse subgrupo da espécie humana, que em geral tem mais pose do que caráter, me refiro pela alcunha de "gente de festa", a quem só interessa estar onde outros não podem ir e ter o que será invejado.

Quantas vezes não me encontrei semiconsciente e jogada em algum bueiro, completamente embriagada, sem que uma mão amiga me levantasse e me acompanhasse até em casa? Por mais que eu tenha sido intratável, a recorrência das ocasiões em que fui deixada na mão diz tanto sobre o meu comportamento quanto o de quem me deixou lá jogada.

Para "gente de festa" tudo é embalagem, nada é conteúdo. Valores são circunlóquios, não existe cotidiano maçante, só aparências. Nem problemas reais, gente de carne e osso ou a menção a nada que diga respeito a uma vida pequena.

A admissão da precariedade humana só será levada em consideração na eventualidade de uma nomeação ao posto de Embaixador da Boa Vontade da ONU. Todo o restante da esfera existencial, a doença, a tristeza, o envelhecimento, a dificuldade financeira, a dermatite, as lágrimas, a unha encravada e o luto, será inominável.

Meu calcanhar de aquiles, desprotegido e acessível a flechas de fogo, muito além dos ambientes exclusivos, da futilidade ou da formalidade, reside na simples equação eu + uísque = encrenca. É forçoso que eu faça aqui um *mea culpa* e admita que, por prazer, desvario, falta de bússola ou mera conveniência, passei trinta anos bebendo com alpinistas sociais de todas as nacionalidades e desvios de caráter.

A infelicidade é que enchi a cara e me expus durante três décadas diante de pessoas que torciam para que eu ateasse fogo no circo. Quanto mais eu causasse, mais a noite repercutia. E pouco importavam os apelos desesperados dos meus pais ou dos amigos que realmente me queriam bem para que eu mudasse de turma. Os alertas passavam por ruído. Eu não me preparava para lidar com a turba notívaga nem encarava o pesadelo da ressaca moral do dia seguinte. Hoje encaro a ingenuidade daqueles tempos e minha baixa guarda como patéticas e indesculpáveis.

A síntese dos fatos é que transformei minha vida, boa parte dela, em material de se jogar no ventilador na companhia de pessoas que não têm nada a ver comigo – ou comigo sem bebida. Elas só têm algum significado quando eu as relaciono à minha queda rumo ao fundo do poço.

Não faço segredo do fato de que as companhias que escolhi para conviver lá pelo final da adolescência, tirando poucas almas caridosas, foram as piores possíveis, decisivas para que eu me afastasse da família e começasse uma despirocada que demorou quase uma vida para terminar.

O diploma de conclusão do colegial oferecido pela Escola Britânica naquele tempo não era reconhecido pelo nosso Ministério da Educação, o MEC. Com isso, ao fim do atual ensino médio, muita gente ia embora estudar no exterior.

Eu mesma escolhi um colégio igualmente inglês, no Canadá, mais precisamente em uma cidadezinha de pouco mais de 10 mil habitantes chamada Sainte-Agathe-des-Monts, na província de Quebec, 128 quilômetros ao norte de Montreal.

Quando concluí os estudos, depois de ainda passar mais um ano na Inglaterra, num fim de mundo chamado Ipswich, retornei ao Brasil e me encontrei sem amigos. Uns tinham ido para cá, outros para lá; no fim das contas, minha esfera social havia evaporado. Eu estava completamente desenturmada.

Para uma moleca metida de vinte e poucos anos, muito mais *naïve* do que fazia supor a postura invocadinha que disfarçava sua parca experiência, São Paulo se mostraria tão temerosa quanto a Bagdá pós-invasão americana.

Eu teria continuado na Inglaterra. Mas já estava enchendo a cara de forma escancarada no colégio interno e já tinha chamado a atenção dos meus pais. Quando a primavera começou a cobrir de verde o jardim ao redor da escola, alguns alunos por mim liderados foram garimpar mais de mil garrafas de vinho vazias, que tinham sido jogadas na neve com o propósito de eliminar provas que pudessem levar à expulsão.

E, ainda por cima, eu tinha ficado com a primeira mulher com quem me relacionei, no caso a Nikki, e meu pai achou por bem me trazer de volta para o Brasil e depois ver o que fazer.

Voltei sem ter amigos, não fossem aqueles da infância. Achava todo mundo careta, ninguém falava dos assuntos que me interessavam. Conheci um, conheci outro, aos poucos fui me tornando parte de uma turma da pesada, da qual a maioria era formada pela tal "gente de festa". Eu era convidada o tempo todo: jantares, inaugurações, estreias, *vernissages*. E uma festa atrás da outra.

O cenário era sempre muito atraente, coisa de gente grande que eu nunca tinha experimentado. Numa dessas festas, porque toda a turma de bacanas estava mais interessada em conversar sobre as fofocas do seu mundinho e escapar para o lavabo para aspirar carreiras de cocaína em vez de se esforçar para falar inglês, me encontrei num salão imenso, mais precisamente a galeria de arte da casa de um amigo (esse, sincero, somos bons amigos até hoje) na Chácara Flora, na companhia do Gore Vidal.

A SAIDEIRA

161

Aproximei-me do escritor e puxei assunto: "Mr. Vidal, I presume" ("senhor Vidal, eu suponho"), disse, "It is an honor to meet you" ("É uma honra conhecê-lo"). Conversei com o homem praticamente a noite toda, um privilégio inigualável. No dia seguinte, a seu convite, fui assistir à palestra que ele daria no auditório do Masp.

Cheguei ao Masp calibrada. Vidal, raposa velha, se ligou na hora. Na noite anterior, ele tinha me tratado com deferência. O escritor morava em Ravello, na Costa Amalfitana, e tinha intimidade com as famílias que contam no cenário italiano. Quando lhe disse meu sobrenome, ele ficou felicíssimo. Acontece que na palestra quem deu as caras não foi a *signorina* Gancia, mas *la signora* Hyde. Adoraria dar informações específicas sobre o que houve, mas não lembro. Só sei que fiz barulho, causei uma interrupção. E o escritor escreveu a seguinte dedicatória no exemplar do livro que levei para ele autografar: "Nos vemos em Long Beach", depois de me dar uma bronca dizendo que eu não parecia alguém da família Gancia, mas sim a tia malcriada dele, que vivia na cafona praia da Califórnia.

Presenças ilustres eram frequentes em passagem por São Paulo, e meu acesso a eles garantido pela falta de empenho que a "gente de festa" demonstrava em entretê-los ou ao menos falar com eles. O importante era estar onde os VIPs estavam, ninguém fazia questão de sair de sua rodinha de conversas vazias para falar com os convidados de honra.

Em razão do meu inglês na ponta da língua, fui cicerone de John Cage em São Paulo quando ele veio para a Bienal. Passamos vários dias almoçando e passeando juntos. Ele, o gênio, e eu, a menina maluquinha que não entendia patavina de arte nem tinha noção da importância da incumbência.

Albert Sabin, Bobby McFerrin, Dionne Warwick, Jeb Bush, fosse quem fosse a bola da vez, eu sabia que teria chance de trocar uma ideia, porque ninguém mais, estando mais ou menos sóbrio do que eu, teria disposição para puxar papo.

Laurie Anderson foi uma das que viraram chapinha. Ela tirou da bolsa um caderno e pediu que eu escrevesse algo que fosse importante para mim. Sentindo-me honrada, arranquei o caderno de suas mãos e registrei entusiasmadamente o meu dilema. "Depois do advento da pílula anticoncepcional, por que o incesto continua a ser tabu?" Ela leu e me olhou de sobrancelhas levantadas, sem dizer nada.

CAPÍTULO 26

ODALISCAS

Agosto de 2006, era uma quinta-feira, disso eu bem me recordo, mas nada muito além disso. Analu chegou com ares de visita oficial à minha casa no fim da tarde e me encontrou ruinosamente alcoolizada. A rotina de ela voltar do trabalho e dar com um ser que não conjugava uma frase com a outra conseguira finalmente esgarçar o que restava de seu amor por mim. Eu já não sabia mais em que planeta estava morando, meu mundo tinha virado uma confusão.

O álcool funciona como agente depressor e altera a percepção não só do tempo como dos acontecimentos. Dia e noite viraram um embaralhado, eu não conseguia manter compromissos, minha palavra não valia mais nada.

Apagava do meu e-mail todos os convites superVIP que recebia antes que a Ana os visse e me forçasse a sair da toca. A paralisia foi roubando o melhor de mim. Entorpecida, sem conseguir concatenar as ideias, com a autoestima no subsolo do subterrâneo do bueiro do inferno, "tiro na cabeça; tiro na cabeça", meu mantra suicida, martelava incessantemente na minha moleira.

Meu caminhãozinho andava perigosamente rente ao precipício. Sentia desdém por estar viva e, mesmo sem tomar nenhuma atitude mais dramática, me vi entrando numa *trip* radical, tipo aquele filme *Despedida em Las Vegas*. Era mais fácil do que enfrentar a assombrosa missão de dar um basta naquela inconsequência e mudar de vida. Achava que queria mais era morrer de tanto beber.

Para piorar, ao mesmo tempo que a quantidade de bebida ingerida estava aumentando, eu já não conseguia mais sentir seu efeito entorpecente como antes. Por mais que mamasse uma garrafa de Punt e Mes antes do almoço e quase outra inteira de Johnnie Walker depois, naquele período não havia substância etílica ou narinas entupidas de cocaína batizada que me deixassem numa fluência satisfatória.

Eu já não tomava mais banho, escovar os dentes me causava ânsia de vômito e, no espaço de tempo em que ela ficara longe, eu provavelmente tinha bebido, eventualmente cheirado e certamente fumado maconha e no mínimo dois maços de cigarro.

Pois a mulher tomou um bode tão fenomenal de mim que, atente, me trocou por ninguém menos do que a minha ex, a Nádia.

Horroroso, não?

Para o meu benefício, não consigo ver essa paixão das duas como um movimento de aproximação natural. Você, ilustre leitor, pode achar que estou tentando me iludir, mas suspeito de que esse amor tenha sido forjado por motivos ulteriores. É comum entre lésbicas que fiquem todas amigas quando a relação termina. Depois de um bom período no exterior, Nádia passou a frequentar a minha casa e a encontrar a Ana com alguma frequência. Mas quero crer que não tenha sido amor sublime e desapegado o que juntou as duas odaliscas do meu harém, e sim um forte instinto de sobrevivência da Ana, que se manifestou inconscientemente para protegê-la contra o desvario que continuar querendo bem a uma pessoa no meu estado poderia representar. Ana foi lá e se apaixonou pela última pessoa na sua lista de possibilidades. Naquele momento, pela mais proibida das mulheres, a minha controvertida ex.

Eu me lembro apenas de uns poucos detalhes daquela quinta-feira nebulosa do mês de agosto que marcou o nosso afastamento. Ana chegou no fim da tarde, como fazia sempre, mas entrou pela porta com uma formalidade que eu não conhecia. Ordenou que eu me sentasse e, com palavras inequívocas, informou que estava indo embora.

Foi uma surpresa. Embora não devesse ter sido, convenhamos. Uma década antes da Ana, Nádia também batera em retirada por causa do meu comportamento autodestrutivo, como todas as outras e os outros antes dela. Não conheço relacionamento saudável que sobreviva ao abuso de substâncias e/ou álcool. Suspeito de que união bem-sucedida de bebum seja a cabeça de bacalhau dos casamentos.

Especialmente no grau de destruição a que eu chegara, era difícil alguém querer ser cúmplice do atentado que eu estava promovendo contra a minha vida.

Bem no finalzinho do meu tempo com a Ana, numa madrugada, fui ao posto de gasolina perto de casa para comprar mais bebida. Naquela época, eu só conseguia pregar o olho quando já estava praticamente apagando. Tinha de implorar para que a Ana me deixasse beber mais, ela não conseguia entender o sentido da minha compulsão, mas acabava cedendo diante de minha insistência desesperada.

Na noite em questão, eu havia aspirado uma cocaína bem podre, mais impura impossível, e entrei na lojinha 24 horas do posto com as duas narinas cobertas de "giz". Em algum local longínquo da mente, tinha consciência de que não podia dar bandeira. Mas fui capaz de colocar em xeque até esse último resquício de autopreservação.

Um policial fardado estava na loja quando entrei. Coisa de gente chata, bêbada e cheirada, que joga sem noção com o perigo, resolvi puxar assunto justamente com ele. Pela expressão, podia ver que o camarada não estava de brincadeira, que sabia exatamente do que se tratava – minhas narinas brancas podiam ser avistadas de cima do Pico do Jaraguá. Insisti na conversa, perguntando uma besteira atrás da outra. Para variar, meu anjo da guarda, aquele aparentado com o Incrível Hulk e com um problema crônico de hérnia, segurou a minha onda. O policial simplesmente me ignorou e, sem responder a nada do que eu havia lhe perguntado ou tirar qualquer tipo de satisfação, saiu pela porta e se foi.

Será que, se eu fosse negra e o encontro com o policial tivesse se dado numa loja de conveniência da periferia, o tratamento dado a mim seria o mesmo?

Já exaurida com esse tipo de traquinagem, Ana chegou naquela quinta-feira decidida a me dar o cartão vermelho. Não me lembro de ter reagido, apenas ouvi calada o que ela tinha a dizer. Tomei um susto, sim, mas só um cego, surdo e mudo não perceberia que daquele jeito não dava mais. Meus pés finalmente haviam tocado o fundo do poço. Escuridão total, vontade de morrer, horror de me olhar no espelho, impossibilidade de lidar comigo mesma de cara limpa, angústia, nevoeiro mental. Não conseguia pensar com clareza sem entrar em desespero, era chegada a hora de decidir se eu ia viver ou morrer uma morte inglória.

Ana se foi em agosto, e eu ainda me arrastei pelo oitavo ciclo do inferno por mais alguns meses.

Em fevereiro do ano seguinte, 2007, minha ficha finalmente caiu. Mas foi preciso bater a cabeça uma derradeira vez para que eu me rendesse à minha impotência perante o álcool.

No meio desse maremoto, eu ainda conseguia funcionar profissionalmente. Aos trancos e barrancos. Nunca bebi todos os dias (não por me refrear, mas por um limite físico; tinha dias em que o uiscão simplesmente não descia goela abaixo). Sempre fui o que a literatura médica classifica como "bebedor funcional". Quando tinha de escrever coluna para o jornal, eu não bebia antes de entregar o texto. Também não bebia antes de aparecer ao vivo na TV.

Como conseguia manter por um fio minhas obrigações profissionais, toda semana minha coluna era publicada na *Folha* e, na TV, eu também segurava minimamente a onda. O pessoal do trabalho, minha família e meus amigos percebiam que eu estava com problemas, mas ninguém tinha ideia do tamanho da encrenca.

Mas minhas regras foram afrouxando. Uma tarde, o sujeito que me supria de fumo veio em casa me trazer maconha, e, naquele ritual de apertar e fumar um "basulo tostex" com o fornecedor, me empolguei e convidei o camarada para vir comigo assistir ao programa que eu iria gravar no Grupo Bandeirantes naquele fim de tarde. Pergunta se todo mundo não estranhou a chegada da dupla Rê Bordosa e Fat Freddy?

Aos poucos fui jogando o que restava da minha precaução no lixo. Bem na hora que alguns colegas começavam a perder emprego e reputação por dar bandeira e ir parar em vídeo do YouTube. A possibilidade de ser filmada enquanto estava alterada e passar vergonha em alguma rede social me aterrorizava. Mesmo assim, eu continuava a testar a sorte.

Até o fatídico dia em que, como fazia quando não tinha coluna do jornal para escrever, fui almoçar com meu amigo Fernando. Mesmo sabendo que às 19 horas eu deveria entrar ao vivo no programa *Parabólica*, que apresentava no canal de TV paga BandSports, resolvi encher o carão no almoço.

Além dos bebes acompanhando a refeição, devemos ter enxugado uma garrafa de Fernet-Branca como digestivo. Só sei que, assim que o programa terminou, meu celular tocou. Era minha mãe. Bastou uma pergunta dela pro meu mundo vir abaixo: "Você está bêbada?".

Respondi que sim. Como ela poderia saber disso? Bateu um frio na espinha, senti o impulso de sair gritando e arrancando os cabelos, pânico, vergonha e vontade de sumir do mapa.

Terminamos de falar e, sem refletir, atravessei a redação do BandSports. Cheguei para o editor-chefe do programa, Ricardo Fontenelle, e disse: "Posso tirar uma licença médica? Preciso me internar em uma clínica de reabilitação, não estou mais segurando a barra".

O Ricardo foi mais do que batuta. Sem interrogatório nem pedido de explicações, na mesma hora me liberou para ir quando quisesse. Só perguntou se podia fazer alguma coisa por mim e me garantiu que estaria ali quando eu voltasse.

Sei que hoje em dia está escrito na lei que alcoolismo precisa ser tratado como qualquer outra doença pelo empregador, mas devo notar que o Grupo Bandeirantes me deu todo o apoio e mais um pouco, sem exigir nada de mim. A mesma coisa aconteceu na Folha. Apenas informei que iria me ausentar por 28 dias para me tratar da dependência, que eles já estavam cansados de conhecer, e a chefia de redação consentiu imediatamente.

A pergunta da minha mãe foi a gota que fez a represa transbordar. Decisão tomada, o universo começou a conspirar a favor desta rabuda que vos fala.

Procurei na internet informações sobre a clínica Vila Serena, que usa os 12 Passos na orientação do tratamento. Sabia da boa reputação deles, embora Raul Seixas e Renato Russo tivessem passado por lá sem grande resultado. Liguei para combinar preço e internação, mandei meus cães para o hotel (além do meu cão e *personal trainer* Pacheco Pafúncio, eu agora tinha outro salsicha, o Ziggy Stardust, um presente de despedida da Ana para que eu não morresse de sofrência e solidão na sua ausência) e recorri a uma amiga a quem eu já tinha encaminhado para tratamento que me desse uma carona até a clínica, que fica nos arredores de São Paulo, à beira da represa Guarapiranga.

Existe uma certa distância entre a minha casa e a Vila Serena, mas não é uma viagem tão extraordinária que não possa ser concluída em coisa de uma hora ou hora e meia.

A Adriana e eu levamos a tarde e quase a noite inteiras para chegar lá. A saideira foi elaborada. Como havia feito nas duas internações anteriores, cumpri o ritual de beber todo o álcool existente entre a minha casa e a clínica. A cada boteco da Avenida Santo Amaro, uma parada. Fizemos escala de panificadora em panificadora, de boteco imundo em boteco imundo. A Adriana, que estava sóbria naquela altura, teve uma paciência de Jó.

Estranhamente, eu estava feliz. Dessa vez não estava indo me internar contra a vontade ou como se estivesse a caminho do matadouro. Sabia que seria dureza, que teria de me confrontar com a abstinência e suas consequências, da angústia até um desejo tão ferrado de beber que você poderia se encolher num canto e chorar.

Não dá para esquecer jamais a sensação de derrota ao cruzar o portão de uma clínica de reabilitação no momento da internação. Nas duas vezes anteriores, passei imenso apuro. Dessa vez, porém, estava cheia de disposição. Aquele telefonema da minha mãe deu o clique. Minha decadência estava fadada a terminar ali mesmo, na entrada da Vila Serena, naquele 1º de março de 2007.

Aos trancos e barrancos, finalmente, tinha conseguido reunir a força necessária para dar esse passo.

Cheguei à clínica torta, mas cheia de esperança. Alguma coisa dentro de mim tinha estalado e me apontava que aquela seria a última saideira da minha vida.

CAPÍTULO 27

SUSTENTABILIDADE UMA OVA!

Cidadania. Preservação. Inclusão. Empatia. Nas últimas décadas, a sustentabilidade tomou vulto e encheu a boca do tal do marketing de valores grandiosos.

As megacorporações hoje querem nos convencer de que não visam só o lucro, mas que se interessam verdadeiramente por questões sociais, ambientais e éticas.

Para criar projetos que as tornem (ou ao menos façam parecer) mais amigáveis e engajadas, elas lançam mão de verbas gigantescas e de departamentos de estratégia comercial inchados de funcionários.

A indústria parece ainda estar tateando o terreno à procura de uma identidade "sustentável". Algumas práticas, como a reciclagem, já foram incorporadas ao comportamento do dia a dia, como se um indivíduo, ao agrupar lixo por categorias diversas, fosse salvar as abelhas, as rãs e os ursos-polares. Até que ponto esse tipo de mudança de atitude serve apenas para aplacar a culpa da sociedade e alimentar a esperança de que a destruição do mundo ainda é reversível, eu não consigo equacionar.

Fala-se em uma "razão cínica", ou seja, o indivíduo pode ter plena consciência de que o comércio predatório está levando à exaustão dos recursos naturais, mas nem por isso ele consegue refrear seus impulsos consumistas. Documentários como *A Carne é Fraca* e *The True Cost* mexeram comigo; as denúncias que eles escancaram ficaram gravadas na minha alma. Mas o despertar da consciência não foi capaz de causar as devidas alterações no meu comportamento. Continuo, debochadamente, participando da destruição do mundo ao comer carne e adquirir trapos mil nas lojas de *fast fashion*. Minha veia obsessiva, a mesma que detonou a dependência do álcool, segue sendo vivamente incentivada pela propaganda.

Há avanços. É louvável que a indústria de pneumáticos recicle seu produto em vez de deixar entupir de pneus velhos todos os bueiros do mundo; que os fabricantes de linha branca ainda recolham geladeiras e aparelhos de ar-condicionado contendo o venenoso gás CFC e que aquelas indústrias que mais contaminam ar e água ora se ocupem com ações compensatórias.

As empresas de bebidas (inclusive a pertencente à minha família por mais de século) ficaram na moita por anos demais sem se responsabilizar pelos danos sociais que o mau uso da bebida pode causar, seja pela dependência, seja por acidentes de trabalho ou no trânsito ou pela violência que o álcool pode ajudar a disseminar.

Mesmo sendo produtos distintos, o caminho de processos e indenizações pelo qual a indústria do tabaco enveredou acabou obrigando os produtores de bebida a modificar seus conceitos.

Ninguém mais tenta vender cigarro ou bebida associados ao esporte, muito menos transformar cigarro ou bebida em produtos atraentes para jovens em formação.

As empresas de bebidas passaram a distribuir bafômetros para inspeção de motoristas, a treinar garçons a não servir bebida a menores, a incentivar programas como o "motorista da vez" e outras "iniciativas positivas", mesmo que em doses insuficientes para informar devidamente o usuário e sanar o enorme problema que o abuso de álcool representa – especialmente em nosso país.

Até onde foi a mudança das convenções sociais, o avanço da legislação ou o pragmatismo das empresas a empreender tais mudanças, isso pouco importa.

A boa notícia é que o pessoal adotou uma visão proativa. Concluiu-se ser melhor manter os consumidores vivos para comprar seus produtos por décadas a fio do que matá-los pela ingestão daquilo que fabricam, arriscando ser responsabilizados por assassinato culposo.

A propaganda de cigarro foi praticamente banida do mundo ocidental e a indústria de bebida ficou esperta.

Embora habitem universos paralelos, costumo fazer uma analogia para distinguir o cigarro da bebida. Eles estão, em relação ao perigo que representam, para armas de fogo e facas. No caso, as armas de fogo servem unicamente para abater e ferir, não existe uso social benevolente para elas. Não é assim com facas. Podem ser uma arma letal, mas podem também servir para cortar bolo ou passar manteiga no pão.

A bebida é usada há mais de 3 mil anos para festejar nascimentos, casamentos, conquistas esportivas, fechamentos de contrato, lançamentos de navios, entre outros.

E apenas uma porcentagem das pessoas que bebem com assiduidade acaba tendo problemas.

Veja bem: isso não quer dizer que eu não creia que o consumo de bebida não deva ser regulamentado. É conveniente que seja, e com medidas muito bem implementadas, num trabalho que inclua toda a sociedade.

Mas, à exceção do mundo islâmico – que é regulado por leis severas –, todas as outras tentativas de erradicar a bebida da face da Terra redundaram em fracasso.

De 1920 a 1933 os Estados Unidos viveram a Lei Seca, quando foram banidos a fabricação, o transporte e a venda de bebidas alcoólicas. Num primeiro momento, a chamada "Proibição" foi amplamente aprovada pela população. Mas logo o comércio ilegal de álcool virou um grande negócio para o submundo, que passou a lucrar com a venda clandestina, em esquema semelhante ao usado pelos cartéis que hoje dominam a venda e a distribuição de drogas. A Lei Seca acabou extinta por Franklin Roosevelt.

* * *

Quando finalmente coloquei um ponto final em minha jornada como bebedora assídua, eu fui tomada por uma euforia bem característica, a de querer compartilhar com o mundo o sucesso da minha empreitada.

Isso evidentemente não é aconselhável, porque sempre existe a chance de recair. Especialmente quando se está radiante e cheio de empolgação.

Ocorre que uns dois anos depois de encerrar minha odisseia alcoólica, o governo federal começou a colocar ênfase na proibição de bebida para o consumo de menores de idade. Surgiu a lei seca para os motoristas e vieram outras medidas, como o treinamento dos caixas de supermercado para pedir a identidade de quem comprasse alcoólicos, uma estratégia testada em outros países, mas que foi rejeitada pela população brasileira.

Enfim associados, governo, indústria, educadores e medicina começavam a se mexer para mudar a liberalidade dos nossos costumes em relação à bebida. Isso em um governo liderado pelo "bom de copo" Lula, num país que ostenta mais de 100 mil mortes ao ano diretamente ligadas ao abuso de álcool e em que menores de 18 anos conseguem comprar até destilados em bares e supermercados sem grandes problemas.

Como podemos controlar o abuso quando os fabricantes ainda se safam ao oferecer produtos como as vodcas e pingas *ice,* que já vêm misturadas com xarope de frutas para agradar justamente ao paladar da molecada?

Há anos, mesmo bebendo, eu já me fazia essas perguntas e cobrava a indústria de bebidas rotineiramente em minha coluna da *Folha de S.Paulo.*

Depois de parar de vez, resolvi colocar minha exuberante celebridade (*hashtag* ironia) a serviço de uma causa.

Animada pelos novos tempos e incentivada por uma amiga que mantém relações corporativas com a Ambev, a produtora de bebidas dos mil tentáculos que chegou a passar a Petrobras para se tornar (o que é muito emblemático) a maior empresa do país, eu me armei de um argumento imbatível e fui conversar com o diretor de relações corporativas e comunicação da empresa:

– A indústria de pneus recolhe seus produtos usados e a indústria de geladeiras também – disse a ele. – Eu sou o lixo que a indústria de bebidas produz, sou alcoólatra e perdi a visão de um olho dirigindo bêbada, e vocês não podem se omitir da responsabilidade.

Pouco tempo depois, eu já estava trabalhando com as psicólogas da empresa a fim de formatar uma palestra itinerante.

Durante três anos e lá vai pedrada, contei minha história em chão de fábrica, em comunidade pacificada ou não, em escola frequentada pela classe A, em CEUs, em escritórios e associações de bairro, no Sesi, no Senac, na Festa do Peão de Barretos, aos professores da Escola Paulista de Medicina (Unifesp), no Morro do Alemão, em Heliópolis, na escolinha de futebol do Zico na Rocinha e dentro da fábrica da Ambev, em Jaguariúna, interior de São Paulo.

Foi essa peregrinação que me incentivou a escrever este livro. Não só ela me ajudou a me manter sóbria, como me fez aprender muito sobre

A SAIDEIRA

173

a vida de brasileiros com o mesmo problema que o meu, mas vindos de mundos muito diferentes do meu.

Depois de um par de meses aprimorando a minha palestra diante de um público-teste composto pelos funcionários da Ambev, fiz a minha estreia no auditório do CEU de Heliópolis, aberto aos moradores da comunidade e aos executivos da Ambev que haviam se aventurado em apoiar a minha iniciativa.

Foi minha primeira vez diante de um público de cerca de duzentas pessoas: jovens, aposentados, donas de casa. Havia lá um microcosmo da sociedade, e o treino me foi útil para o que veio depois, inclusive em termos de minha atuação na TV.

O que aconteceu naquele dia traçou um padrão: a plateia começava desconfiada, olhando para o chão, sem me encarar, cheia de julgamento sobre aquela mulher esquisitona que estava ali lavando roupa suja, e ia se descontraindo com meu depoimento à medida que se identificava comigo.

Todas as palestras eu abria dizendo a mesma coisa: "Boa noite (ou bom dia), meu nome é Barbara e eu sou uma alcoólatra em recuperação". Eu dava uma introdução sobre quem sou, depois falava um pouco sobre o que é o alcoolismo e daí entrava de cabeça na minha vida, relatando o primeiro porre aos três anos, o segundo aos seis, o terceiro aos nove, e assim por diante, entremeando as histórias mais pitorescas com o sofrimento que causei a mim e aos outros. Mais ou menos como neste livro, só que com 50 minutos de duração e mais outros 15 minutos dedicados às perguntas da plateia.

Logo de cara, a reação em Heliópolis deixou o pessoal da Ambev animado. Quando a conversa enveredou para as perguntas, uma senhorinha levantou a mão:

– Eu não bebo. Trabalho fora o dia inteiro e, quando volto para casa, encontro minha filha de 13 anos e meu companheiro, que não é o pai dela, bêbados.

E prosseguiu:

– Quase todos os dias, eu tomo uma surra deles. O que devo fazer?

Um silêncio constrangedor ocupou a sala. Disse a ela para procurar o Al-Anon, grupo que é uma continuidade do tratamento do AA e dá apoio aos familiares e cônjuges dos dependentes.

Nisso, uma outra mulher, de modos elegantes, se manifestou:

– Sou a professora que está ajudando a alfabetizar esta senhora, não sabia que tínhamos uma tragédia em comum – desabafou.

Ela se abriu e revelou que ia com regularidade ao Al-Anon porque também apanhava do marido bebedor contumaz. Ao final de seu depoimento, ela se dispôs a levar a senhorinha às reuniões.

As duas se abraçaram, o auditório inteiro aplaudiu. E eu fiquei maravilhada com o potencial desse tipo de encontro.

Dali em diante, toda vez que encerrava a palestra e abria para perguntas, onde quer que eu estivesse, mas especialmente nas comunidades mais pobres e escolas públicas com menos recursos, eu aprendia alguma coisa valiosa.

Saímos eu e o Rodrigo Moccia, o jovem executivo da Ambev designado para me supervisionar, rodando o mundo para disseminar a "palavra".

Num galpão mal-ajambrado em alguma estrada vicinal ligando Sumaré a Hortolândia, no interior do estado de São Paulo, nós encontramos um herói, um batalhador, desses que reúnem energia e boa vontade em doses cavalares e de fato mudam o destino de um monte de gente ao seu redor.

Cansado de ver jovens sendo recrutados pelo tráfico, da bebedeira e da violência dos fins de semana e dos altos índices de gravidez indesejada entre as adolescentes de sua comunidade, numa região em que a oferta de atividades de lazer era praticamente zero, ele resolveu quebrar o círculo vicioso.

Conseguiu um barracão emprestado, os vizinhos o ajudaram em mutirão a limpar e aprumar o local. A paróquia da redondeza doou um daqueles aparelhos três em um com duas caixas de som e, por fim, alguém descolou uns salgados para atrair a garotada.

Por meio de associações de bairro, a Ambev, que também patrocinava eventos semelhantes, recebeu convite para participar de uma dessas baladas a seco que aquela nobre alma organizara, muitas vezes com dinheiro do próprio bolso.

Ele nos recebeu efusivamente, cheio de agradecimentos pela nossa ilustre presença. Não que soubesse quem eu era, a ele pouco interessava o meu nome, para além do fato de que "uma jornalista famosa" viria conversar com seus pupilos.

Fiz a minha palestra como de costume. Na hora das perguntas, fui me dando conta de que estava diante de uma audiência de iniciados no tema da dependência, eles conheciam o riscado. Percebi que alguns eram filhos de traficantes e que outros tinham os 12 Passos na ponta da língua.

Eu tinha tentado ser o mais honesta possível em meu depoimento, e eles resolveram retribuir se abrindo comigo. Nós tínhamos mais em comum do que supõe a filosofia da luta de classes.

Em comunidades carentes não é incomum encontrar famílias inteiras que já tenham frequentado grupos de ajuda para dependentes de álcool e drogas. Funcionários públicos e de grandes empresas são encaminhados para tratamento por assistentes sociais. A igreja também ajuda. Eu não estava apresentando nenhuma novidade para aquela meninada.

Assim que a palestra terminou, uma menina de cerca de 14 anos se aproximou e, antes de se apresentar, deu início a um relato tão apressado que se esqueceu de tomar fôlego e pontuar sua fala:

– Meu pai era alcoólatra e morreu atropelado, no dia em que ele morreu nós brigamos de manhã, ele já estava bêbado, fiz a cabeça dele sangrar, ele saiu de casa e nunca mais voltou.

Depois de despejar essa bigorna no meu colo, ela emudeceu e ficou me fitando feito o gato do Shrek.

– Seu pai não morreu por culpa sua, ele bebia, certo? – foi o que eu consegui dizer.

Quando penso no poder do compartilhamento de experiências, essa história da menina me vem à cabeça. Imagino quanto tempo ela não guardou o seu drama para si, achando que ninguém ia entender o que ela estava sentindo.

Um grupo de quatro meninas fazendo a maior fuzarca se aproximou. Café com bolo já estava sendo servido, mas elas faziam questão de falar comigo.

Percebi que ali estava rolando um *bullying*. Uma delas segurava o braço de outra com ar emburrado, enquanto as demais gritavam:

– A mãe dela bebe e treme, a mãe dela bebe e treme.

Cada vez que elas repetiam a denúncia, a emburrada reagia:

– Minha mãe não treme. É mentira, minha mãe não treme!

Puxei a que estava sendo agredida de lado:

– Não estou entendendo, sua mãe bebe ou não bebe?

Veio a porrada no estômago:

– Ela não bebe e não treme, está presa.

Em outros locais mais brandos, não é sempre que o pessoal tem essa mesma bagagem.

Em palestra na fábrica da Ambev, me dei conta de quão desinformadas as pessoas podem ser sobre o assunto, mesmo quem trabalha produzindo e distribuindo cerveja.

Ninguém ali parecia entender sobre alcoolismo, e, ao fim do meu relato, mais uma pessoa veio conversar comigo e me perguntou: "Mas você tem mesmo certeza de que é alcoólatra?". Como se o fato de eu ser uma bebedora funcional – ou seja, que não está jogada na sarjeta toda esfarrapada com uma garrafa na mão, mas trabalhando de segunda a sexta – fosse motivo para transferir o meu problema para outro departamento.

Num desses encontros que o Rodrigo Moccia e eu realizamos em nome da Ambev, dessa vez numa ONG para jovens carentes no bairro de Pinheiros, em São Paulo, mencionei no meu depoimento que foram inúmeras, incontáveis e diversas as vezes em que jurei de pés juntos aos meus pais ou à cara-metade que iria parar de beber. E que, cada vez que eu dizia isso, era mesmo do fundo do coração, eu não estava mentindo. Minha vontade, especialmente naqueles momentos tenebrosos do pior remorso da ressaca, era de encerrar aquele pesadelo de vez.

Uma das psicólogas sociais da empresa, que viera conosco para documentar o trabalho, abordou-me ao final da palestra. Seus olhos estavam vermelhos. Muito emocionada, ela me disse: "Meu filho já fez a mesma coisa, me prometeu de joelhos que iria parar e nunca parou, sempre achei que estava mentindo e perdi a confiança nele. Hoje nossa comunicação praticamente não existe".

A Ambev me levou a congressos, troquei ideias com alguns dos maiores especialistas do país sobre o meu drama. Gravei vídeos para o treinamento interno da empresa, participei do treinamento de garçons, de ações para promover a conscientização de jovens e desenvolver conceitos, como responsabilidade. E também fiz parte da divulgação de uma importante cartilha, *Papo em família – como falar sobre bebidas alcoólicas com menores de 18 anos*, bancada pela multinacional e desenvolvida por médicos da USP e da Escola Paulista de Medicina com supervisão de Rosely Sayão, psicóloga, professora e consultora educacional, usando normas traçadas pela Organização Mundial da Saúde. O grande atrativo da peça é a produção visual, obra do criador da Turma da Mônica, Mauricio de Sousa.

Não adianta impor coisa alguma para quem está passando por enormes mudanças fisiológicas e tentando forjar uma identidade, muito menos para quem tende a agir mais por impulso do que movido por reflexão, como é o caso de adolescentes. Isso eu aprendi empiricamente na vida e reafirmei dando as palestras.

Falamos em Heliópolis – a maior favela de São Paulo – em várias ocasiões, no início da Copa do Mundo de 2014. Uma senhora muito da sem molejo, vestindo jaleco – vê se pode! –, juntou-se ao grupo da Ambev e aos membros da associação de moradores. De qual cartola ela terá saído, não me aventuro a adivinhar. Só sei que ela saiu falando do comportamento dos jovens e pontificando sobre como eles deveriam agir. Até que, ao final do seu monólogo, me dei conta de que a sirigaita sanitarista tinha espantado toda a audiência da minha palestra, que começaria instantes depois.

A molecada escafedeu-se, com toda a razão. Ninguém aprende nada por imposição. O máximo que você pode fazer com adolescentes, ou mesmo com velhos e reiterados infratores, é oferecer orientação e bom senso. E a gente sabe que a única orientação que presta é aquela que nos faz refletir por identificação.

A cartilha da Ambev é uma compilação de orientações sugeridas pela Organização Mundial da Saúde. Depois de tentar de tudo, desde a restrição da publicidade até a recomendação para que os governos aumentem a taxação de bebidas, a organização chegou à conclusão de que o melhor caminho para combater o abuso de álcool é a prevenção.

E, assim, o que nos resta e que requer o empenho de toda a sociedade é estabelecer a questão do consumo de álcool por jovens como pauta para as famílias com crianças.

Mais de 100 mil cópias de *Papo em família* foram impressas e distribuídas em escolas pelo Brasil. Seu lançamento foi marcado por um evento no shopping JK, em São Paulo, com a exibição de um filme de animação produzido pelo estúdio de Mauricio de Sousa. Quem fez as honras no palco antes do início do filme foi a Mônica – sim, ela mesma, em carne e osso, a garota que inspirou o pai a criar a dentuça arretada.

Fui convocada para participar entrevistando os convidados na fila do cinema para um vídeo interno da empresa. Ambiente festivo, pipoca e coisa e tal, e eu lá na fila investigando o que o seleto público sabia sobre as maneiras de conversar com jovens sobre bebida alcoólica.

Muita gente trouxe os filhos, a plateia era composta basicamente por executivos das áreas de marketing e vendas da Ambev, educadores e representantes do poder público.

Era de esperar que esse pessoal, especialmente eles, já conhecessem o assunto na ponta da língua, não? Acontece que a proposta da Organização Mundial da Saúde era uma novidade para todos, nada parecido havia sido tentado antes e, ao menos no Brasil, ninguém nunca tinha ouvido falar em educar pais e educadores para transmitir informações corretas aos filhos.

Eis uma amostra das perguntas que fiz naquele dia. Não houve ninguém, nem uma única pessoa, que tivesse acertado ao menos uma das respostas.

"Com que idade você acha que os pais devem iniciar a conversa sobre consumo de álcool com as crianças?"

A maioria respondeu "aos 18 anos".

Errado. Aos seis anos a criança começa a compreender o conceito de certo e errado, e é nessa altura que os pais devem iniciar o papo em família.

"Por que o menor não pode beber? Existe algum motivo para que a linha tenha sido traçada aos 18 anos e não, digamos, aos 16?"

Repeti a mesma pergunta diversas vezes, e o máximo que as pessoas conseguiam especular era que isso é o que diz a lei e pronto.

Pois é, mas a lei não foi traçada por alguma divindade mística. Há uma questão de saúde a ser considerada. O organismo do adolescente está em desenvolvimento e as sinapses do cérebro ainda não estão inteiramente conectadas. Seu sistema nervoso central ainda está em formação, e o uso do álcool pode prejudicar esse processo.

Quanto mais tarde o jovem experimentar bebida ou drogas, menos chance ele terá de se tornar dependente. É isso que dizem os números. Pode haver exceções, mas a regra é essa.

"Os amigos são as principais influências?" Olha só que interessante. Para os *millennials*, ou geração Y, nascidos entre o início da década de 1980 e metade dos anos 1990, isso é menos verdade do que foi para a geração do, digamos, James Dean, o rebelde sem causa.

É certo que os filhos, mesmo com menos de 18 anos, podem ter acesso à bebida alcoólica. A oportunidade surgirá, e a decisão será só deles. O que as pesquisas nos mostram é que cada vez mais jovens têm os pais como amigos e confidentes, o que torna mais propícia a troca de informação e a credibilidade da conversa.

Vale lembrar que, no Brasil, 37% dos menores de idade experimentam a bebida por influência de familiares e 42,1% por influência de amigos.

E sobre aquele papo furado que a molecada aplica, alegando que "bebida alcoólica é servida em todas as festas de 15 anos das meninas da escola, então na minha também vai ter", só tenho a dizer que "não é não". A resistência pacífica do Mahatma Gandhi produziu a independência da Índia e a retirada das tropas inglesas, e se isso funcionou com um camarada coberto por um lençol retalhado que passava o dia tecendo num tear, você também há de encontrar motivação para resistir bravamente.

"O álcool afeta homens e mulheres da mesma maneira?" Foi outra pergunta que deixou o público em dúvida.

Como as mulheres possuem menos água no corpo que os homens, o álcool é distribuído e metabolizado mais rapidamente, apresentando efeitos de forma mais intensa.

"Os pais devem ser honestos sobre os seus hábitos etílicos?" Essa é fácil. Bebendo ou não, tendo bebido antes dos 18 ou sendo abstêmio, é importante dizer a verdade e deixar que os filhos perguntem livremente o que quiserem.

Mas é bom ressaltar que a saliva acaba sendo redundante se o exemplo de comportamento e o discurso não forem condizentes.

No meu caso, meus pais não bebiam, aliás, eu nunca via ninguém da família beber. Mas o exemplo que me levou a tomar decisões erradas e a meter o pé na jaca foi o da falta de diálogo, coisa que, na casa de dois jovens pais recém-saídos da Segunda Guerra, drama que os modificou profundamente, seria considerado firula, supérfluo. Um papo de família à mesa de jantar dos Gancia seria só pretexto para o início de mais uma batalha da qual ninguém sairia vencedor.

"O que configura uma dose de álcool?" Concordo que essa é para especialistas. Uma dose são aproximadamente 10 g de álcool puro. Ou 330 ml de cerveja, 140 ml de vinho e 40 ml de destilado.

Consumo em excesso é tudo o que vai além das quatro doses diárias, mais de quatro vezes por semana. A partir daí começa a inadequação no comportamento, a língua enrolada, a agressividade, o exagero e a inconsequência que moldaram trinta anos da minha vida, por assim dizer.

Minha experiência trabalhando para a Ambev foi luxuosa, aprendi muito, meu coração ficou apertado de experiências fortes e muito sofrimento. Também fiz amizades que ficaram comigo e sei que prestei um serviço bacana.

Muito já foi feito, mas a estrada está aberta e o caminho é longo.

Na minha modestíssima opinião, para ser levada a sério, a sustentabilidade da indústria de bebidas teria de empregar metade da verba publicitária unicamente na prevenção do abuso de álcool.

CAPÍTULO 28

TRATAMENTO E ACONSELHAMENTO

A conquista da minha sobriedade se deu de forma tão pessoal que eu não poderia sugerir uma receita pronta para quem deseja parar de beber. Foi preciso bater ponto nas 14 estações da via-crúcis, cair e levantar diversas vezes, depois encontrar um jeito próprio de carregar minha cruz e, finalmente, empreendida a mudança, persistir até atingir a "ressureição".

Praticando os 12 Passos e gastando todo o meu latim nos Narcóticos Anônimos (prefiro aos Alcoólicos Anônimos, porque as pessoas são mais jovens e mais abertas), em uma sala abafada na parte dos fundos da paróquia Nossa Senhora do Perpétuo Socorro, no Jardim Paulistano, em São Paulo, comecei a perceber que o ontem ficava melhor quando eu não bebia, o hoje ficava tolerável e o amanhã começava a prometer.

Pastei para descobrir o que estava fazendo ali. Primeiro tive de superar a desconfiança sobre a autenticidade dos relatos que ouvia nas reuniões e o inevitável julgamento moral que acabava tecendo sobre o que meus colegas diziam. Depois veio a fase do tédio e da repetitividade. Tinha a impressão de que estava ouvindo sempre a mesma conversa mole, uma coisa insuportável. Vou te contar, viu? Só com muita culpa no lombo para aguentar as *madalenas arrependidas* do NA repetindo suas *jeremiadas* dia após dia. Foram anos até me dar conta de que é justamente nesse processo lento, tortuoso e por vezes lacerante que estão os ensinamentos mais preciosos que o grupo tem a oferecer.

Qualquer irmandade que utilize os 12 Passos como ferramenta de recuperação, sejam Alcoólicos Anônimos, Neuróticos Anônimos, Narcóticos Anônimos, Al-Anon, Mulheres que Amam Demais ou até mesmo os Vigilantes do Peso, funciona mais ou menos nos mesmos moldes.

No caso do NA de que sou freguesa, a reunião costuma durar cerca de uma hora e meia. Qualquer pessoa que se disponha a parar de beber é bem-vinda. A única restrição é que os interessados não tenham bebido no dia da reunião.

A sala de AA ou NA serve ao dependente como o confessionário ao católico. Quem está com a palavra conta dos seus sentimentos, pode falar do que aconteceu há décadas ou de coisas prosaicas vividas naquele mesmo dia, reclamar disso ou daquilo, não precisa ser nada muito elaborado. Mas precisa dizer respeito a quem está falando. Quem é membro de AA ou NA fala sempre na primeira pessoa, não generaliza o comportamento do alcoólatra, não fala em nome de ninguém.

Não há obrigações ou metas a cumprir, não se trata de aula ou palestra, e, ao contrário do que muita gente pensa, os encontros têm doses equivalentes de lamúria e de pitoresco. A sala também pode ser um lugar de divertimento, em que a gente dá risada de si mesmo, da estupidez da condição humana e das situações grotescas em que nos metemos porque bebíamos. Existe sabedoria em optar por rir em vez de chorar. Quem está ali é porque parou de beber ou está se esforçando para parar. O que já é um progresso gigantesco em relação à condição anterior e, por si só, motivo para celebração.

A reunião é conduzida por um voluntário, alguém que se dispôs a doar seu tempo para a irmandade. Ele toca os trabalhos, e quem quiser dar o seu depoimento tem no máximo seis minutos para fazê-lo. Falam quantos o tempo permitir, na ordem de chegada, basta levantar a mão. Desempates são decididos na base da votação, tudo feito de forma muito simples e clara, a fim de evitar brigas dentro de um recinto de potencial explosivo, sempre cheio de gente com baixa tolerância para a frustração e os nervos à flor da pele.

Antigamente, o pessoal fumava sem parar nas reuniões, os cinzeiros transbordavam de bitucas, era uma nojeira. Mesmo depois de o cigarro ter sido restrito por lei em ambientes fechados, os Alcoólicos e os Narcóticos ainda permitiam o fumo, uma vez que é sobre-humano esperar que alguém pare de beber e de fumar ao mesmo tempo. Hoje, o povo fuma na calçada, muitos saem para fumar e depois voltam. Compulsão é mesmo um bicho eloquente que fala alto.

Ninguém espera que o depoente seja um orador gabaritado. Quem se pronuncia, o faz para ajudar a si mesmo. Quem ouve também. Ali dentro, a solidariedade em relação ao próximo tem uma função específica: a desgraça alheia remete ao exame da sua própria conduta. O mero ato de estar presente e se dispor a ouvir traz benefícios que, no início, a gente não consegue identificar.

Continuar voltando para aquela sala é um precioso exercício de tolerância, fundamental no processo de transformação. Incontáveis vezes me vi forçada a confrontar meus próprios valores e preconceitos ali dentro. Você está quieto ouvindo e cochichando com seus botões que o companheiro ali na outra cadeira não passa de um babaca ao quadrado, quando, de repente, *paft*!, ele solta uma frase que arde como um tapão na orelha e você se pergunta: "Como pode um beócio desses ser tão parecido comigo?".

É assim que a coisa funciona. A cada reunião o mosaico ganha uma nova pedrinha. Aos poucos, comecei a perceber a diferença entre força de vontade e conscientização. Não é preciso se empenhar loucamente, porque a ficha vai cair com naturalidade se, apenas, você continuar voltando para mais uma reunião.

Fui deixando de ser o centro do mundo e ganhando quilometragem na aceitação. Acredite, esse ensinamento é uma dádiva para quem estava na minha situação. Depois de anos bebendo e massacrando meu sistema nervoso, ter saco de ouvir o outro é uma vitória. Você vai praticando a escuta e o respeito ao próximo e aprende também a ouvir sua própria voz.

Há depoimentos que levam você ao inferno e o trazem de volta, dá vontade de sair correndo dali. Mas também existem aqueles relatos que inspiram. Na reunião, você sempre irá cruzar com aqueles que conheceram há muito a sobriedade, que já estão sem beber há bastante tempo. Eles continuam voltando para reforçar o seu propósito e não correr o risco de ver a peteca cair.

Quando descrevem as maravilhas que aconteceram e a reviravolta que a vida deu porque hoje eles não beberam, você sente que também pode chegar lá.

Tudo dentro da sala atende a um propósito. Por isso, quando vão falar, as pessoas se apresentam sempre da mesma forma, ouvindo o som da própria voz, lembrando o que as levou até ali: "Boa noite, meu nome é Barbara e eu sou uma alcoólatra em recuperação". **Sou uma alcoólatra**. Poxa. Dito assim, parece pesado. Mas essas três palavrinhas representam uma revolução: a rendição ao fato de que você tem um problema incurável.

É como se estivesse admitindo que, depois de tentar negociar com a bebida infinitas vezes, você se rendeu ao fato de que não exerce controle sobre o álcool. Exatamente como está inscrito em pedra no Primeiro Passo: "Admitimos que somos impotentes perante o álcool".

E o Primeiro Passo está no plural (admitimos), não é "eu admito", para reforçar a ideia de que você não precisa carregar o fardo sozinho, que dentro daquela sala encontrará quem fale a sua língua, que o entenda e o ajude sem julgar, que estamos no mesmo barco.

A Bíblia diz que Deus nunca dá um fardo maior do que se possa carregar, e os ensinamentos dos Alcoólicos Anônimos servem para aliviar o peso. A liturgia sagrada está refletida nos 12 Passos de maneira sutil, não são dogmas impostos, mas, se você não aceitar as sugestões, pode apostar que será bem mais difícil parar de beber.

Ou seja, não dá para ser seletivo na escolha das recomendações e das tradições do programa. Não é possível seguir apenas alguns entre os 12 Passos e descartar outros. Ou bem você acata as orientações como pacote ou não terá garantia de que irá conseguir parar de beber. Não existe imposição de nada nem a obrigação de adotar esta ou aquela conduta. Mas o programa vem sendo testado há quase cem anos, e existe farta evidência de que não é possível parar no longo prazo se você optar por fazer só uma parte do que lhe for proposto.

Não se engane, não existe caminho fácil para parar de beber. Seguindo os passos e ouvindo os companheiros com mais tempo de sala, a tarefa se torna mais simples. É aquilo e é aquilo e não adianta inventar moda, sinto informar. E, se não for no Alcoólicos Anônimos ou no Narcóticos, além de mais complicado e demorado, vai custar um bom tutu.

A parte em que cada um se apresenta na reunião como estando "em recuperação" serve para reforçar o fato de que seu problema (chame-o como queira: doença, aflição, neurose, compulsão ou tique nervoso) necessita de cuidado constante e de que você está ligado que, mesmo tendo desistido de beber há um mês, um ano ou dez anos, se não quiser voltar a tropeçar e começar a jornada da recuperação lá do comecinho mais uma vez, não deve baixar a guarda.

Você não precisa ser religioso para entrar no AA, mas há grande chance de que o sucesso no tratamento fará despertar sua espiritualidade. O respeito a algo que seja maior do que nós mesmos, a esperança calcada no reconhecimento de um plano mais elevado, o simbolismo, a natureza ecumênica dos Passos, que pegam elementos emprestados da liturgia, da psicologia e da tradição, acabam atendendo a todos os paladares.

Pessoalmente, não acredito que seria possível empreender a grande transformação que parar de beber representou para mim se não tivesse vivido um despertar espiritual. Parece meio surreal mudar hábitos, amigos e lugares sem se sentir tolhido e sem lamentar profundamente as perdas inerentes ao processo. No entanto, há mais de década sem beber, não consigo enxergar as perdas. Só vejo ganhos.

Há algo de extraordinário nessa reviravolta, e a esse mistério eu atribuo uma intervenção divina.

Não no sentido daquele ímã de geladeira que diz: "Encontrei Jesus, ele estava escondido atrás do sofá esse tempo todo", nada disso. Sou católica, estou cansada de saber que Jesus é o cara. Mas não foi uma conexão religiosa o que me aconteceu, e sim um mergulho para dentro da alma. Ou melhor, a percepção de que uma corrente de ajuda está disponível para quem a deseja de verdade.

O psicanalista suíço Carl Jung se deu conta, nos idos de 1930, de que um dos caminhos para a recuperação de dependentes se dá pela transformação espiritual. Ela implica despojar-se do ego naquele momento de desolação avassaladora em que o doente entende que seu problema não tem cura, que sozinho não conseguirá sair do buraco. Quando você se liga de que não há tratamento ou pílula mágica, são maiores as chances de que se renda a qualquer alternativa acima do seu entendimento que o faça enxergar a esperança.

Para chegar até ela, tive de sair do isolamento, daquela posição desesperada em que a bebida havia me enfiado e entregar minha sorte a algo (àquela altura, qualquer coisa) que percebia ser maior do que eu. No meu caso, foi a ajuda de uma corrente de pessoas a quem eu nem sequer conhecia, mas com as quais passei a contar para me manter sóbria.

Carl Jung trocou correspondência com Bill W., fundador do grupo Alcoólicos Anônimos. Suas experiências no tratamento de pacientes com compulsão e dependentes (que ele considerou irrecuperáveis) de álcool serviram de base para a concepção do AA.

Na carta revelada publicamente há poucos anos, ao discorrer sobre a busca da espiritualidade como agente de autoconhecimento e sua aplicação no tratamento, ele conclui dizendo que, em latim, a palavra *alcohol* significa "espírito", a mesma que os ingleses usam para designar destilados: "spirits". "Veja você que 'álcool' em latim significa 'espírito', no entanto usamos a mesma palavra tanto para designar a mais alta experiência religiosa como para definir o mais depravador dos venenos. A receita indicada seria: spiritus contra spiritum", escreve Jung. Ou seja, espiritualidade contra a marvada.

Na falta de um Deus que conforte, há o álcool. Inversamente, para interromper o ciclo de dependência e sair do vazio, existe a enlevação do espírito e o encontro com uma força superior.

Até parar de beber pela primeira vez, nunca tinha me aproximado da minha dimensão espiritual. Hoje, se você me perguntar que cara tem Deus, responderei que sinto sua presença, mas não conheço suas feições. O meu Deus se manifesta para mim como onda amorosa que se vale de uma inspiradíssima e harmoniosa ordenação matemática para relacionar todas as coisas.

Sinto que fui privilegiada e desisti de querer morrer porque algo além de mim me inspirou a usar meu livre-arbítrio para resgatar a Barbara que andava tão imersa no álcool que eu quase não tinha contato com ela.

Aos poucos, fui me dando conta de que aquela ogra que me tornava quando bebia me levava cada vez para mais longe da minha natureza autêntica.

Pela primeira vez na vida senti o desejo de descobrir a verdade mais profunda a meu respeito, aquela que o filósofo holandês Baruch Spinoza relaciona a propósito de vida, a uma vitalidade essencial, uma tomada de consciência que dá forma, plenitude e harmonia à existência.

Foi só reconhecer a influência desse poder para que o universo começasse a conspirar a meu favor (sim, isso existe!) e colocasse a vibração amorosa em movimento.

A SAIDEIRA

Passei a entender que todas as minhas ações, e as reações que elas provocam, obedecem a uma lógica bondosa, em que estar alinhado com a própria verdade é fundamental para exercitar a coerência. Descobri também que é só encontrar o pé desse caminho para que as coincidências sinalizem uma direção extremamente clara a seguir.

Hoje posso dizer que é com frequência impressionante que coloco a cabeça no travesseiro sentindo uma plenitude – não fosse o temor da morte e a dor do mundo – quase absoluta, um contentamento caloroso por saber que vou numa direção que minha intuição agradece e meu coração reconhece como sendo a expressão primordial de quem eu sou.

Agora só está faltando parar de xingar os motoristas que cruzam o meu caminho no trânsito e de comer duas barras de chocolate ao dia (olha a compulsão!), para ver se conquisto a pulseirinha que dá direito ao camarote VIP lá de cima.

CAPÍTULO 29

O 7 x 1 DE CONTARDO

Os Narcóticos Anônimos evidentemente reúnem um monte de malucos beleza, um se reconhece no outro. Logo me dei conta de que não podia estar em lugar mais adequado para tratar minha compulsão. Os caras lá falavam a minha língua, ninguém se escandalizava quando o companheiro chegava até a sala humilhado, com o rabo entre as pernas, e relatava em detalhes escabrosos seus pecados mais inconfessáveis.

Aprendi a identificar o que no grupo nós chamamos de "defeitos de caráter", mas que nada mais são do que características humanas comuns a todos nós. Esses traços, se não comprometem, acabam colocando em xeque o processo de recuperação no qual me sinto ativamente envolvida hoje e sempre.

O programa de 12 Passos representa um esforço contínuo para não se deixar levar por esses cacoetes emocionais, diria que é uma tentativa, só por hoje, de ser uma pessoa melhor e atenta aos seus movimentos.

Na minha experiência, as recaídas ocorreram em dois momentos distintos: quando estava contente, achando que a tormenta tinha ficado para trás, e me via distante da realidade de não poder beber. Ou então quando, ao contrário, me encontrei descrente, por baixo ou em crise de "sofrência" amorosa, e resolvi revidar – anta que sou – jogando minha fossa na conta de quem a provocara.

O baixo-astral é perigoso para quem não pode beber, isso é certo. Mais traiçoeira ainda pode ser a ilusão do distanciamento do problema. Quando você acredita que o perigo ficou para trás, corre o risco de tropeçar sobre seu rabo. Toda vez que isso acontece, a recaída vem a galope.

Outra armadilha que enfrentei uma dúzia de vezes foi a da miragem em que a bebida aparece com contornos positivos: a lembrança de bem-estar, o conforto do copo na mão, a coragem ilusória. A essa sensação damos o nome de "memória eufórica". Trata-se de uma manifestação natural – lembra quando a gente falou que o corpo trabalha sempre em estado econômico? De tanto beber, minhas células foram marcadas pela memória de que o estímulo virá de fora, que meu corpo não precisa trabalhar para produzir opiatos naturais, basta mandar umas talagadas pra dentro. Em vez de me lembrar da condição perversa a que a bebida me conduz, decupo a memória e deixo só a primeira parte do efeito do álcool, o *frisson* inebriante delicioso. O frescor da cerveja gelada, a alegria proporcionada pelo champanhe borbulhante e os primeiros dez minutos de leveza e descontração, quando tudo ainda é festa e sedução. Bebedor sistemático não pode confiar na memória, a lição foi aprendida.

Mesmo que ninguém mais saiba, você tem ciência do que foi capaz. Bateu, apanhou, vomitou, defecou nas calças, urinou na cama, se esfolou inteiro, caiu de cabeça, derrubou o móvel, quebrou o vaso, acordou cheio de hematomas ou com algum escroto ao seu lado a quem, sóbria, você jamais dirigiria a palavra. E é um alívio finalmente conseguir lidar com o peso da culpa, falar abertamente e ouvir o desabafo de sua própria voz, sem temer sermões moralistas. E mais: sabendo que pode contar com o apoio dos companheiros se porventura voltar a se encontrar em apuros.

Quando na vida eu iria me sentir à vontade para falar sobre minhas transgressões etílicas com minha terapeuta, me diga? Quem não bebe mede escândalo com outro metro. Além disso, meu temor seria de ela me enxergar exclusivamente pela lente da singularidade, marca da psicanálise, que se opõe ao tratamento em grupo, atribuindo todas as manifestações da minha compulsão a fatores relativos à psique e a ocorrências relacionadas ao passado, omitindo o peso da sabotagem metabólica que a doença comete com seu corpo.

Chega a ser raridade o psicanalista, o psiquiatra ou o psicólogo que se renda ao fato de que existe diferença entre tratar estruturas neuróticas corriqueiras e lidar com casos de dependência.

Há o fator ético, que é dilema entre psiquiatras, quanto a medicar ou não pacientes que sofrem de dependência, e uma quantidade assustadora

A SAIDEIRA

de profissionais que simplesmente ignoram o chamado "corpo físico", ou o aspecto fisiológico da dependência. E acrescento por minha conta que a falta de humildade desse povo configura caso para o divã.

A postura inflexível dos "psis" em relação aos métodos do AA mereceu comentário empolgado de minha parte em coluna publicada na *Folha*. A reação dos leitores foi péssima, uma goleada contra mim.

Explico.

Se havia um colunista de jornal que eu lia de joelhos, era Contardo Calligaris, mestre em desvendar o contemporâneo. Mas até o fenomenal psicanalista, escritor, dramaturgo e por anos meu colega de *Folha de S.Paulo*, pisou na bola ao escrever sobre alcoolismo em coluna publicada na quinta-feira, 12/7/2012, no caderno *Ilustrada*.

Cito o caso do freudiano Calligaris para mostrar como até o mais competente e respeitado profissional pode ser capaz de subestimar o trabalho dos Alcoólicos Anônimos.

Meti o bedelho, paguei o pato e estou até hoje lamentando a reação do leitorado, porque ela demonstra a falta de consideração que há no país quanto à seriedade do alcoolismo e suas consequências – e como continuamos a adiar a inclusão dessa conversa na pauta de escolas, instituições médicas e no sistema público de saúde em geral.

Na referida coluna, Contardo sentia-se à vontade para falar, como se a doença do alcoolismo fosse apenas mais um apêndice do capítulo Desejo. Citava o exemplo de um amigo alcoólatra estimulado a voltar a beber pela mulher. Por negligência ou descuido, deu a entender que o camarada havia se curado: "O homem frequentou o AA e deu certo". Ué, simples assim?

Ora, o programa funciona, quando muito, por 24 horas – só por hoje, não há garantia nenhuma, e nem se fala em cura definitiva. Dependendo do contexto, eu mesma há mais de década sem beber, posso voltar à ativa daqui a vinte minutos, se estiver desatenta; é da natureza da doença. Estou em recuperação "só por hoje", e amanhã, se Deus quiser, renovo o meu propósito.

Contardo parecia não levar essa filosofia muito a sério. Prosseguiu seu texto dizendo que, aconselhado pelo grupo de AA, o amigo alcoólatra (ou ex-alcoólatra, segundo ele) passou por uma "internação de um ano".

Bem, bem, bem.

Você pode pesquisar nos cinco continentes, debaixo d'água, inclusive. Garanto que não irá encontrar nehuma evidência de grupo de orientação legítima nos 12 Passos que interne dependentes pela duração de um ano. Isso não existe, e, com todo o respeito e admiração que sempre nutri pelo Contardo, me estarrece que ele nunca tenha se animado a folhear a literatura do grupo, tão abundante e presente na internet, para melhor entender a experiência.

Um dos propósitos dos AAs e NAs é que o dependente que deixa de beber seja reinserido o quanto antes na sua vida diária.

De que adianta ficar protegido por trás dos muros de uma clínica de reabilitação durante longas temporadas se resguardando do álcool, se na hora de retomar a rotina vai dar de cara com o satanás engarrafado a cada esquina, no supermercado, na *night*, no aeroporto, no clube e na padoca?

O álcool é eliminado do organismo em 72 horas. A maioria das drogas também. O que o AA sugere são 90 dias e 90 reuniões para quem deseja encarar o início da recuperação em casa ou, então, em internações-padrão de 28 dias – que podem se estender a alguns meses caso o dependente apresente as dificuldades que surgem das dependências cruzadas, ou seja, álcool + cocaína ou álcool + crack.

Na minha modestíssima opinião, clínicas que praticam internações longuíssimas se prestam a três propósitos: a) extrair a maior quantidade possível de tutu de cada paciente; b) dar uma longa folga aos pais ou parentes daquele membro problemático da família que já torrou os pacovás de todo mundo; ou c) ver os dois propósitos anteriores atendidos ao mesmo tempo.

Na nossa cultura prevalecem as relações hipócritas, distantes, superficiais. Somos polidos por fora e desinteressados por dentro, abominamos o que consideramos intrometimento na vida alheia. E, assim, o conjunto de informações preciosas que jogam luz sobre o alcoolismo é desprezado ou ocultado debaixo do tapete. Só as aparências importam; deixa disso; melhor não se meter; cada um com seus problemas; em briga de marido e mulher ninguém mete a colher e, enfim, eu lavo as minhas mãos. Não fica bem admitir que Huguinho, Zezinho ou Luisinho possam ter problemas com a bebida.

É por isso que clínicas caça-níqueis de reabilitação abrem e fecham a torto e a direito e ninguém parece se incomodar.

Como se já não bastassem as curas miraculosas propostas por autoproclamados pastores, profetas e bispos dos ramos mais esconsos do cristianismo e o histórico de sequelas criminosas que essa categoria de pajelança deixa no seu rastro, ainda somos obrigados a nos render ao delírio furioso de madalenas arrependidas.

Para se ter uma ideia, o cantor Rafael, do grupo Polegar, resolveu montar sua própria clínica depois de se internar uma trinca de vezes. Dava a crer ter descoberto a fórmula da sobriedade. E, assim como ele, outros tantos investidores que saem de uma internação têm a mesma ideia brilhante e abrem a sua clínica de recuperação. Onde está a saúde pública para homologar essas empreitadas, eu mesma não saberia responder. Mas convém se informar sobre a seriedade das instituições antes de cair numa arapuca.

É mais ou menos como aquela senhora do bairro dos Jardins, em São Paulo, que abre um *pet shop* porque gosta de cachorros. Ou do estudante que opta pelo curso de comunicações na faculdade porque gosta de assistir à televisão.

Minha segunda internação foi numa instituição aventureira desse tipo, entrei de gaiata na recomendação da amiga de uma amiga, a quem, hoje, eu não emprestaria meu cão para dar uma volta no quarteirão.

Na hora do desespero, acabei apelando e me dei mal. Fui parar no que mais parecia um hotel cinco estrelas, com piscina, comida caseira de primeira qualidade, colchão macio, cobertores felpudos. Mas a parte clínica... vou te contar.

Comecei a farejar o embuste logo depois de dar entrada no recinto, quando um paciente veio se apresentar e me contou que já estava ali havia quase um ano e que aquela era sua segunda internação longa naquele lugar. Dois minutos depois fiquei sabendo que o pai dele era um grande industrial e que ele fazia contrabando de xarope pelo muro da clínica. O camarada curtia o barato do xarope e, pelo visto, seus pais preferiam pagar caro a tê-lo por perto.

Rompi relações com aquela instituição poucos dias depois, quando o médico proprietário recomendou que eu passasse a tomar lítio para controlar melhor o meu humor. Saca lítio? É um remédio para tratar desordens causadas pelo comportamento bipolar com efeitos colaterais barra-pesada, sobretudo para os rins. Não sofro de doença bipolar. Já passei por inúmeros médicos, os mais sérios do país em matéria de tratamento de dependência, entre eles os doutores Jair Mari (Unifesp), Ronaldo Laranjeira (autor de boa parte da literatura sobre o alcoolismo de que dispomos no país) e Jorge Figueiredo (o craque que me acompanhou na minha primeira internação), e nenhum passou nem perto desse diagnóstico. Vai vendo o perigo de uma avaliação dessas, quando o que eu precisava mesmo era parar de beber. Antes que a embromação fosse adiante, minha mãe chegou para me levar para casa e eu voltei à minha rotina de AA (naquela época ainda não havia NA), para tentar a recuperação pela enésima vez.

Note que o tratamento nos Alcoólicos Anônimos é gratuito. Se você deseja contribuir, basta colocar qualquer soma em espécie no saquinho que passa de mão em mão durante a reunião, como ocorre na missa dos católicos. Não há honorários médicos nem a possibilidade de ganhos por internações que se estendam por anos.

Tradicionalmente, as salas onde ocorrem as reuniões são cedidas por igrejas, que, como bem sabemos, não pagam impostos.

Confesso que fico admirada com o ceticismo em relação a uma experiência tão visível, abrangente e democrática como a dos grupos de autoajuda por parte de profissionais que contam com dependentes entre seus pacientes.

Mas não são só os "psis" que demonstram resistência aos AAs. O que tem de hepatologista, gastroenterologista e cardiologista, entre outras especialidades, que topam com doentes alcoólatras o tempo todo e não conhecem bulhufas de alcoolismo é um escândalo, como se a Organização Mundial da Saúde não existisse.

Entendo que quem encara o alcoolismo como sintoma nem sempre o faça por oportunismo, é claro. Sei que, na maioria das vezes, é uma questão ética, filosófica ou mero ponto de vista.

Apoio a ideia de que o alcoólatra deve se tratar com psicanálise, se for possível. Acredito que a análise ajude a promover o autoconhecimento em todas as fases da existência, e estou convencida de que conhecer a própria verdade é uma das principais ferramentas para responder às questões fundamentais da humanidade: Quem sou? De onde vim? Para onde vou?

Para mim, fazer análise não está relacionado a resolver problemas ou curar as doenças da alma. Faço para entender melhor os meus processos, meu objetivo é sempre a conquista daquele tipo de contentamento a que os anglo-saxões dão o nome de *fullfilment* (realização). O objetivo sempre é a conquista da felicidade, por mais efêmera que ela possa parecer. Um dia de cada vez, no mesmo passo que o AA. É um luxo que dou a mim mesma de presente, um privilégio conquistado.

Hoje faço psicanálise lacaniana, mas, por muitos anos, antes e depois de descobrir os 12 Passos, me consultei com uma psicóloga de inclinação junguiana. E nunca, em todos esses anos, tratei do meu problema específico com a bebida no divã dessas duas doutoras, Dorothee Rudiger e Christiana Pires da Costa, ambas merecedoras de monumentos equestres em alguma praça de escolha delas.

Sei que uma das funções da psicanálise é a ressignificação e que o corpo físico também responde a tratamento psicológico. Parece-me insuficiente, porém, tratar daquilo que Lacan chama de "pulsão de gozo" (a busca insaciável pelo preenchimento do vazio) sem atentar para as consequências físicas da dependência e as peças que elas são capazes de pregar no inconsciente.

Vejo duas searas distintas, e a tragédia de tudo isso é que o pouco caso dos psicanalistas e psiquiatras com os grupos de autoajuda acaba prejudicando enormemente aqueles que precisam de auxílio para parar de beber.

Até entendo que a ideia de um grupo de funcionamento rudimentar e resultados sofríveis em números absolutos possa parecer primitiva para profissionais versados e diplomados. Só 3% das pessoas que entram no AA ou no NA param de beber na primeira tentativa; a maioria, como eu, percorre o caminho da recuperação e da recaída algumas vezes, e boa parte não consegue parar nunca. De toda forma, dos últimos vinte anos na ativa, dez eu passei sem beber. E, se isso não pode ser considerado uma vitória estatística, não sei o que pode.

Mas eu, que sou menos lida e estudada, porém convivo com o problema, considero onipotência achar que a psicanálise tem a resposta para todos os males. Por acaso algum diabético se deita no divã para tratar da vontade incontrolável de comer doces? Que eu saiba, para isso existe o endocrinologista, não?

No dia seguinte à publicação do texto de Contardo, escrevi minha coluna na mesma *Folha de S.Paulo* defendendo o pensamento que está explicitado até aqui. Quer saber? Foi um massacre. Devo ter recebido mais de duas centenas de mensagens contendo críticas das mais ferozes e apoiando apaixonadamente o psicanalista.

O pessoal escreveu para me xingar, para evocar Freud, para me acusar de falsificar minha experiência e me chamar de profeta de araque. Ninguém, absolutamente ninguém, se manifestou a meu favor. Não estava preparada para reação tão enfurecida, não podia imaginar que meu testemunho pessoal sobre um tema aberto à discussão pudesse gerar tamanha controvérsia.

Então fui à minha reunião seguinte do NA. E o povo quase me carregou no colo, feito o Pelé na Copa de 1970, virei heroína dos frascos e comprimidos! Da publicação do meu texto em diante, tornou-se lugar--comum encontrar pela vida companheiros de sala que ainda se lembram do meu texto.

Contardo nunca se manifestou. Encontrei-o num evento social depois disso e fui pedir desculpas por publicar o texto sem alertá-lo antes. Não deu tempo. Li a coluna dele de manhã, escrevi a minha depois do almoço e a enviei ao jornal no fim da tarde. O processo industrial comprometeu a minha elegância.

Por sua vez, talvez tenha sido excesso de garbo, sabe Deus, que impediu o psicanalista de me dar uma resposta pública sobre a questão.

Será?

Outra hipótese é que, do alto do cume do convencimento em que pairava sua lustrosa altivez, Contardo tenha achado que meu comentário não merecesse consideração. Jamais saberemos.

CAPÍTULO 30

BOM DIA, TRISTEZA

Os ingleses dizem que pássaros com as mesmas penas voam juntos. Gente gregária que gosta de festa e de farra também circula entre os mesmos copos.

Um querido amigo, Guncho Maciel, que por muitos anos trabalhou comandando as casas de Ricardo Amaral, o rei da noite carioca, encarava a boemia de maneira cautelosa, ciente de que o demônio está nos detalhes.

Depois do almoço, quando alguém lhe oferecia um cafezinho, ele agradecia polidamente. "Não, obrigado, não tomo café." E expunha suas razões. "Se tomar, posso acabar todo lanhado e até arrisco a vida", dizia, deixando o garçom intrigado.

Sua lógica calava fundo entre meus colegas de boteco. Guncho explicava de forma descomplicada os perigos a que um mísero cafezinho pode expor quem gosta de entornar umas e outras. "Se eu tomar café, vou querer fumar. Se fumar, vou querer beber. Se beber, vou querer cheirar cocaína. Se cheirar cocaína, vou querer oferecer o rabicó a granel. E, se oferecer meu popô por aí, me arrisco a acabar tomando porrada."

Nada mais natural.

Entendo a lógica do seu raciocínio. Mesmo quando a bebida é a sua "kriptonita", como no meu caso, até um insignificante café pode detonar um mecanismo capaz de causar mais estrago que um meteorito.

Lembro de *O Voo*, do diretor Robert Zemeckis, que fez um filme genial atrás do outro; entre eles, *Uma Cilada para Roger Rabbit*, *Forrest*

Gump e *De Volta para o Futuro*. O tema, só fui perceber perto do fim do filme, é o alcoolismo. E há uma cena que me impactou como nunca antes em uma sala de cinema.

Na trama, era a véspera do depoimento do personagem principal, um piloto comercial interpretado por Denzel Washington, diante do comitê de inquérito da Federal Aviation Administration, que apuraria as causas do acidente aéreo no qual ele esteve envolvido.

Temendo ter de acionar o seguro, o que lhe custaria milhões de dólares, a cúpula da companhia aérea para a qual o tal piloto trabalhava o hospeda num quarto de hotel à prova de riscos – sem acesso a bebida.

Tudo que ele tem de fazer é sobreviver àquela noite sem beber. Só que, atente, ele é dependente. E meu estômago revira toda vez que me lembro dessa sequência do filme. O piloto percebe que a porta que conecta seu quarto ao apartamento vizinho, onde os diretores da companhia estão reunidos, está entreaberta. A câmera fecha numa cortina esvoaçante debaixo da qual, aos poucos, o espectador se dá conta que há um frigobar.

Antes mesmo de saber se a geladeira do quarto adjacente estava abastecida de goró, se ele iria resistir à tentação ou cair de boca, eu me rendi. Levantei-me e saí do cinema correndo, não aguentei ver uma cena tão familiar para mim.

Só fui saber que ele reproduzira o comportamento que eu mesma adotara centenas de vezes, em cada quarto de hotel em que estive a trabalho, em viagens a dois ou em férias familiares, quando o filme saiu em DVD, e eu tive de pegar na locadora para ver como a história terminava.

E, vá lá, por mais que *O Voo* não termine de forma trágica, no fundo o que Zemeckis mostra em seu filme é que, no longo prazo, não existe história de bebedor compulsivo com final feliz. Mesmo naquelas em que ninguém morre ou causa a ruína do outro, sempre sobra desgraça e muito arrependimento. Se eu não tivesse aberto aquela garrafinha em miniatura que mais parece um brinquedinho, tirada do minibar do quarto do hotel, aquela noite e todas as outras antes dela, e todas as que vieram depois em que repeti o gesto, teriam sido bem mais palatáveis. Mas, como muitas vezes acontece, e talvez esse também seja o meu caso, minha história poderia ter terminado pior. No fim das contas, consegui fazer uma saideira definitiva, a última de todas, a que encerrou os trabalhos. E hoje é só isso que importa.

Sem querer moralizar, e já moralizando, minha vida *on the rocks* poderia ter sido encerrada antes. Se a ficha tivesse caído na primeira ou, quem sabe, na segunda vez em que tentei largar a bebida. Só que levou mais tempo.

Mesmo assim, e a despeito dos anos desperdiçados e das mágoas acumuladas, no fim das contas eu triunfei. Consegui colocar um ponto final em drinques de intenção inofensiva ingeridos displicentemente em quartos de hotel espalhados por aí, cujo acúmulo acabava inevitavelmente em noites escangalhadas e manhãs enlutadas do dia seguinte. Nem que isso tenha me custado, ao todo, mais de trinta anos de lucidez, o fato é que superei o problema e estou aqui para contar como foi.

Por falta de cautela no consumo de álcool, esgotei várias vidas que me foram reservadas. Se o critério tivesse sido meritocrático, meu anjo da guarda, tadinho, deveria reencarnar como o George Clooney. Foram tantas as confusões...

Teve aquela noite em particular que poderia ter terminado malíssimo. Eu vinha acelerando e cortando alegremente uma avenida de São Paulo depois da outra quando acabou a gasolina do carro novo, cujo padrão de consumo eu desconhecia. Chamei um táxi vermelho e branco, que me levou até o posto e depois de volta ao carro. Assim que terminei de abastecer o tanque com o litro trazido do posto, que me permitiria chegar em casa, percebi o táxi que nos trouxera sair fora apressado, queimando pneu. Virei e dei de cara com uma pistola apontada a um centímetro da minha fuça.

Três adolescentes brincando de sequestro-relâmpago resolveram que iriam rodar a cidade tentando extrair da Ana e de mim todos os nossos ouros e infinitas riquezas. Só que ficaríamos devendo. Oferecemos o carro. Não queriam. Nos mandaram retirar dinheiro do caixa eletrônico, nenhuma das duas tinha crédito. Poxa, que novidade. Assinei um cheque no posto de gasolina, estávamos novamente de tanque vazio, o rapaz que nos sequestrou ao volante, a Ana ao seu lado no banco do passageiro, eu atrás, entre a sequestradora loirinha e a morena. Bem, para encurtar o assunto, depois de as duas meninas fazerem um rapa na minha casa enquanto a Ana esperava no carro junto com o rapaz armado, eles decretaram que nós iríamos levá-los até a casa deles.

No caminho, pensei o pior. A imagem que me vinha à cabeça era dos nossos corpos esbranquiçados com um furo de bala no meio da testa, atirados em alguma quina da Serra da Cantareira. Para disfarçar o medo e afastar essa visão, desandei a falar sem parar. De novo: poxa, que novidade. Até que a loirinha de cabelos encaracolados perdeu a paciência. Com o metal gelado do revólver encostado na minha bochecha, ameaçou: "Se você não calar a boca, vou dar um tiro na sua cabeça". Não me abalei nem perdi o fôlego: "Você sabe quantas vezes já ouvi isso na vida, minha filha?". O comentário pareceu tão deslocado que, depois de um átimo de silêncio, o carro inteiro caiu na risada.

O dia já estava apontando quando eles decidiram nos dispensar, não sem antes nos fazer descer do carro e posar para foto com a câmera Polaroid que haviam afanado da gente. "Vamos tirar uma foto com as freguesas", ditou o chefão da operação, um garoto de seus 20 e poucos anos, com aparelho fixo nos dentes, a quem eu perguntara se seu trabalho não apresentava riscos um pouco exagerados e ele respondera que sim, que podia ser, mas que todos morrem mais cedo ou mais tarde.

Fizemos o caminho de volta lá da pequepê onde eles moravam como quem retorna da Guerra dos Cem Anos, exauridas demais para sentir a brisa do alívio.

Depois desse episódio do nosso "pseudossequestro" (até isso vira escracho), eu me traumatizei. Durante um baita tempo não tive coragem de sair de casa.

O que quer dizer que consegui unir o útil ao desagradável, passando para uma fase ainda mais aguda da doença, a de ficar entocada bebendo escondido. Não queria ser vista e muito menos ouvida por ninguém. Estávamos entrando na era daquele sentimento perverso para o qual os alemães deram até nome, *Schadenfreude*, o prazer de ver os outros se ferrarem.

Começavam a abundar as viralizações de registros indiscretos gravados no celular e espalhados pela internet, para gáudio de todos os *voyeurs* e espíritos de porco da humanidade. Um colega jornalista foi exposto bêbado na frente das câmeras e eu entrei em pânico. Sabia que era só questão de tempo até a minha vez chegar.

A ressaca moral já estava batendo picos insuportáveis de desconforto, vergonha e culpa. Agora a paranoia vinha se juntar à receita que cozinhava num panelão de fervura branda.

Achava que ia morrer se não parasse logo, tinha crises de sudorese e tremedeira quando alguma imagem fatalista da minha cabeça resolvia me assaltar.

Não havia mais manhã que não me visse acordar e interfonar para o adorado porteiro Alves, um baiano completamente da pá virada, gente boníssima que trabalha até hoje no prédio em que eu morava, para perguntar se meu carro estava na garagem.

Não fazia sentido fingir para os funcionários ou para os vizinhos que eu levava uma vida normal.

Numa das minhas últimas grandes bebedeiras, cheguei completamente atrapalhada ao portão do prédio, puxei o freio de mão e desmaiei ali mesmo, rosto pregado no volante. Não fosse o Alves ter vindo galantemente me acudir e recolocar o carro na vaga, talvez tivesse sido o guincho a me levar embora. A lembrança até hoje me causa assombro.

Hoje sei que era de conhecimento geral da nação o que rolava lá em casa. Apesar do tratamento mais do que acolhedor que o Codorna e o Ricardo, respectivamente funcionário e proprietário da padaria Beija-Flor, vizinha ao meu prédio, sempre me reservaram, não há como me iludir de que eles não soubessem que a moradora da unidade 61 do edifício Sônia estava completamente fora de controle.

Em nome de um certo decoro, eu ainda fazia questão de dissimular. Pedia um litro de leite e um pão filão para acompanhar o restante da encomenda, que constava basicamente de pacotes de Marlboro caixinha e galões de Johnnie Walker. E todo mundo fingia que acreditava que eu não tinha ido até a padaria só para suprir o estoque de nicotina e álcool.

Uma vizinha, artista plástica e colega da Folha, figuríssima e minha companheira de balada, não teve a mesma sorte que eu. Quase todo sábado ela empurrava com o cotovelo a porta de ferro da padaria, antes mesmo do horário de abertura (!), para fazer o seu pedido: um litro de leite, meia dúzia de pãezinhos, uma garrafa de Smirnoff e uma provisão de Marlboro. Até que um dia o senhorzinho da padaria disse a ela: "Olha só, dona Helena, por que a senhora não pede só a vodca e o cigarro? A gente já se conhece há tantos anos".

Um outro amigo, praticamente meu *brother*, o Conrado, costumava esconder as garrafas vazias da empregada, a Luzia, que era uma fera. Um dia fui visitá-lo, ele estava me esperando. Quando anunciei meu nome na entrada, o porteiro disse que o senhor Conrado não estava, tinha ido viajar.

"Como assim?", devolvi. "Bem, ele acabou de sair com uma mala", respondeu o porteiro. Uma mala, sei...

Que viagem, coisa nenhuma. Ele guardava todas as garrafas vazias numa enorme mala que de quando em quando levava para fazer a desova dos vasilhames numa caçamba da esquina. Todo um malabarismo para a Luzia não ver. Até parece.

Minha funcionária, a Claudinha, também não tinha nenhuma ilusão. Especialmente na fase final da minha bebedeira, em que ela acorria a todos os membros do templo evangélico que frequenta para que rezassem por mim. Ela relembra que tinha de esfregar com água e detergente o entorno do local onde eu ficava trabalhando no computador, para tirar o amarelado da nicotina impregnada nas paredes ao meu redor. E nunca se esqueceu da conta da padaria, que todos os meses batia na casa dos mil reais!

Anote aí, porque isso é condição fundamental: a força de tanta gente que gosta de mim acabou sendo essencial na minha recuperação. Sem amor e apoio, sem a paciência de quem torce pela gente, não existe terreno possível onde cavar a motivação de que qualquer dependente necessita para buscar outra forma – menos tumultuada – de viver.

CAPÍTULO 31

COLUNISTA DA FOLHA

Sou muito rabuda. Sabe rabuda tipo o Gastão, primo sortudo do Pato Donald? Esse é o meu naipe de rabudice.

Sei que não parece bem assim para quem me vê a frio. Não sou bonita, nem magra, muito menos sedutora. Hoje em dia, nem mais "Barbara, a lésbica", eu sou. O pessoal agora me vê como "Barbara, a *véia*". Diria até que tenho cara de Muppet. Ou de otária.

Mas acontece que, por dentro e pras minhas negas, eu sou um raio de sol. Não destrato o meu carma, mimo a minha sorte de tudo que é jeito e, assim – não sei explicar se isso tem a ver –, as melhores coisas parecem estar sempre reservadas para mim.

Duvida? Então veja só como me tornei jornalista.

Eu tinha uns 22 ou 23 anos e tudo caminhava para que eu me tornasse Barbara G., drogada, prostituída e assaltante de banco – ou, quem sabe, até pior. Quando me perguntavam (meu pai, dia sim, dia não) sobre meus planos para o futuro, não me acanhava em dizer em voz alta que minha intenção era passar o maior tempo possível na horizontal. Quando algum amigo da família perguntava o que eu fazia, dizia na maior cara dura que era piloto de prova de uma fábrica de colchões.

Eu achava graça no meu jeito traquinas de ser. Mas minha vagabundagem já começava a incomodar até a mim mesma.

Foi quando um anjo alado chamado Antonio Bivar, dramaturgo e escritor, caiu de uma nuvem para me salvar a pele.

Para ser sincera, até então eu não gostava de jornalistas. Quando meu professor de Literatura no colégio inglês insistiu para que eu me submetesse a um estágio no jornal de uma cidade do interior da Inglaterra (sabiamente, lá eles não têm curso superior de jornalismo), passei a evitá-lo como o chifrudo evita a água benta. Na minha visão estreita de mundo, existiam motivos palpáveis para não ir com os cornos da profissão, que, já naquela época, mostrava ser a minha vocação.

Meu pai corria de automóvel ao menos um fim de semana por mês em Interlagos, circuito que ajudou a modernizar. Desde pequena, eu ia junto. Minha mãe coordenava os trabalhos, e ela era tão cativante que os mecânicos acatavam sorrindo tudo que ela dizia. Minha irmã, a que menos gosta de velocidade na família (Kika nunca recebeu uma multa e também nunca engatou a quarta ou a quinta marchas, por medo de que o carro saísse em disparada), fazia com grande competência as vezes de cronometrista.

E meu irmão ficava para lá e para cá, cheio de graxa nas mãos, nas roupas e no rosto, discutindo muito com um e com outro. Ninguém nunca soube me explicar qual atividade ele desempenhava com tanto dispêndio de energia, mas fato é que, tirando a graxa, até hoje ele anda metido em corridas e andando para cima e para baixo pelas pistas do planeta. Eu ficava ali encolhida, odiando o barulho e espiando tudo. Na segunda-feira, quando víamos os jornais, eles haviam distorcido tudo o que eu presenciara acontecer bem diante dos meus olhos. Ao menos essa era a impressão que eu tinha.

Mesmo tendo editado a revista da escola, *The Paulean*, durante alguns anos e produzido a maior quantidade de fotos que nela apareciam, eu não me via jornalista. Talvez me sentisse melhor na pele de fotógrafa. Tirava mais de 500 fotos por semana, fazia curso de fotografia com Maureen Bisilliat e Cristiano Mascaro, comprava filme por rolo e vendia minhas fotos (que eu saiba, nunca nenhuma foi publicada) para a *National Geographic* e o Image Bank.

Daí aconteceu que a Kika foi morar em Nova York e virou uma dessas *socialites* que, na época, brilhavam em colunas de jornal e páginas cintilantes de revistas só pelo fato de existir. Hoje, as *socialites* transferiram residência para o Instagram, mas basicamente a atividade delas continua a mesma. São garotas bacanudas que despertam atenção pelo tipo de vida que levam.

A SAIDEIRA

Kika levava um vidão em NYC. Morava com uma amiga na 5ª Avenida, no Upper East Side – lógico, trabalhava com moda de dia e à noite podia ser encontrada na companhia de Andy Warhol, Bianca Jagger, Halston, Carmen D'Alessio, Liza Minelli, Oscar de la Renta & comparsas chacoalhando o esqueleto no Studio 54, inferninho que fez história nos anos 1970.

Eu, com meu jeito mongo de ser, morava com meus pais em São Paulo e jogava golfe, muito pê da vida por ter voltado da Inglaterra na marra, onde deixara minha primeira namorada.

No Brasil, o editor Claudio Schleder lançava a versão brasileira da revista *Interview*, publicação de veia artística criada por Andy Warhol nos Estados Unidos.

Lá pela oitava ou décima edição, recebo um telefonema do Antonio Bivar, em nome da *Interview* tapuia, dizendo que queria me entrevistar. "Ué, me entrevistar por quê? O que foi que eu fiz que ninguém me contou?"

Bivar foi franco, disse que eu era a irmã "diferentona" da *socialite* e que isso podia dar caldo na revista. Talvez tenha sido a sua candura que me fez aceitar um café com ele. Lembro que Bivar chegou à casa dos meus pais segurando um guarda-chuva. Mandei que ele deixasse o guarda-chuva na entrada, falei que ia buscar um papel e uma caneta e já volta. Ele não entendeu direito o que estava acontecendo. Voltei armada de papel e caneta e me dirigi a ele novamente: "Olha, você fica aí sentado que eu vou escrevendo aqui as perguntas e as respostas da sua entrevista comigo". Camarada experiente e super-humorado, Bivar achou graça na minha autossuficiência e deu corda.

Em dois tempos enchi várias folhas de sopa de letrinhas e as entreguei ao meu entrevistador. Bivar leu de cabo a rabo. Quando terminou, levantou os olhos e disse: "Em duas semanas começo a trabalhar numa revista nova, chamada *Gallery Around*, você quer vir comigo?".

Veja bem: por mais que eu encarasse meu ócio como ofício, tinha de concordar que o nome do que me estava sendo oferecido era trabalho, e isso era tudo que eu precisava para dar um tempo nas cobranças paternas. Também suspeitei de que aquilo poderia ser divertido.

Virei colunista colaboradora da pioneira revista de Joyce Pascowitch. Dei ao meu primeiro texto publicado o título de "W.C.". Falava sobre as delícias da privacidade que o banheiro oferece. Estampada acima do título, só para confundir, não quis uma foto minha. Só o Bivar riu quando mostrei a foto que queria ver na coluna: era da escritora rococó Barbara Cartland, que naquele tempo se destacava por escrever melífluas novelas femininas, e não por ser mãe da madrasta da princesa Diana.

Fui ficando na revista e escrevendo uma besteira atrás da outra, até que... bem, minha querida amiga Claudia Matarazzo, que nasceu no mesmo quarto que eu na defunta maternidade Matarazzo, da Alameda Rio Claro, vizinha à Avenida Paulista, começou a namorar (veja como é a vida) o Ruy Castro. Ele, por sua vez, tinha sido uma das estreladas contratações da *Folha de S.Paulo* na nova gestão que se iniciava, a de Otavio Frias Filho, que mudou os rumos do jornalismo brasileiro. Ruy disse para a Claudia que na Folha estavam precisando de novos talentos. Ela começou uma campanha para que ele apresentasse na redação o nome de sua amiga Barbara.

"Manda seus artigos para ele, não seja preguiçosa", incentivava Claudia, e eu nunca achava hora de mandar. Ainda tenho vontade de cortar os pulsos e sair correndo, gritando e esfregando o sangue pelo corpo quando penso nas numerosíssimas oportunidades perdidas por: a) inércia; b) ressaca; ou c) alienação.

Foi de tanto a Claudia insistir que um dia acabei encontrando o Ruy Castro pessoalmente e dando a ele um recorte de papel com um original da minha coluna picotado da revista. Ele leu, gostou e indicou o meu nome ao Caio Túlio Costa e ao Matinas Suzuki Jr., diretores de redação na época áurea da Folha, quando os jornalistas ainda faziam barulho, eram lidos, comentados, ditavam moda e davam furos sensacionais. Hoje é tudo bem mais difícil, prestígio e peso são duas coisas que não caminham mais necessariamente juntas. Na minha modestíssima opinião, a Folha ainda mantém a dianteira porque, depois de se modernizar, soube se manter em compasso com as exigências do nosso tempo.

Durante quinze anos, publiquei uma coluna na última página da *Revista da Folha* chamada "Barbara Responde", em que dava às perguntas estapafúrdias dos leitores respostas as mais absurdas possíveis. A inspiração da coluna foi minha: sempre fui fã da seção "Cartas do leitor". Eu era aquela criança que semanalmente escrevia para alguma publicação, uma contestadora em gestação. Por muitos anos troquei correspondência com o veterinário responsável pela coluna de cães do *Corriere dei Piccoli*, o caderno infantil do *Corriere della Sera*. Aos 15 anos, uma carta minha foi

A SAIDEIRA 207

publicada na revista *Time*. E sempre me encantou aquela coluna "Dear Abby", que era publicada em dezenas de jornais americanos desde os anos 1960. Só que a Abby das respostas era uma senhorinha de extremo bom senso, que tratava de assuntos delicados e era levada muito a sério.

Já eu... queria fazer algo novo e bem-humorado, algo que não coubesse nas fronteiras delimitadas pelos limites impostos às colunas daquela época. E, como sempre havia me ressentido da falta de habilidade do leitor em distinguir ironia de agressão, resolvi fazer algo bem explícito, que fosse servir como crítica e exercício forçado de humildade. O Paulo Francis tinha toda a razão quando dizia que quem escreve para jornal ou revista não bate bem da moleira. Propus que fizéssemos uma coluna nos moldes da "Querida Abby", só que as perguntas teriam de ser bizarras e as respostas, devastadoras. Para ditar o tom da coluna, meu editor, o Caio Túlio, propôs que eu pedisse a gente famosa que escrevesse as primeiras perguntas. Falei ao Caio que eu mesma faria as perguntas e as respostas, e ele me proibiu: "Você, não", decretou, lembrando que, na redação, meus bilhetes de amigo-secreto eram tão autorais que todo mundo descobria em dois minutos que eu os tinha escrito.

A brincadeira pegou e em pouco tempo eu estava recebendo cartas que diziam coisas como: "Olá, meu nome é tal de tal, estudo na sexta série A do colégio tal de tal e acho que sou gay". O meu passado de criança indomável me dizia que aquele tipo de missiva só podia ter sido perpetrado pelos amiguinhos do suposto autor da carta.

Sei que a coisa foi evoluindo a tal ponto que a coluna passou a ser a mais lida do jornal aos domingos, o dia de maior vendagem. No auge, eu recebia cerca de cem cartas por dia. Fui adquirindo tamanho treino que raramente alguém conseguia me passar a perna. E o objetivo era esse, conseguir ser mais espertinho do que a resposta que eu pudesse dar. Funcionava como um desafio. Uma vez que eu caí foi quando me fizeram a pergunta: "Por que urso-polar não come pinguim?". Aquilo ficou entalado até hoje. A resposta certa para essa pergunta é bastante simples: "Porque um mora no Polo Norte e o outro, no Polo Sul". Sem entender o raciocínio, dei alguma outra resposta engraçadinha. A repercussão de gente tirando uma onda da minha cara foi tão imensa que passei a estudar todas as perguntas como se estivesse participando de uma caça ao tesouro ou de uma gincana. A cada semana, quanto mais eu destruía o leitor nas minhas respostas, mais a molecada se empolgava para me escrever.

Um dia, um garoto me enviou uma pergunta dizendo que seus pais iam viajar e que ele teria de ficar na companhia do irmão menor e da avó, a quem detestava profundamente. Respondi alguma coisa neste tom: "Ora, garoto, tem coisa muito pior, se dê por contente que seus pais não mandaram você para o internato dos salesianos em Campinas". Note que minha mãe foi a mais fervorosa devota de Dom Bosco, o patrono dos salesianos, padre italiano de uma bondade ímpar que foi santificado e é respeitado pela maioria dos turineses. Os salesianos de Campinas mantiveram um internato que aterrorizou o imaginário da minha geração. Sempre que um adolescente aprontava, os pais diziam: "Vamos mandar você para os salesianos de Campinas".

Muito bem. Depois de um ou dois meses dessa minha inocente resposta, o departamento jurídico da Folha me envia a informação de que estou sendo processada por calúnia pelos salesianos. Acredite se quiser, fui condenada pela Justiça, e a Folha teve de se retratar e pagar uma indenização de muitas cestas básicas. E eu, que imaginava que os salesianos de Campinas tinham mais a fazer do que se ater a idiossincrasias, descobri que, em vez de se recolher em oração ou ajudar ao próximo, eles passavam o domingo lendo a minha coluna.

Tive dezenas de processos na Folha, e o jornal sempre ficou ao meu lado. Fui processada por gente como o legista Badan Palhares, a deputada Heloísa Helena e um prefeito do Guarujá cujo nome não me recordo. Só do Paulo Maluf foram oito processos, sem contar aquelas tentativas que acabaram rejeitadas pelo juiz e que facilmente triplicariam essa conta. Hoje condenado pela Justiça, Maluf foi o primeiro a usar um trunfo que acabaria virando uma pedra no sapato da liberdade de imprensa no país: em vez de processar a Folha de S.Paulo, como era praxe até então, ele passou a me acionar pessoalmente.

Quando o político símbolo da roubalheira em obras viárias de São Paulo – a quem eu na infância costumava chamar de "tio Paulo", por ser amigo dos meus pais e frequentador da chamada "alta sociedade paulistana" – conseguiu uma vitória, aceitei de cabeça baixa, uma vez que decisão de juiz não se contesta. Apesar disso, sei que não cometi injustiça. Tinha informações de bastidores que não puderam ser utilizadas na época.

Durante meses, dediquei algumas poucas linhas da minha outra coluna na *Folha*, mais séria, publicada às quartas e sextas-feiras no caderno *Cotidiano*, para perguntar quando Maluf ia apresentar o resultado do exame de DNA que esclareceria a denúncia da filha de um segurança que trabalhava para ele, que alegava ser o político o pai de seu filho recém-nascido. A moça era menor de idade e o caso gerou uma barulheira. Maluf levou meses para produzir o atestado dizendo que não era o pai da criança. E eu me estrepei apenas por repetir semanalmente a pergunta: "Dr. Paulo, quando é que o senhor vai nos mostrar o resultado do exame de DNA?".

Foram vários os casos em que causei comoção na cidade.

Uma das mais divertidas foi quando o filho da ministra Dorothea Werneck, dos governos Collor e FHC, entrou em primeiro lugar em três universidades: PUC-Rio, UnB e Unicamp, respectivamente em ciências exatas, física e computação. Em razão do feito, acabou sendo entrevistado nas prestigiosas Páginas Amarelas da *Veja*, em que, entre outras barbaridades, disse que "Picasso é só rabisco" e que "Não há diferença entre o desenho de uma criança e um quadro de Miró".

Diante do despautério, escrevi um texto ponderando o seguinte: "Se o primeiro colocado em vestibulares tão bem cotados exibe esse nível de ignorância, imagine o que passa pela cabeça do 45º colocado da FMU".

No dia seguinte à publicação dessa minha coluna, bem cedo, recebo um telefonema da então editora do caderno *Cotidiano*, Suzana Singer, que depois virou *ombudsman*, uma das melhores jornalistas com quem já trabalhei:

– Não venha para a Folha hoje sob hipótese alguma.

– Cruzes, mas o que houve? Será que descobriram que sou uma fraude e não me querem mais?

Suzana prosseguiu:

– Deve ter umas 80 pessoas aqui na frente do jornal, gritando com cartazes na mão e chamam você das piores coisas.

– Mas quem são e o que querem? – perguntei, meio no desespero.

– São alunos da FMU e estão fazendo um protesto, trouxeram a 45ª colocada no vestibular da universidade e estão aqui exigindo que você se apresente.

Deu reportagem na *Folha* do dia seguinte. E eu tirei o dia de folga.

São tantas histórias, eu realmente me diverti horrores ao longo dos meus 32 anos no jornal. Nós, que trabalhamos naquela época na Folha, não nos dávamos conta de quão privilegiados nós éramos. Fazer parte da melhor e mais dinâmica redação do país foi o mesmo que tirar a sorte grande.

CAPÍTULO 32

EU GANHEI A COPA DO MUNDO

Pode ser, dileto leitor, que você não tenha sido informado, mas é forçoso que saiba de uma coisa fundamental a meu respeito.

Eu, Barbara Maria Vallarino Gancia, brasileira, nascida em São Paulo, capital, em 10/10/1957, ganhei a Copa do Mundo de 1994.

Isso mesmo. Ganhei a Copa. Não fiz isso sozinha, por certo. O Romário ajudou bastante.

E nem sou eu quem diz. Foi o Parreira, num dos primeiros telefonemas dados assim que fincou pé em solo brasileiro após a conquista do tetra.

Uma ressalva antes de fazer um *flashback* desse dia de glória da chegada da Seleção ao Brasil trazendo a taça, com direito às saudações de Romário pela janela do *cockpit* do avião, assim que a Seleção aterrissou neste Brasilzão de meu Deus.

Veja só: a partir de 2002 e ao longo da década que se seguiu, apresentei o *Dois na Bola*, com o Silvio Luiz, no BandSports. Tratávamos de todos os esportes. Adoro tênis, golfe, automobilismo, atletismo, jogos olímpicos em geral, então apelava para meus conhecimentos prévios, me virava ou ia pesquisar. Não tenho a menor afinidade com futebol, nunca joguei, só me interessam o Santos e a Seleção sob o aspecto comportamental, afetivo e humano. Quem falava sobre esse assunto no programa era, lógico, o *expert*, meu *partner* Silvio Luiz.

Só que, por falta de entender que o nome do programa era uma referência ao título do disco de Elis Regina e Jair Rodrigues chamado *Dois na Bossa* – e também pelo fato de eu ser pansexual, não tenho dúvida –, o pessoal acha que entendo de futebol. Nada mais equivocado. Nunca fui do futebol, não tenho a menor paciência para aquela empolgação toda nem sei dizer quando é falta ou impedimento. Sempre acho que o juiz está fazendo mau juízo das intenções do jogador quando marca falta.

Mas, porque me especializo em discorrer sobre o comportamento humano, acabei destacada pelo meu editor na Folha à época, Matinas Suzuki Jr., para cobrir diversos eventos com os quais não tenho a menor intimidade: a Festa do Peão de Barretos (da qual acabei sendo resgatada da morte por um querido amigo, o fotógrafo Marcos Rosa, que trabalhava na *Veja*. Ele me agarrou pelo braço e me alçou do picadeiro quando me joguei lá dentro pra correr atrás dos touros, empolgada que estava depois de tomar todas no camarote da Brahma); a final do Campeonato Brasileiro, entre Corinthians e Palmeiras, que foi disputada em Ribeirão Preto, porque os estádios da capital estavam impraticáveis; e até um amistoso entre Brasil e Argentina, disputado em março de 1994, a poucos meses do início da Copa.

Lembro que havia uma baita crise política na época. Brasília, para variar, estava pegando fogo. Ao mesmo tempo, o Brasil inteirinho, em uníssono, resolveu encrencar com Carlos Alberto Parreira.

Naquele março de 1994, eu estava na cabine do estádio, ao lado do Osmar Santos – que tinha feito a gentileza de me acomodar num lugar melhor do que a minha credencial permitia –, na hora que a Seleção entrou em campo.

Quando jogadores e técnico se apresentaram para a partida, o público se uniu e começou a gritar em coro contra a figura de Parreira: "Burro! Burro! Burro!". Por um momento que me pareceu interminável, a gritaria chegava a abafar os microfones: "Burro! Burro! Burro!". Aquela unanimidade raivosa me intrigou. Não costumo prestar atenção ao futebol, minha matéria-prima é gente – e as coisas estúpidas que as pessoas fazem sem se dar conta. É dessa fonte que extraio o meu ganha-pão.

Voltei para São Paulo e tomei pé da situação: não havia nenhum cronista esportivo, nenhunzinho da silva, que estivesse contente com o desempenho do técnico. O público, então, estava possesso. Todos achavam que o Brasil havia perdido a alegria de jogar, que Parreira sufocava o estilo dos brasileiros e impunha uma lógica burocrática que se sobrepunha ao talento dos nossos craques, que tecnicamente estava tudo errado, enfim. Carlos Alberto Parreira não podia contar com uma só pessoa para defender a sua estratégia.

De minha parte, eu achava aquilo estranho. Mesmo sem saber julgar se as pessoas estavam certas ou erradas, algo me parecia fora de esquadro. Quando via Parreira dando declaração na TV, ele passava a impressão de homem de respeito, sensato, sério, sóbrio e dedicado.

Cheguei à conclusão de que as pessoas estavam reagindo aos resultados mornos apresentados pela Seleção nas eliminatórias para a Copa dos Estados Unidos com emoção demais e zero de razão. Resolvi escrever uma coluna defendendo Parreira. Disse que, se futebol é assunto sobre o qual crianças e adultos são capazes de discutir em pé de igualdade, não pode ser levado tão a sério e que, portanto, nada justificava toda aquela agressividade em relação ao treinador.

A coluna deu o que falar. Caio Túlio inventou de me atiçar. Graças a Deus, diga-se, porque o seu apoio foi essencial nessa história – e em muitas outras ao longo da minha carreira na Folha. Ele já tinha sido secretário de redação e *ombudsman* do jornal quando lançou a *Revista da Folha*, um ano antes de assumir a direção-geral do UOL, que ajudou a fundar em abril de 1996.

Naquela época, a redação da revista ficava no 9º andar; a do jornal, no 4º. Pois bem. Eu descia para escrever minha coluna no computador da editoria do caderno Cotidiano e o Caio vinha atrás. "Escreve aí sobre o Parreira, vamos, escreve." Eu poderia ter dito que não escreveria. Ele não tinha autoridade sobre mim, pois eu atuava para outra editoria, e estava ali mais como o grande amigo que acabou sendo na minha vida. Além do mais, nenhum editor pode interferir no que o colunista escreve. Ele tem, sim, o poder de vetar alguma coluna, na maioria das vezes para evitar que o jornal seja processado ou que se publique uma informação errada. Mas dar palpite no que o colunista escreve não é assunto da direção do jornal.

Mesmo assim, ele descia atrás de mim e ficava cutucando a onça com vara curta. Me dava a maior força para defender o Parreira e ainda sugeria: "Escreve aí: recorte e guarde esta coluna..." E eu, que gosto de ser testada, escrevia. Até o dia em que me empolguei e comecei a dizer que o Brasil ia ganhar a Copa, que os cronistas e subcronistas de futebol eram uma gente infantilizada que torcia mais do que analisava.

A coisa foi num crescendo, até a Copa estrear. Daí em diante, me mantive firme em cima da corda bamba. A cada jogo do Brasil, uma nova coluna: "Recorte e guarde esta coluna, o Brasil vai ganhar a Copa".

Vieram os pênaltis na final contra a Itália. Eu assistia ao jogo com meu chapa Rogério Fasano, que fechara o restaurante Gero especialmente para acompanhar o jogo entre o país dos nossos antepassados e nosso país de adoção, ou melhor, o nosso país, junto dos amigos mais próximos.

Na hora dos pênaltis, não consegui olhar. Fui para o toalete feminino e quase enfiei a cabeça na privada. Minha carreira acabou, pensei. O resultado foi aquele que sabemos: 3 a 2 para o Brasil e a quinta estrela na camisa da nossa Seleção.

No dia seguinte, já entrei pela porta da redação da *Revista da Folha* cagando regra sobre a vitória do Brasil. Estava feliz da vida e, junto com os colegas que tinham sofrido comigo, assisti ao pinga-pinga triunfal da chegada do avião que trazia a Seleção de volta, parando em todas as capitais que encontrou na sua rota.

Devia ser pouco depois das 16 horas quando o telefone tocou. Atendi e a voz do outro lado disse: "Boa tarde, posso falar com a Barbara?". Perguntei quem era e a pessoa disse, pausadamente: "Carlos Alberto Parreira". Ah, tá. Respondi que eu era a rainha da Inglaterra e ele se apressou em dizer: "Não desliga, a CBF te escreveu uma carta a meu pedido e…"

De fato, eu tinha recebido uma carta da CBF agradecendo a força. Mas não era possível que aquele sujeito ao telefone fosse o Parreira. Aquele mesmo que no dia anterior tinha conseguido a façanha de ganhar a Copa do Mundo? Como poderia me ligar se tinha acabado de chegar em casa, depois de mais de mês longe?

"Você recebeu a carta que eu lhe mandei, não recebeu?", perguntou. Mudando de tom para um bem menos pernóstico, respondi que sim.

Era mesmo o Parreira! Coloquei a mão sobre o bocal do telefone e gritei para toda a redação ouvir: "Gente, é o Parreira!". O povo se juntou ao meu redor; Caio Túlio era o mais exaltado. "Estou ligando para agradecer o seu apoio", prosseguiu. "Você foi a única jornalista do país – a única", enfatizou, "que acreditou na gente".

Meu coração anunciou, com um espasmo, que estava prestes a explodir. "Queria te dizer que eu lia seus textos nas preleções dos jogos e que você nos ajudou a ganhar a Copa do Mundo."

Pela primeira vez na vida, emudeci. A ficha caiu de forma inequívoca: eu ganhei a Copa do Mundo de 1994. Junto com o Romário, o Mauro Silva, o Cafu, o Raí, o Parreira e o resto do pessoal. Caio Túlio cochichou no meu ouvido: "Pede para ele te convidar para ir ao Rio, diz que quer entrevistá-lo". Ainda meio abobalhada, fiz como o chefe mandou e na quarta-feira já estava apertando a mão do técnico e posando com ele e a medalha de ouro para a foto que aparece neste livro.

No domingo seguinte, assinei a matéria de capa da revista, uma exclusiva com o Parreira. Até hoje o pessoal me para na rua e diz que recortou e guardou as colunas petulantes que escrevi naquele período.

CAPÍTULO 33

CAIXÃO LACRADO

Imagino que haja várias quebradas em cada uma das capitais brasileiras conhecidas pela alcunha de "buraco quente", em referência a pontos de venda de drogas.

O meu ficava perto de casa, na região do aeroporto de Congonhas, e era comandado por um "trafica" que tinha a expressão do quadro *O Grito*, de Edvard Munch, tatuada nas feições do rosto. Eu cruzava com ele uma ou duas vezes ao mês, e a cada encontro percebia que ele estava entre um dia ruim e outro pior ainda.

Chumbinho era ardido. Não levava desaforo para casa e não tinha a menor abertura para sarcasmos ou trocadilhos que abundam na minha maneira de comunicar. Quase toda vez que o encontrava, no *point* da entrada da favela, eu sempre cheia de gás – lógico, caso contrário não me passaria pela cabeça ficar dando sopa naquele lugar de serenidade improvável no meio da madrugada –, sentia que nossa conversa poderia terminar com uma azeitona estampada no meio dos meus olhos.

Já faz bem mais de vinte anos que não o vejo. De lá pra cá o asfalto atropelou a favela, e a população que ocupava o espaço foi removida para bem longe, como sempre acontece no caos da falta de planejamento urbano nas nossas cidades. Apostaria um picolé de limão como Chumbinho se afogou nos números da violência que assola o país, tá tudo dominado.

E não venha me dizer que sou eu, burguesinha do Jardim Paulista, a culpada pela sorte dos pobres coitados que se veem fisgados para dentro do tráfico de drogas. Sim, eu faço parte da demanda sem a qual não haveria comércio de substâncias ilícitas. Mas são as políticas fracassadas, que vêm desde os anos 1930, as responsáveis pelo sangue derramado, e não a minha condição humana, mais do que humana, de ser chamada a lidar com as angústias advindas da modernidade e do materialismo que me fazem ansiar pelo entorpecimento. Não aceito que se jogue a culpa por mais essa desgraça nacional sobre a minha cabeça.

Se a política em relação às drogas fizesse algum sentido, se tivesse encaminhado a questão para algum tipo de alento, eu não teria recorrido ao comércio ilícito.

O meu anseio, e o de todos os jovens que buscam drogas na favela (porque isso é uma das coisas que os jovens fazem, muitas vezes sem maiores consequências), teria sido encarado como assunto pertinente à área da saúde pública, e não matéria que integra a esfera criminal.

O fato de eu não vestir as sandálias da humildade naquilo que me diz respeito na questão das políticas públicas de segurança não me isenta de culpa na esfera pessoal. Não por estar consumindo drogas ilegais – mesmo porque o fumo da favela costuma ser bosta de vaca comprimida, e a farinha, um composto de bicarbonato, anfetamina e laxantes, ambos bastante inofensivos para estômagos de cabra como o meu –, mas, sim, por minha presença num local de alta periculosidade no meio da madrugada só mostrar o quanto fui capaz de "sair de giro" quando bebia além da conta.

Nunca, nem sequer por curiosidade, me passaria pela cabeça comprar cocaína para uso recreativo. Odeio a sensação causada pelo "demônio ralado". E muito menos me passaria pela cachola arriscar a vida a troco de nada.

Mas a euforia que a alteração de humor me trazia era mais forte do que tudo. Não à toa, a impulsividade que cresceu de maneira exponencial junto com o consumo de tudo o que me tirasse do enfado habitual a que o ser humano é obrigado a sucumbir me colocou no papel da pessoa da turma que é capaz de qualquer coisa.

Francesca, italiana ponta firme, cavalo raçudo que, por ser dois anos mais velha do que eu, muitas vezes me mostrou o caminho das pedras no que diz respeito a política e a filosofia, até hoje se mantém firme no posto de minha melhor amiga da vida.

Foi ela a primeira a saber quando eu resolvi transar com meu namorado igualmente virgem, aos 16 anos, no *Réveillon* da virada de 1974; era ela quem me acudia quando eu metia os dois pés na jaca, como na vez em que beijei a festa inteira em um aniversário em que o irmão do namorado anteriormente citado estava presente; foi ela que me escreveu quando fui estudar no Canadá para relatar que a coisa aqui estava feia e que o Wladimir Herzog tinha morrido nas dependências do DOI-Codi de São Paulo. E era para ela que eu perguntava o significado de palavras como "dialética" e "etnografia", posto que, não por acaso, Francesca fora a primeira da classe e capitã do time de esportes na escola e já estava inscrita na faculdade de Sociologia da USP, enquanto eu ainda terminava o segundo grau.

A Francesca foi a primeira das minhas amigas a morar sozinha. Seus pais resolveram voltar para a Itália depois que o pai dela se aposentou do laboratório De Angelis, e eles a deixaram muito bem instalada em um apartamento na esquina da Rua Juquiá com a Alameda Gabriel Monteiro da Silva, no Jardim Paulistano, a dois passos da escola em que estudamos a vida inteira e na qual ela passou a lecionar.

Quem a vê hoje, em sua elegância minimalista *ton sur ton,* não teria como imaginar que Francesca havia sido aquele tipo de universitária com um pôster de Gramsci colado na porta do quarto e larga militância em agremiações estudantis nos tempos da ditadura militar. Inclusive hospedando um exilado político entre seus lençóis no retorno do cidadão ao país, depois de um exílio sem tomar banho nem ir ao dentista durante muito tempo. Ou assim me parecia na época.

O pouco de educação política que eu desenvolvi na juventude foi graças à Francesca, embora hoje eu me refira a ela como sendo a única comunista consumista que eu conheço.

Mas quem sou eu para falar? Francesca responderia que isso nem é tão incomum assim e que Enrico Berlinguer, chefe do outrora importantíssimo Partido Comunista italiano, era um marquês que andava de Rolls-Royce.

Minha amiga sempre foi mais estudiosa, mais disciplinada na escola e nos esportes (joga tênis um zilhão de vezes melhor do que eu e golfe idem) e nunca chegou nem perto de meus feitos que dizem respeito ao grau de transgressão resultante do consumo de substâncias entorpecentes.

Francesca foi viver em Miami com o marido e os dois filhos depois de longa temporada morando em Buenos Aires por causa do trabalho dele, CEO de uma grande corporação norte-americana.

A última vez que nos vimos antes de eu começar a escrever este livro foi nas Olimpíadas do Rio de Janeiro, em agosto de 2016.

Naquela noite, Usain Bolt conquistaria a medalha de ouro nos 100 metros rasos e eu estaria na arquibancada do Engenhão vibrando.

Nós nos encontramos à tarde, saímos andando pelo Leblon e entramos num restaurante desses de bairro. O garçom nem bem tinha colocado a manteiga e o pãozinho do *couvert* na mesa e a Francesca já estava relembrando uma sua célebre profecia não realizada. Pela graça de Nosso Senhor Jesus Cristo:

– Você se lembra, Barbara, que eu dizia que você ia terminar num caixão lacrado?

Ora, claro que eu me lembrava. Como poderia esquecer, diante da quantidade de vezes na vida em que ela repetiu – inclusive para terceiros – essa previsão sobre o encerramento com chave de ouro de minha missão na Terra?

Francesca tinha enfiado na cabeça que eu iria morrer de forma violenta, fosse numa briga, num acidente de automóvel ou caindo pelada do topo de um prédio depois de um mergulho malsucedido na piscina da cobertura de algum mafioso siciliano. Ou algo que o valha, nem sei.

Não via como eu poderia escapar de um destino trágico que me transformasse num presunto tão dilacerado que não poderia ser velado num caixão aberto, como a maioria dos corpos.

E, no entanto...

– Veja como são as coisas – ponderou, entre uma garfada e outra da feijoca, que tanto ama. – Você está prestes a completar 60 anos, e não só a profecia não se cumpriu como você não bebe mais, não fuma e está casada com uma executiva com dois filhos criados de forma tradicional.

– Pois é, Franfra – respondi. – Periga eu morrer de velha, dormindo, daqui a muitos anos.

Papo de caixão lacrado é esse, mermão?

CAPÍTULO 34

A DÁDIVA DA PERSISTÊNCIA

Já faz bem mais de década que não bebo e não cogito algum tipo de sedução que me faria retornar para meus métodos antigos. Nada me animaria a voltar para aquela rotina de desespero. Parar foi um processo dolorido demais para me arriscar a comprometer tantos anos de progresso.

A vida que levo hoje me mostra a cada momento como é mais interessante estar aqui, processando as mazelas do dia a dia, do que com o cérebro mergulhado numa garrafa e alheia à passagem do tempo.

Vivo à procura do tempo perdido. Sei que consegui um feito que para muita gente é inatingível e me dou conta de que houve fatores determinantes para que eu conseguisse sobreviver até aqui.

Família é componente importante para alcançar o sucesso no tratamento. Ela funciona como *network*, uma rede em que cada membro está interligado. Nesse contexto, os membros da família podem agir de modo que reforce o uso de substâncias pelo dependente. Os comportamentos facilitadores são muito perigosos.

Deixar estar é puro descaso: "Se ele quer continuar se matando, problema dele, foi sua escolha". Não, não e não.

Veja só: quem mergulha na dependência não tem escolha própria. Depois de um certo ponto, são as células programadas para receber cada vez mais álcool que dão as cartas. O codependente faz parte do problema. É muito comum o camarada que parou depois de muitos anos bebendo terminar seu relacionamento com aquela "amélia" submissa e devotada que aguentava suas malcriações e lhe dedicava cuidados especiais.

Na minha família nunca existiu essa mãe generosa que abastecia o bar de bebidas ou o pai que dava festas de aniversário para menores regadas a bebidas alcoólicas.

No fim das contas, encaro como persistência amorosa o braço forte deles a cada embate, cada vez que eu saía do controle.

Por mais que nosso contato fosse atribulado e menos frequente depois que saí de casa, eles nunca cederam, nunca fecharam o olho.

E nunca me abandonaram. Sei que teria encarado como abandono se eles tivessem aceitado a situação como eu a apresentava. Se por um lado nós vivíamos às turras, por outro eu sabia que tinha na minha família um esteio para todas as horas.

Minha mãe contou-me, pouco antes de morrer, que a certa altura meu pai especulou a possibilidade de romper relações comigo, como último recurso, já que nada mais havia funcionado. Ela descartou a proposta imediatamente, e eu lhe sou grata até hoje.

Minha família nunca aprendeu patavina sobre meu problema, nem antes nem depois de eu parar. Quem se empenhou em resolver o problema fui eu. Mas, sem o apoio incondicional deles, não sei como teria sido.

O amor de todos eles, maior do que eu teria merecido, foi fator decisivo para minha sobrevivência.

Igualmente importante foi a persistência, que até hoje, folgada que sou, não consigo entender de onde tirei. Muitos médicos já me confirmaram que o fato de eu ter interrompido o uso do álcool por períodos extensos ao longo do caminho foi o que evitou que eu desenvolvesse lesões no fígado, no pâncreas, na bexiga e tal. Parava de beber por um ou dois anos e depois recaía.

Essa matemática, no fim das contas, fez com que, nos últimos vinte anos bebendo, eu só conte dez na ativa. Ou seja, todo e qualquer afastamento do copo foi bem-vindo quando visto da minha atual perspectiva.

Mesmo tendo dificuldade de imaginar como seria possível achar graça na vida depois de parar de beber, a saudade que eu sentia da sobriedade cada vez que recaía era um indicativo importante de que eu tinha de persistir no propósito.

Foi uma bênção já ter parado de beber quando meu pai adoeceu de Alzheimer. Não gosto nem de pensar em mim chegando alterada para visitá-lo nos quase três anos de entra e sai do hospital, na dor que minha mãe teria experimentado.

Quando ela partiu, eu já não vivia mais no meio-fio do perigo iminente. Estava sóbria, estável na minha profissão e acompanhada de uma mulher a quem ela adorava. Lulla descansou em paz, coisa que, aposto um picolé de limão, nunca imaginou que fosse acontecer.

CAPÍTULO 35

FLASHBACK

Foi meu segundo e catastrófico relacionamento com uma mulher. Ela era bem mais velha, estava na vida para dar a volta ao mundo e trazer o troco, e eu ainda agia feito a bobalhona do colégio inglês. Naquela noite, 26 de maio de 1981, ela tinha me plantado na calçada do Gallery e ido embora de carro com um dos donos da boate.

Sem ter para onde me virar, resolvi afogar as mágoas na casa do meu amigo Rodolfo. Eram duas da madrugada e eu virei umas quatro vodcas para dentro, não queria pensar no que estava acontecendo, onde a tal namorada pudesse estar naquele momento.

Bebi o que consegui e resolvi dar a noite por encerrada. Avisei ao Rodolfo que estava indo, ele não teve nem tempo de me levar até a porta e eu já estava ao volante do meu Fiat 147, deixando sua rua em direção à Peixoto Gomide.

Na esquina da Avenida Paulista, a colisão. De uma hora para outra a avenida sumiu, junto com o retrovisor do carro e as feições do meu rosto.

Sangue jorrando por toda parte, começou a juntar um povo e eu tentando mostrar controle: "Comigo está tudo bem, alguém se machucou?".

Vindo de não sei onde, um casal gente fina me levou até o Hospital das Clínicas, que ficava próximo. Entrei andando, me mandaram sentar numa maca. Apareceu um enfermeiro com uma prancheta: "Você bebeu? Está de estômago vazio?". Eu não fazia ideia.

Veio um camarada de cigarro na boca costurar meu braço. Deitei de barriga para cima, ainda sentia o sangue escorrendo do meu supercílio.

Não sei de onde, surgiu um outro paciente do ambulatório. Muito empolgado, com uma faixa enrolada ao redor da cabeça, ele falava pelos cotovelos. Contou-me que estava num baile no centro da cidade e que, de repente, alguém o acusou de roubar um anel. Houve um tumulto e, na fuga, sua orelha foi decepada com um facão.

Ainda estava rindo daquela cena de desenho animado quando meu cunhado e minha irmã, seguidos do meu pai, entraram na sala. Assim que olhou na minha direção, meu pai encostou as costas na parede e começou a deslizar. Minha mãe entrou logo depois e não se abalou. Estava pronta para uma noite na trincheira. Veio imediatamente segurar meu braço e informar que eu iria ser operada a poucos quarteirões dali, no Hospital Santa Catarina, em que atuava um dos melhores oftalmologistas do mundo, o dr. Tadeu Cvintal.

Fizemos a mudança de hospital de ambulância, e correram comigo. A cirurgia foi mais longa do que o esperado: seis horas de plástica no rosto e mais três tentando consertar o olho.

Levei bastante tempo para voltar da anestesia. Quando entendi o que estava acontecendo, percebi que minha cabeça estava toda enfaixada, como se eu fosse uma múmia. Sem ver nada ao meu redor, eu só ouvia pessoas com vozes trêmulas falando baixinho e choramingando. Achei melhor ficar quieta, na minha.

O dr. Tadeu entrou no quarto para conversar com meus pais. Ninguém percebeu que eu estava consciente. "A operação foi bem, mas ela ainda tem 80% de chance de perder o olho", disse ele, com solenidade. "O processo de recuperação vai ser longo".

CAPÍTULO 36

ÚLTIMA INTERNAÇÃO

Primeiro de março de 2007. Indo para a Vila Serena, clínica de reabilitação de bom nome e vista amena para o Clube de Campo de São Paulo e a represa de Guarapiranga, eu tinha certeza de que ali se encerrava a pior década da minha vida.

Não havia mais como levar adiante aquela rotina de ressaca moral, incerteza, perigo constante, exposição ao ridículo e autodegradação. A corda arrebentou no telefonema de minha mãe, no estúdio de gravação do BandSports.

No dia seguinte eu já estava a caminho da clínica.

De carona com minha amiga Adriana, cumpri por inércia o ritual de parar em cada bar ao longo do caminho para tomar a derradeira antes de dar entrada na recuperação. Até o quente da bebida já não descia mais.

A verdade é que vinha com um bode homérico e cada vez maior daquela situação toda na qual eu não cabia mais. Não via a hora de voltar a ter algum domínio sobre mim. A fase de busca da dignidade perdida estava começando.

Em tese, o dia da internação numa clínica que trata a dependência não pode ser de glória. Em geral, quem mais precisa de um lugar desses é quem menos quer ir.

Muitos são coagidos a se internar pelo assistente social das empresas em que trabalham, já que elas optam por recuperar o funcionário em vez de ter despesa treinando um substituto.

Há também aquelas famílias que obrigam o membro problemático a se tratar na marra, não importando se isso irá surtir efeito. Seja qual for o motivo, a internação é sempre um dia para ser esquecido.

Veja como são as coisas: para mim, aquele 1º de março de 2007 me viu acordar cheia de entusiasmo, parecia que era dia de Natal, e eu uma criança atrás da minha bicicleta.

Entrei pela porta da clínica alcoolizada até a tampa, e fiz questão de cumprimentar um a um os outros internos. Alguns estranharam: "Aonde ela acha que está chegando, no Paiol Grande?".

Estava eufórica por finalmente me encontrar diante da linha de chegada.

Dali não passaria. Mas primeiro tinha de viver o processo.

Queria um incentivo para me ajudar a contar carneirinhos, na forma de um remédio para dormir, mas o exame clínico comprovou que não havia necessidade de medicamentos para controlar humor, pressão etc.

Colocaram-me no quarto com uma "garota interrompida" de uns vinte e poucos, craqueira em início de jornada.

Ela não dormia nem parava quieta. Mas eu era uma mulher com uma missão e não ia deixar que ninguém interferisse no meu propósito. Mesmo encontrando muita dificuldade de pegar no sono, me deitava e fingia que estava dormindo, e só ia voltar a falar com ela na manhã do dia seguinte: "Posso ir ou você quer usar o banheiro?".

Antes do café da manhã cada paciente tinha de cumprir uma tarefa, era parte da terapia. A mim estava designado varrer o terraço da piscina e todo o entorno da casa.

Cumpri a obrigação nos primeiros seis ou sete dias. Depois disso, os parças de quem fiquei chapinha não mais deixavam que a "senhora asmática" pegasse no breu.

Essa internação descortinou um mundo para mim. A meu favor, sempre fui uma pessoa que conversa com todos, todos mesmo, em qualquer situação e sobre qualquer assunto. Talvez por acanhamento de pertencer a um país tão injusto e fazer parte do lado em que as pessoas se acham diferentes (melhores) das outras, sempre saí do meu caminho para deixar claro que não vejo distinção entre os seres humanos.

Desde sempre, falo de igual para igual e sei transitar entre os diversos grupos sociais. Algum predicado, diante de tantos defeitos, eu tenho de

A SAIDEIRA 229

ter, não é mesmo? E conhecer o ser humano talvez seja uma das minhas melhores facetas.

Na clínica, logo de cara, me aproximei do pessoal que tinha sido encaminhado para lá pela assistência social. Como o Lucas, dependente de cocaína e reincidente na clínica, funcionário padrão do Metrô, um filho pequeno, pais que dependiam dele e mulher que já tinha pensado em deixá-lo, mas que não perdia uma visita.

Ou o Mateus, pacato funcionário público de meia-idade, barrigão de chope, família numerosa, o tipo de sujeito que não chama a atenção nem quando se está sozinho com ele. Mas bastava começar a contar os "causos" na ativa, que ele pegava pesado na bravata, desandava a falar sobre dar porrada, armas e quantos tiros já tinha dado neste e naquele quando estava loucão.

Ou o Santo, o mais inteligente do grupo, cicatriz em formato circular na bochecha, resultado de uma briga de bar em que o oponente lhe enfiara um copo americano na cara. Baterista, lutador de artes marciais, leitor voraz de clássicos cabeçudos, ele citava os filósofos e mostrava uma fatalidade sombria a seu respeito. Tinha certeza de que seu passado de drogas injetáveis, crack, cocaína, brigas e encrencas com a lei ia acabar emparelhando com ele. O filho pequeno com a mulher de sua vida, que o tinha abandonado por causa da dependência, era o único alento. Virou um ritual, entre uma sessão e outra de terapia na Vila Serena, sentarmos juntos na varanda da piscina que dava para a represa para ouvir um programa de *jazz* num radinho de pilha que descolamos jogado numa sala da clínica.

Santo virou meu confidente, eu me abria com ele, que tinha idade para ser meu filho. Percebia que alguma coisa o atormentava. Acabou me contando que tinha se metido numa briga e matado um cara. Não havia alternativa: um dos dois tinha de morrer.

Daí tinha o Pedro, meu parceiro alma gêmea, três filhos pequenos, despejo recente, operador de escavadeira da Sabesp, o tipo de sujeito com quem sinto gosto de conversar, humor fluido, identificação imediata.

Seu negócio era crack, e ele tinha todo um elã para lidar com sua tragédia particular.

Contou-me que fora escalado para trabalhar numa obra longe de casa e que contraíra uma dívida na biqueira de crack mais próxima. Sem dinheiro para pagar e ameaçado de morte, uma noite juntou todos os seus pertences, inclusive a cama em que dormia, colocou tudo na pá da escavadeira e saiu dirigindo aquele veículo enorme no escuro.

Foi internado dias depois, e podia ter acontecido bem pior. A temporada na Vila Serena provavelmente também o livrou de morrer assassinado.

Diante da equipe da clínica e dos pacientes que tinham dinheiro, os rapazes se comportavam com seriedade, ninguém ali dava pinta de maluco ou de malandro. Mas, quando estávamos só nós, no intervalo entre uma e outra programação do tratamento, eles adquiriam uma maneira mais crua de ser. Falavam com uma clareza reveladora sobre como é viver na periferia e sobre suas relações com autoridades, que mais ameaçam do que protegem. Aprendi que não tem otário na perifa. Ali o perigo é constante e iminente e vem sempre de cima para baixo. Ninguém pode se dar ao luxo de bobear: nem funcionário da Sabesp, do Metrô, da Petrobras, nem pai de família estabelecido ou de reputação intocada.

Sobreviver nas franjas, num país como o nosso, requer o exercício diário de vários talentos. A lógica de mocinho e bandido não existe no chão esburacado das áreas das nossas periferias, sem iluminação, sem saneamento e sem outros meios básicos.

O rico sempre disposto a defender a tal da meritocracia não entende como funciona a rede de proteção das igrejas pentecostais e nem do crime organizado.

Ninguém ali está preocupado em dar pinta de ser "gente de bem". Ser negro, pobre, morador da periferia é o que é: por via das dúvidas e em qualquer eventualidade, a culpa será sempre sua. Você é o ignorante, o inculto, o que não articula e que levará desvantagem em qualquer comparação. Sua lógica nunca é compreendida pelo lado de lá do muro do *apartheid*, eternamente intimidado, com medo de que a periferia vá se rebelar e causar tumulto.

A vida desses meus colegas de clínica era tão diferente da minha que fica difícil entender como cabemos na mesma cidade ou cultura.

Aprendi que, a partir do seu lugar na sociedade, dizer o que pensa é uma estupidez, não leva a nada. A indignação de burgueses e dos ricos contra "o estado das coisas" não passa de futilidade para quem enfrenta o pior diariamente e sem nenhuma rede legal de proteção. A cidadania é

A SAIDEIRA

231

uma piada, nem sequer CEP os caras têm para receber entrega das Casas Bahia. Dá para discutir dignidade diante desse tipo de abismo?

Comecei a entender várias coisas nessa minha internação e dou graças a Deus por ter conhecido esses caras – de quem, obviamente, não revelo o nome verdadeiro. Hoje sou uma velha louca sóbria que está a serviço da causa da periferia e de suas expressões culturais. Quando penso que já me manifestei dizendo que achava o *hip-hop* coisa de bandido, sinto imensa vergonha. Eu estava errada. E os caras me abriram os olhos sem nem saber que estavam fazendo isso. Só por me aceitar no meio deles.

A comida da clínica, de quase toda clínica de reabilitação, é farta e deliciosa. O paciente entra lá debilitado precisando ganhar forças, por isso a comida precisa ser abundante nessa fase.

E ninguém se preocupa com o cigarro. Isso fica sempre para bem mais tarde. Não dá para querer que o sujeito se livre de tudo de uma vez só, é questão de prioridade. Acredite.

A programação é focada. Salas de terapia de grupo, depois exercícios de concentração, ginástica, meditação, horário dedicado à leitura da literatura sobre alcoolismo e muitos, mas muitos exercícios escritos para ajudar a lidar com as culpas e os medos.

Na primeira saída do grupo, nos levaram a uma sala dos Narcóticos Anônimos no Campo Limpo, ou seja, bem longe da minha realidade. Eu, que só conhecia as salas do Centro da cidade e dos Jardins, fiquei intrigada com um carinha que chegou de Ducati, capacete igual ao do Valentino Rossi debaixo do braço e relógio Audemars Piguet no pulso. Dei risada durante o seu depoimento quando ele reforçou o mandamento da irmandade que se refere ao anonimato. Para você ver: o Programa dos 12 Passos é tão abrangente e democrático que é capaz de reunir na mesma sala até as pessoas mais improváveis. Contanto que elas tenham o mesmo problema em comum.

Na saída dessa reunião, uma das coordenadoras, uma senhora mais velha, me puxou de lado e falou:

– Se tivesse de apostar, diria que você está pronta para parar e que não vai mais recair.

Nunca esqueci a sua força.

Depois de 21 dias na clínica, saí de lá serena. Para nunca mais beber.

CAPÍTULO 37

KANREKI

No Japão, a entrada nos 60 anos é chamada de *kanreki* e celebrada como uma das etapas mais alegres da vida. Para nós, o marco dos 60 é melancólico, a arapuca da terceira idade, a partir da qual entramos em modo de "contagem regressiva", pensando no tempo que ainda nos resta ou, como diria o outro, com a boca escancarada cheia de dentes (talvez nem tantos assim) esperando a morte chegar.

Para os japoneses, o *kanreki* é o despertar de uma nova infância, o início de uma fase de despreocupação, em que você volta a viver apenas o dia a dia sem grandes complicações de uma criança.

Estava prestes a completar 60 anos quando descobri essa história de *kanreki*. Fez todo o sentido para mim: depois que parei de beber, deixei a vida me levar.

Meus pais morreram, eu me apaixonei de novo e consegui um trabalho que me deu uma projeção pública que 32 anos de jornalismo escrito, a despeito de todo o prestígio, sempre muito bem-vindo, não foi capaz de proporcionar.

Assim que parei de beber, passei um bom par de anos sem saber qual era a minha essência. Não me conhecia mais sem a energia destrutiva, ficava muito vulnerável quando me via exposta, sensível ou até mesmo feminina, de um jeito que eu não reconhecia.

Passei por um período completamente travada, tudo me dava vergonha, sentia vontade de chorar por qualquer coisinha. Quem mandou esperar até a menopausa para parar de beber definitivamente, não é mesmo? Agora eu tinha dois estágios de altos e baixos para lidar ao mesmo tempo, uma coisa assim montanha-russa do parque da Universal Studios.

O programa de recuperação sugere que a pessoa esteja bem consolidada no propósito de não beber antes de se aventurar romanticamente. Melhor não arriscar uma recaída por decepção amorosa, pois sabemos que a fossa e a bebida andam de mãos dadas, né, Maysa?

Há quem diga que o alcoólatra em recuperação deve cuidar primeiro de uma planta, depois de um animal de estimação e, só depois de se certificar de que é capaz dessas duas coisas, arrumar alguém para namorar.

No filme *28 Dias*, com Sandra Bullock, há uma cena memorável de um dos dependentes numa floricultura. Ele está desesperado diante de um vaso, dizendo: "Pelo amor de Deus, me diga que a minha planta não morreu!".

Quando saí da Vila Serena, eu tinha 50 anos. Coloquei três marcos como meta de vida nova: a primeira vez que eu encarasse uma pista de dança sóbria; a primeira vez que cantasse sóbria num karaokê e a primeira vez que transasse sem beber com alguém de quem gosto.

Demorei mais dois anos para realizar os três feitos, todos mais ou menos ensejados na mesma época e relacionados à mesma pessoa.

Marcela é o tipo de mulher que não passaria nem sequer na mesma calçada da Barbara doidona que deixei para trás. Melhor assim. O personagem bombástico que construí ao longo dos anos não me cai mais bem. Definitivamente, não sou mais aquela pessoa em que a bebida me transformava. Eu também não namoraria a Barbara falecida.

Mas, atente: ainda passo a vida querendo domar meus instintos compulsivos, comer pouco, falar menos, ser menos sistemática. Continua a ser um desafio diário manter a compulsão em níveis camaradas.

Também tenho de dar especial atenção ao meu pavio curto, à minha tendência de me frustrar por qualquer coisinha e à necessidade de ser o centro das atenções.

É claro que o álcool deixou sua marca no sistema nervoso, e eu preciso estar sempre atenta para não me exaltar e para manter o estresse sob controle.

Mas é só. Não sobraram degenerações físicas, e, o mais importante de tudo, não sinto vontade nenhuma de beber. Nunca. Nem me lembro de que bebida e cigarro existem. Não ficou aquele buraco a ser preenchido por outra coisa. Tenho consciência do que aconteceria comigo se eu bebesse. E não quero me arriscar a voltar para esse lugar nem a pau, Juvenal.

Quando entro no supermercado, desvio automaticamente da gôndola das garrafas – e quando me dou conta do que estou fazendo, me acho o máximo.

Continuo indo a festas, mas não fico mais a noite inteira. Meu fuso horário mudou em função da minha rotina. Acordo cedo, faço meus exercícios, leio jornal (que é o que todo mundo com o mínimo de bom senso deveria fazer) e pego no batente.

Não ligo que bebam na minha frente. Ao contrário, me solto junto com quem está bebendo e aproveito para falar absurdos e para rir. Continuo gostando mais de rir do que de sorvete, modo de dizer. Afinal, na maioria das vezes, sigo sendo a mais espalhafatosa de cada ambiente em que me encontro.

Não sou mais aquela boêmia, mas não perdi a vocação que Deus me deu de divertir as pessoas. Meus amigos me contam que acham incrível que eu, a seco, ainda seja a mesma engraçada-espirituosa-tiradora de sarro.

Relaxei e estou adorando a sensação. A ansiedade para mim era veneno, sem contar o baixo-astral que me fazia sentir. Não tenho mais aquele afã de engolir o mundo, desacelerei e ultimamente não ando precisando de mais nada para ficar ali uma madalena, sentada numa pedra, comendo farinha seca.

Renovei a minha biblioteca, porque minha visão melhorou consideravelmente depois de operar de novo meu olho danificado no acidente da Avenida Paulista, com o mesmo dr. Tadeu Cvintal, trinta anos depois da primeira cirurgia.

Dos 60 e muitos anos em diante, meus planos são viajar e ir atrás das feiras de relógios, das mostras dos museus, ficar com meus sobrinhos--netos e voltar a viver um grande amor, que não é, pelo que estou vendo, algo tão distante assim. A vida é dinâmica. Nada acontece do jeito que a gente fantasia quando põe a cabeça no travesseiro. A realidade sempre nos surpreende. Para melhor.

Não quero muito mais. Aos 60, você já entendeu que as coisas ruins vêm e depois passam, daí vêm de novo, e daí o céu clareia e os passarinhos voltam a cantar. Pode não ser um filme da Disney, mas sim da Illumination

Entertainment (produtora do *Meu Malvado Favorito*). Não existem mais sobressaltos quando a gente precisa enfrentar outra fase tenebrosa, porque essa também vai passar. O que sobra de tudo sempre, o que a gente leva como valor e a única coisa que importa de verdade, por incrível que pareça, é mesmo o tal do amor, a amizade, e como você conseguiu impactar positivamente a vida das pessoas ao seu redor.

Não é à toa que pessoas como Bill Gates e Warren Buffet entenderam que usar suas vastas fortunas para ajudar a humanidade traria recompensa maior do que o poder ou o acúmulo de cacarecos.

O Prêmio Nobel de Economia de 2015 foi para Angus Deaton, especialista em desenvolvimento econômico e desigualdade, pelo estudo em que conclui que não é o dinheiro o componente mais importante para determinar a felicidade, mas a sensação de ser útil para o próximo.

Aos 60 anos, descobri que a vida é isso e não muito mais. Que grandes expectativas só servem para nos frustrar. O bacana é conseguir se empolgar com a vida pequena, com os pequenos movimentos, os gestos que passei a vida toda sem dar atenção.

Entendi, finalmente, que é importante prestar atenção aos detalhes e aos sentimentos. E, sobretudo, que vale a pena se doar, nem que seja simplesmente parando para ouvir o que a outra pessoa tem a dizer.

Não sou mais refém de nenhuma droga, não preciso investir tempo precioso de vida às voltas com a obtenção de substâncias ou situações que me tragam o barato que por tantos anos eu valorizei acima de coisas que hoje sei serem sagradas.

Comemorei meu aniversário de 60 anos em Nova York. Minha irmã me ligou do Brasil para dar os parabéns:

– Você está entrando nos 60 muito melhor do que entrou nos 40 ou nos 50.

O pesadelo acabou, não vivo mais acuada. Há mais de uma década não acordo vestida numa cama que não sei de quem é, não sinto medo nem culpa nem desespero e sei exatamente o que fiz na noite anterior.

Faz 18 anos que não conheço a sensação de ressaca e não tenho de ficar forçando a memória para lembrar por que estou tendo um mau pressentimento sobre as coisas que fiz. Há 6.575 dias acordo sabendo que meu carro está na garagem – e intacto.

Não gasto mais uma fortuna em cigarros, uísque de origem duvidosa da padaria ou da loja de conveniência do posto de gasolina, nem preciso correr riscos estúpidos em encontros fortuitos com traficantes e drogas batizadas.

Sei muito bem que não tenho controle sobre nada, mas me garanto renovando a cada 24 horas o meu propósito de não beber. A serenidade caminha comigo e todo o esforço feito em nome dela valeu a pena.

O desejo de equilíbrio, que sempre invoquei ao avistar a primeira estrela no céu, e que a vida inteira pareceu tão inatingível, agora está ao alcance da mão.

Só por hoje.

ANEXOS

OS ÚLTIMOS TEXTOS, UM APERITIVO

OS 12 PASSOS DOS
NARCÓTICOS ANÔNIMOS

1. Admitimos que éramos impotentes perante a nossa adição, que nossas vidas tinham se tornado incontroláveis.
2. Viemos a acreditar que um Poder maior do que nós poderia devolver-nos à sanidade.
3. Decidimos entregar nossa vontade e nossas vidas aos cuidados de Deus, da maneira como nós O compreendíamos.
4. Fizemos um profundo e destemido inventário moral de nós mesmos.
5. Admitimos a Deus, a nós mesmos e a outro ser humano a natureza exata das nossas falhas.
6. Prontificamo-nos inteiramente a deixar que Deus removesse todos esses defeitos de caráter.
7. Humildemente pedimos a Ele que removesse nossos defeitos.
8. Fizemos uma lista de todas as pessoas que tínhamos prejudicado e nos dispusemos a fazer reparações a todas elas.
9. Fizemos reparações diretas a tais pessoas, sempre que possível, exceto quando fazê-lo pudesse prejudicá-las ou a outras.
10. Continuamos fazendo o inventário pessoal e, quando estávamos errados, nós o admitíamos prontamente.
11. Procuramos, através de prece e meditação, melhorar nosso contato consciente com Deus, da maneira como nós O compreendíamos, rogando apenas o conhecimento da Sua vontade em relação a nós, e o poder de realizar essa vontade.
12. Tendo experimentado um despertar espiritual, como resultado destes passos, procuramos levar esta mensagem a outros adictos e praticar estes princípios em todas as nossas atividades.

* * *

CARTA DE C. G. JUNG A BILL W.

PROF. DR. C. G. JUNG

KÜSNACHT-ZÜRICH
SEESTRASSE 228

January 30, 1961

Mr. William G. Wilson
Alcoholics Anonymous
Box 459 Grand Central Station
New York 17, N.Y.

Dear Mr. Wilson,
your letter has been very welcome indeed.
I had no news from Roland H. anymore and often wondered what has been his fate.
Our conversation which he has adequately reported to you had an aspect of which
he did not know. The reason was, that I could not tell him everything, was that
those days I had to be exceedingly careful of what I said. I had found out that
I was misunderstood in every possible way. Thus I was very careful when I talked
to Roland H. But what I really thought about, was the result of many experiences
with men of his kind.
His craving for alcohol was the equivalent on a low level of the spiritual
thirst of our being for wholeness, expressed in mediaeval language: the union
with God.[1]
How could one formulate such an insight in a language that is not misunderstood
in our days?
The only right and legitimate way to such an experience is, that it happens to
you in reality and it can only happen to you when you walk on a path, which leads
you to higher understanding. You might be led to that goal by an act of grace
or through a personal and honest contact with friends, or through a higher
education of the mind beyond the confines of mere rationalism. I see from your
letter that Roland H. has chosen the second way, which was, under the circum-
stances, obviously the best one.
I am strongly convinced that the evil principle prevailing in this world, leads
the unrecognized spiritual need into perdition, if it is not counteracted either
by a real religious insight or by the protective wall of human community. An
ordinary man, not protected by an action from above and isolated in society
cannot resist the power of evil, which is called very aptly the Devil. But the
use of such words arouse so many mistakes that one can only keep aloof from
them as much as possible.
These are the reasons why I could not give a full and sufficient explanation to
Roland H. but I am risking it with you, because I conclude from your very
decent and honest letter, that you have acquired a point of view above the mis-
leading platitudes, one usually hears about alcoholism.
You see, Alcohol in Latin is "spiritus" and you use the same word for the
highest religious experience as well as for the most depraving poison. The help-
ful formula therefore is: spiritus contra spiritum.

Thanking you again for your kind letter
        I remain
                yours sincerely   C. G. Jung.

[1] "As the hart panteth after the water brooks, so
    panteth my soul after thee, O God." (Psalm 42,1)

30 de janeiro de 1961

Caro Sr. W.

A sua carta foi-me realmente bem-vinda.

Não tive mais notícias de Roland H. e muitas vezes desejei saber o seu destino. O diálogo que mantivemos, ele e eu, e que ele muito fielmente lhe transmitiu, teve um aspecto que ele mesmo desconheceu. A razão pela qual não pude dizer-lhe tudo foi que naquela época eu tinha de ser cuidadoso com tudo o que dizia. Eu havia descoberto que estava sendo de todas as maneiras mal interpretado.

Portanto, tive de ser muito cuidadoso ao conversar com Roland H. Mas o que eu realmente concluí de seu caso foi o resultado de minhas inúmeras experiências com casos semelhantes ao dele. Sua fixação ao álcool era o equivalente, num grau inferior, da sede espiritual do nosso ser pela totalidade expressa em linguagem medieval, pela união com Deus. Como poderia alguém, naqueles dias, expor tal pensamento sem ser mal interpretado? O único caminho correto e legítimo para tal experiência é que ela aconteça para você na realidade, e ela só poderá lhe acontecer se você procurar um caminho que o leve a uma compreensão mais alta. E você poderá ser conduzido a essa meta pela ação da graça, pela convivência pessoal honesta com os amigos ou por meio de uma educação mais elevada da mente, para além dos limites do mero racionalismo.

Vi pela sua carta que Roland H. escolheu pela segunda opção, que nas suas circunstâncias era, sem dúvida, a melhor.

Estou firmemente convencido de que o princípio do mal que prevalece no mundo conduz às necessidades espirituais, que, quando negadas, levam à perdição se ele não é contrabalanceado por uma experiência religiosa ou pelas barreiras protetoras da comunidade humana. Um homem comum, desligado dos planos superiores, isolado de sua comunidade, não pode resistir aos poderes do mal, muito propriamente chamado de Demônio. Mas o uso de tais palavras nos leva a enganos; por isso, temos de nos manter afastados delas, tanto quanto possível.

Eis as razões pelas quais não pude dar a Roland H. plena e suficiente explicação. Estou arriscando-me a dá-la a você por ter concluído, pela sua carta decente e honesta, que você já adquiriu uma visão superior do problema do alcoolismo, bem acima dos lugares-comuns que, via de regra, ouvem-se sobre ele.

Veja você que "álcool" em latim significa "espírito"; no entanto, usamos a mesma palavra tanto para designar a mais alta experiência religiosa como para designar o mais depravador dos venenos.

A receita então é "spiritus" contra "spiritum".

Agradecendo-lhe novamente por sua amável carta, eu me reafirmo.

Atenciosamente, C. G. JUNG

* * *

OS OUTROS QUE AJUDAM (OU NÃO)

Contardo Calligaris

Folha de S.Paulo – 12/7/2012

Muitos anos atrás, conheci um alcoólatra que, aos 40 anos, quis parar de beber. O que o levou a decidir foi um acidente no qual ele, bêbado, quase provocara a morte da companheira que ele amava, por quem se sentia amado e que esperava um filho dele.

O homem frequentou os Alcoólatras Anônimos. Deu certo, mas depois de um tempo houve uma recaída brutal. Desanimado, mas não menos decidido, com o consenso de seu grupo dos AAs, o homem se internou numa clínica especializada, onde ficou quase um ano – renunciando a conviver com o filho bebê.

Ele voltou para casa (e para as reuniões dos AAs), convencido de que nunca deixaria de ser um alcoólatra – apenas poderia se tornar, um dia, um "alcoólatra abstêmio".

Mesmo assim, um dia, depois de dois anos, ele se declarou relativamente fora de perigo. Naquele dia, o homem colocou o filhinho na cama e, enfim, sentou-se à mesa para festejar e jantar.

E eis que a mulher dele chegou da cozinha erguendo, triunfalmente, uma garrafa de "premier cru" de Château Lafite: agora que ele estava bem, certamente ele poderia apreciar um grande vinho para brindar, não é?

O homem saiu na noite batendo a porta. A mulher que ele amava era uma idiota? Ou ela era (e sempre tinha sido) companheira, não da vida do marido, mas de sua autodestruição? Seja como for, a mulher dessa história não é um caso isolado.

Quem foi fumante e conseguiu parar, quase certamente encontrou um dia um amigo que lhe propôs um cigarro "sem drama": agora que você parou, vai poder fumar de vez em quando – só um cigarro não pode fazer mal.

Também há parentes e próximos que patrocinam qualquer exceção ao regime que você tenta manter estoicamente: se for só hoje, uma massa não vai fazer diferença, nem uma carne vermelha. Seja qual for a razão de seu regime e a autoridade de quem o prescreveu, para parentes e próximos, parece que há um prazer em você transgredir.

Em suma, há hábitos que encurtam a vida, comprometem as chances de se relacionar amorosa e sexualmente e, mais geralmente, levam o indivíduo a lidar com um desprezo do qual ele não sabe mais se vem dos outros ou dele mesmo.

Se você precisar se desfazer de um desses hábitos, procure encorajamento em qualquer programa que o leve a encontrar outros que vivem o mesmo drama e querem os mesmos resultados que você. É desses outros que você pode esperar respeito pelo seu esforço – e até elogio (quando merecido).

Hoje, encontrar esses outros é fácil. Há comunidades on-line de pessoas que querem se livrar de seu sedentarismo, de sua obesidade, do fumo, do alcoolismo, da toxicomania etc. Os membros de uma comunidade registram e transmitem, todos os dias, seus fracassos e seus sucessos. No caso do peso, por exemplo, há uma comunidade cujos membros instalam em casa uma balança conectada à internet: o indivíduo se pesa, e a comunidade sabe imediatamente se ele progrediu ou não.

Parêntese. A balança on-line não funciona pela vergonha que provoca em quem engorda, mas pelos elogios conquistados por quem emagrece. Podemos modificar nossos hábitos por sentirmos que nossos esforços estão sendo reconhecidos e encorajados, mas as punições não têm a mesma eficácia. Ou seja, Skinner e o comportamentalismo têm razão: uma chave da mudança de comportamento, quando ela se revela possível, está no reforço que vem dos outros ("Valeu! Força!").

Já as ideias de Pavlov são menos úteis: os reflexos condicionados existem, mas, em geral, se você estapeia alguém a cada vez que ele come, fuma ou bebe demais, ele não parará de comer, fumar ou beber – apenas passará a comer, fumar e beber com medo.

Volto ao que me importa: por que, na hora de tentar mudar um hábito, é aconselhável procurar um grupo de companheiros de infortúnio desconhecidos? Por que os próximos da gente, na hora em que um reforço positivo seria bem-vindo, preferem nos encorajar a trair nossas próprias intenções?

Há duas hipóteses. Uma é que eles tenham (ou tenham tido) propósitos parecidos com os nossos, mas fracassados; produzindo nosso malogro, eles encontrariam uma reconfortante explicação pelo seu.

Outra, aparentemente mais nobre, diz que é porque eles nos amam e, portanto, querem ser nossa exceção, ou seja, querem ser aqueles que nós amamos mais do que nossa própria decisão de mudar. Como disse Voltaire, "Que Deus me proteja dos meus amigos. Dos inimigos, cuido eu".

UM CONVITE A CONTARDO CALLIGARIS

Barbara Gancia

Folha de S.Paulo – 13/7/2012

Alguém consegue explicar a má vontade dos médicos tapuias em relação aos Alcoólicos Anônimos?

A COLUNA do Contardo Calligaris de ontem, que menciona seu amigo alcoólatra estimulado a voltar a beber pela mulher, foi um clássico. Um clássico equívoco a ser evitado.

Costumo ler o Contardo de joelhos. Mas não ontem. Ali ele trivializou um assunto que não só conheço bem, como sou testemunha diária dos efeitos devastadores que produz, inclusive pela negligência com que é tratado. Não dá para entender a má vontade dos profissionais do país com os Alcoólicos Anônimos, uma irmandade reconhecida no mundo todo pelos excelentes serviços que presta.

O texto de Calligaris me remeteu ao hepatologista de Tarso de Castro, que chegou ao cúmulo de liberar o jornalista, dependente, para tomar uma taça de vinho ao dia.

Não sou especialista, apenas alguém que padece de uma doença que a Organização Mundial da Saúde define como "incurável, progressiva e mortal". E posso atestar que o texto serviu de luva para reafirmar o propósito de que problemas relativos ao álcool devem ser tratados dentro da sala dos Alcoólicos Anônimos, bem longe do divã do psicanalista.

Veja. Quem conhece minimamente os 12 Passos dos AAs, sabe que o programa não oferece garantias. Mas, a dada altura, por negligência ou mero infortúnio, Contardo diz o seguinte: "O homem frequentou os AAs e deu certo". Ora, para nós, membros dos AAs, ao contrário, o programa funciona, se muito, "só por hoje", nunca "dá certo", inexiste esse conceito. Eu posso voltar à ativa daqui a 20 minutos, corro esse risco, é da natureza da doença.

Um dos maiores predicados dos AAs, inclusive, é esse. O de me colocar o tempo todo no presente para que eu consiga reduzir a angústia que a lembrança do passado me traz e diminuir a ansiedade que o peso do futuro pode vir a me causar.

Mas de que importa a filosofia dos AAs? Bom mesmo é teorizar, não é para isso que serve psiquiatra? Calligaris menciona ainda que, aconselhado pelo seu grupo, o sujeito passou por uma "internação de um ano". De onde tirou um absurdo desses, só Deus sabe. Internação longa nos AAs? Em 20 anos de Alcoólicos Anônimos, nunca vi essa picaretagem. Aliás, é cada vez mais comum no país a prática criminosa da internação longa que isola o dependente da família e coloca o médico como intermediário todo-poderoso, sem que ninguém fiscalize.

Adoro ler o Contardo, ele me explica muitas coisas. Mas não me explica tudo. A psicanálise é aleijada da dimensão espiritual, um caminho muito indicado, senão imprescindível, para alguém como eu, que produz pouca endorfina, dopamina e outros opiatos naturais por causa dos anos que passei mamando destilados. Jung já advertia sobre isso a Bill e Bob, os dois sujeitos que fundaram os Alcoólicos Anônimos. Está documentado.

Fico me perguntando a quem Calligaris refere os casos mais graves de dependência. Não gosto nem de pensar na resposta. Em todo caso, uma atividade não interfere na outra, não é mesmo? O colunista é um, o médico é outro. Vamos deixar assim.

E deixar também um convite para que o amigo Contardo venha assistir a qualquer próxima edição que eu for dar da palestra "Do Fundo da Garrafa ao Domínio da Minha Vida", em que conto um pouco sobre meu trágico envolvimento com o álcool e como consegui sair desse inferno. Quem sabe ele não se anima a vir conhecer uma sala dos AAs por dentro. Só por hoje. Funciona.

*   *   *

AGRADECIMENTOS

Adriana Rivera
Aida Veiga
Ana Lúcia Ribeiro
Antônia Simone da Silva
Antonio Bivar
Caio Túlio Costa
Carlo Gancia
Cassiano Elek Machado
Christiana Pires da Costa
Clau Ferreira
Claudia Matarazzo Miele
Cristiano Pombo
Denise Rossi
Domingos Carlos "Carlito" Batista
Dorothee Rudiger
Eduardo Logullo
Eduardo Ramos
Família Frias de Oliveira
Fernando Zarif *(in memoriam)*
Jair Mari
Jorge Figueiredo
Kitty Coelho

Luis Carlos e May Street *(in memoriam)*
Luiz Fernando Pacheco
Márcio Alemão
Maria Cecília Marra
Maria de Fátima Braga
Marina Padovano
Matinas Suzuki Jr.
Milton Seligman
Patrice de Camaret
Paulo e Kika Rivetti
Ricardo Fontenelle
Roberto de Oliveira
Rodrigo Moccia
Ronaldo Laranjeira
Ruy Castro
Sérgio Dávila
Silvio Luiz *(in memoriam)*
Tárcio Mesquita
William T. Mitchell *(in memoriam)*

E, finalmente, à minha família, sem a qual nada disso teria sido possível.

* * *

PLAYLIST A SAIDEIRA

"Rebel Rebel", David Bowie
"Louras Geladas", RPM
"Shame and Scandal in The Family" - *O Melhor da Jovem Guarda* (Shawm Elliott)
"Mosca na sopa", Raul Seixas
"Cocaine", J. J. Cale
"Ovelha negra", Rita Lee
"Paso", The Nini Anthem
"Não quero mais andar na contramão" ("No No Song"), Raul Seixas
"Coming Into Los Angeles", Arlo Guthrie
"Epitaph", King Crimson
"Carpet Crawlers", Genesis
"Shine On You Crazy Diamond", Pink Floyd
"Creep", Radiohead
"Sober", Childish Gambino
"Adicto", Mano Brown
"Cocaína", Sabotage
"Super Rich Kids", Frank Ocean
"Love Lockdown", Kanye West
"Comfortably Numb", Scissor Sisters
"Mesmo que seja eu", Marina Lima
"Tears in Heaven", Eric Clapton

"Runaway", Kanye West
"Good Vibrations", The Beach Boys
"The 59th Street Bridge Song" (Feelin' Groovy), Simon & Garfunkel
"No No Song", Ringo Starr
"Friday I'm In Love", The Cure
"Só por hoje", Legião Urbana

ÁLBUM DE FOTOS

DOSES GENEROSAS DE IMAGENS

Piero, meu pai, Carlo, meu avô paterno, e eu em Cortina D'Ampezzo, em 1965.

No almoço da minha Primeira Comunhão, com Bonifácio
e, ao fundo, Charlene Shorto.

Nos boxes do GP do Brasil de F1, em 1974.

Churrasco na Represa de Guarapiranga, em 1975.

Lulla: a gargalhada mais cativante do planeta.

Lulla e Piero a bordo do Mai-Tai, o barco do meu tio Roberto, em St. Tropez.

Assim como nas histórias de Harry Potter, na escola britânica em que estudei também havia monitores entre os alunos. Sou a que está logo à direita do diretor, Mr. Ross. *No comments.*

Meu segundo Fiat 147 (que também veio a falecer de forma brutal), com a cachorra Floppy ao volante, no meio do campo do São Paulo Golfe Clube, no bairro de Santo Amaro, São Paulo.

Entrevistando Timothy Leary para a *Revista da Folha*, no Hotel Maksoud Plaza, São Paulo, em 1991.

Encerramento abrupto da minha primeira entrevista para o gênio Jô Soares, quando seu programa era exibido pelo SBT, em 1992.

Você vai ter que me engolir. Exibindo a medalha do tetra com Carlos Alberto Parreira, recém-chegado dos Estados Unidos, no Rio de Janeiro, em 1994.

Com o amigo Nelsinho Piquet, na inauguração do novo traçado do Autódromo de Interlagos, em 1990.

Travessura do jornalista, escritor e membro da
Academia Brasileira de Letras Ruy Castro, em 2008.

Enterro de Ayrton Senna, 5 de maio de 1994,
Cemitério do Morumbi, São Paulo (Foto Juan Esteves).

Selinho da minha amada Hebe, nos bastidores da São Paulo Fashion Week, em 1999.

Com Roberto Muylaert, ministro do governo Fernando Henrique, e o jornalista político Bob Fernandes, no programa *São Paulo, Brasil*, minha primeira incursão pelo canal GNT, em 1996.

Com meu mestre Osmar Santos, digo, Silvio Luiz.

Comigo, as queridíssimas Astrid Fontenelle, Maria Ribeiro e Monica Martelli: a segunda melhor formação do programa *Saia Justa* de todos os tempos depois da original, que teve as estrelas Rita Lee, Marisa Orth, Fernanda Young e a mediação da jornalista Monica Waldvogel.

Cartaz da peça *Bárbara* (com acento). O monólogo inspirado neste livro rendeu a Marisa Orth o prêmio Bibi Ferreira de Melhor Atriz de Teatro. O espetáculo já foi visto por mais de 60 mil pessoas e continua a rodar o país.

Foto: Marcos Mesquita